Klaus Hurrelmann / Gerlinde Unverzagt

Kinder stark machen für das Leben

W0190966

HERDER spektrum

Band 5891

Das Buch

Was ist los mit den Kindern? Immer mehr von ihnen geraten in eine Schieflage ihrer Entwicklung, werden aggressiv und gewalttätig, sind überaktiv oder haben Lern- oder Verhaltensstörungen. Viele greifen früh zu Medikamenten und legalen und illegalen Drogen. Die Eltern geraten hierdurch unter Druck und sind verunsichert. Machen sie etwas falsch in der Erziehung ihrer Kinder? – In diesem Buch unterbreiten zwei erfahrene Autoren, eine Fachjournalistin und ein Wissenschaftler, die selbst Eltern sind, realistische Vorschläge, wie Eltern mit Entwicklungsschwierigkeiten umgehen und ihre Kinder zu Selbständigkeit, Verantwortungsbereitschaft und Leistungsfähigkeit führen können. Die Autoren stellen das magische Dreieck der Erziehung vor: Durch die Verbindung von Herzenswärme, Freiräumen und klaren Regeln können Eltern ihren Kindern zu gesunder Entwicklung und starker Persönlichkeit verhelfen. Ein Buch, das keinen modischen Trends nachrennt, sondern Eltern Sorgen nimmt, sie ermutigt und ihnen Perspektiven zeigt.

Die Autoren

Dr. Klaus Hurrelmann, Professor für Sozial- und Gesundheitswissenschaften an der Universität Bielefeld, Autor vieler Bücher zu Bildungs- und Entwicklungsfragen, Koordinator der Shell Jugendstudien und der World Vision Kinderstudien. Seit 2007 Leiter des Instituts für Gesundheits- und Bildungsforschung.

Gerlinde Unverzagt, alleinerziehende Mutter von vier Kindern, freie Journalistin und Fachautorin, unter anderem für Psychologie Heute, Berliner Zeitung, Spielen und Lernen. Bei Herder Spektrum „Kinder vertragt Euch doch" (Band 4712). Zusammen mit Manfred Bauer „Das erste Kind ist da" (Band 4448), mit Klaus Hurrelmann „Wenn es um Drogen geht" (Band 5520) und „Wenn Kinder immer alles haben wollen" (Band 5631).

Klaus Hurrelmann / Gerlinde Unverzagt

Kinder stark machen
für das Leben

Herzenswärme, Freiräume und klare Regeln

HERDER

FREIBURG · BASEL · WIEN

Originalausgabe

Aktualisierte Neuausgabe 2008
Zuletzt Band 04937-8
© Verlag Herder GmbH, Freiburg im Breisgau 1998
Alle Rechte vorbehalten
www.herder.de

Umschlaggestaltung und -konzeption:
R·M·E München/Roland Eschlbeck, Liana Tuchel
Umschlagmotiv / © plainpicture/alt-6
Satz: Rudolf Kempf, Emmendingen
Herstellung: fgb · freiburger graphische betriebe
www.fgb.de
Autorenfotos: Unverzagt © Thomas Räse, Hurrelmann: privat

Gedruckt auf umweltfreundlichem,
chlorfrei gebleichtem Papier
Printed in Germany

ISBN 978-3-451-05891-2

Inhalt

Vorwort

Spielplatz, Kindergarten, Straße, Schule, Jugendzentrum – lauern nicht an allen Ecken Gefahren? Aggression und Gewalt auf den Schulhöfen beherrschen die Schlagzeilen, Lern- und Verhaltensstörungen sind stark verbreitet, das Einstiegsalter der Kinder in den Zigaretten- und Alkoholkonsum sinkt. Viele Eltern verzweifeln und resignieren. Wie sollen sie in einer unfreundlichen und oft feindlich gesonnenen Umwelt ihren Kindern Liebe und Halt geben, wenn sie selbst schon genug Probleme haben, um ihr Leben zu meistern? Das Familienleben hat sich stark verändert, durch Trennungen und Scheidungen gibt es immer mehr Alleinerziehende und neu kombinierte Patchwork-Familien. Auch Mütter wollen berufstätig sein und sind es auch – eine flexible und gut funktionierende Unterstützung für die Betreuung und Erziehung der Kinder gibt es in Deutschland aber so gut wie nicht.

Wer sich heute für Kinder entscheidet, trifft eine kühne Wahl. Aber auch unter schwierigen Bedingungen macht das Zusammenleben mit Kindern Spaß und ist eine riesige Bereicherung. Allerdings nur dann, wenn man sich als Mutter und Vater auf diese Rolle auch wirklich voll einlässt. Dazu gehört ein Wissen über Entwicklungsschritte der kindlichen Persönlichkeit und eine Kompetenz für den Aufbau einer guten Beziehung zum Kind. Darum geht es in diesem Buch.

Um an ihren Krisen wachsen zu können, brauchen Kinder die Liebe eines Erwachsenen, die Gewissheit der Anerkennung ihrer Person und eine schützende Grenze, die Sicherheit und Orientierung und die Grundlage für Selbstvertrauen gibt. Solange sie klein sind, brauchen sie ein warmes, behagliches Nest. Aber den einen richtigen Weg in der Kindererziehung – es gibt ihn nicht. Deshalb muss jeder Versuch, Patentrezepte zu liefern, von vornherein zum Scheitern verurteilt sein. Kinder sind verschieden und Eltern sind es auch. Was ein Kind braucht, um stark und lebensfähig zu werden, erschließt sich, wenn man genau hinschaut, was denen, die in Schieflage geraten sind, gefehlt hat. Davon handelt das erste Kapitel.

Was ist heute eigentlich eine Familie? Kann die traditionelle Form des Zusammenlebens noch immer die Basis für die Erziehung von Kindern sein? Die Frage ist berechtigt, denn in den letzten zwei Generationen ist die Familie aus berufstätigem Vater, haushälterisch tätiger Mutter und zwei bis drei Kindern immer mehr von der Bildfläche verschwunden. Viele neue Familienformen sind an diese Stelle getreten. Das Familienleben ist heute bunt und reichhaltig – aber untergegangen ist die Familie nicht. Starke, selbstbewusste Kinder wachsen nicht nur in einer konventionellen Familie auf. Das zweite Kapitel ist den familienübergreifenden Merkmalen auf der Spur, die für die Erziehung in verschiedensten Formen von Familien notwendig sind.

Man kann nur so gut spielen wie die Mannschaft – diese zuweilen schmerzliche Einsicht aus Fußballerkreisen beschreibt auch die Möglichkeiten und Grenzen des Engagements erziehender Menschen. Sie tun ihr Bestes, und das ist oft genau so viel, wie ihre eigene Situation erlaubt: Zwischen den festen Größen Wohnung – Arbeit – Kinderbetreuung, die den Spielraum jeder Familie abstecken, stellen sie sich ihren ganz persönlichen Hindernisparcours zusammen. Familien können die Erziehung ihrer Kinder nicht alleine schaffen, sondern brauchen in vielen Lebenslagen öffentliche Unterstützung. Familien allein zu lassen ist ungerecht, unsozial und hat obendrein schlimme Folgen für die ganze Gesellschaft. Hierfür nennt das dritte Kapitel Gründe.

Wenn Eltern sich nicht gerade dumm stellen und falschen Erziehungsideologien nachlaufen, können sie ihren Kindern alles geben, was Kinder für ihre Entwicklung brauchen. Wie ein Gärtner, der seinen Rosenkohl gießt und düngt, auf genügend Sonnenschein hofft und auf die reiche Ernte wartet – der aber nicht davon träumt, dass aus seinem Rosenkohl Erdbeeren werden. Eltern können wenig falsch machen, solange sie bereithalten, was ihr Kind braucht: *Herzenswärme mit viel Anerkennung, genügend Anregung mit wohl dosierten Freiräumen und Anleitung mit klaren Regeln.* Im vierten Kapitel wird dieses magische Dreieck der Erziehung vorgestellt und erläutert. Es hört sich nicht nur in der Theorie einfach an, sondern ist auch in der Umsetzung nicht allzu schwer. Die Kunst liegt darin, die Extreme eines autoritären und eines nachgiebigen Erziehungsstils zu vermeiden.

Wir neigen dazu, unseren Kindern alle Schwierigkeiten aus dem Weg räumen zu wollen. Dabei sind Fehler der Eltern und ihre Konflikte untereinander gute Gelegenheiten für die Kinder, ihre Selbsthilfekräfte zu mobilisieren. Aus Versehen, mangels besserer eigener Erfahrung oder aus Unkenntnis enttäuschen und belasten Eltern ihre Kinder im Laufe ihres gemeinsamen Lebens. Das kommt eben vor – Schuldgefühle sind fehl am Platz. Stark und selbstbewusst werden Kinder, wenn sie sich an den Fehlern ihrer Eltern erproben können und lernen, sie zu überwinden. Deswegen ist es so wichtig, in der Familie das Streiten zu lernen und Belastungen gemeinsam anzugehen. Hierauf geht das fünfte Kapitel ein.

Schon früh in der Entwicklung von Kindern spielen andere Kinder – die Geschwister, die Freunde, die Gleichaltrigen – eine große Rolle. Kinder lernen sehr viel von ihren Freunden, die sie auch gelegentlich gegen die Eltern ausspielen. Von den Freunden erfahren sie ganz andere Dinge als von den Eltern, aber stark werden sie nur, wenn sie beide Welten immer wieder miteinander in Verbindung können bringen. Davon handelt das sechste Kapitel.

Die modernen Medien sind ein heimlicher und oft ein unheimlicher Erzieher der heutigen Kinder geworden. Viele verbringen Stunde um Stunde vor Fernseher und Computer und lassen sich in die faszinierende künstliche Erlebniswelt hineinziehen. Wie sollen Eltern damit umgehen? Welche Möglichkeiten gibt es, die modernen Medien mit all ihren Chancen und Gefahren in die Familienbeziehungen einzubauen? Das siebte Kapitel sucht hierauf Antworten.

Spätestens mit dem ersten Schultag weitet sich der Kreis. Für ihr Kind beginnt ein neuer Lebensabschnitt, der sich mit nichts vergleichen lässt, was es bis dahin erlebt hat, weder mit dem ersten Schritt noch mit dem ersten Wort. Tag für Tag, Jahr für Jahr dreht sich das Leben eines Kindes jetzt um die Schule, die Lehrer und die anderen Kinder, die es dort trifft. Hier ist der Beitrag und das Beispiel der Eltern noch einmal ganz besonders gefragt. Das achte Kapitel stellt einige Anregungen dazu vor.

Und manchmal kommt es eben ganz dicke: Perspektivlosigkeit, Verschuldung, Erschöpfung und den Verlust von Selbstkontrolle muss man ernst nehmen und angehen. Im neunten Kapitel sind einige Überbrückungshilfen aufgeführt. Den Abschluss bildet eine Sammlung von Ansprechpartnern, die Eltern in Not weiterhelfen können.

Dieses Buch soll kein Elternratgeber im konventionellen Sinn sein. Wer ganz konkrete Rezepte für den richtigen Umgang mit seinem Kind sucht, gewissermaßen ein Kochbuch der Kindererziehung, der ist hier falsch. Den Autoren geht es vielmehr darum, nachdenklich zu machen und einen Überblick über die fachliche Diskussion zu Erziehungs- und Entwicklungsfragen zu geben. Dabei wird in jedem Kapitel auf wissenschaftliche Ergebnisse zurückgegriffen. Um das Lesen zu vereinfachen, werden aber die Literaturquellen im Text nicht genannt. Die herangezogenen Bücher sind alle am Ende aufgeführt. Eines der Bücher allerdings muss herausgehoben werden, die Publikation „Erziehungskompetenz. Was Eltern und Familien stark macht" von Urs Fuhrer. Auf diesen Text, der auch zur weiterführenden Lektüre empfohlen werden kann, wird an sehr vielen Stellen in diesem Buch zurückgegriffen.

1. Kapitel

Warum Kinder in Schieflage geraten

Jeden Morgen dasselbe: Timo biegt um die Ecke, und da wartet Dennis, wippt auf den Füßen hin und her, Hände in den Taschen vergraben, kaugummikauend. Fieses Grinsen: „Na, Arschloch, willste was?" Timo zuckt zusammen, schon vor dem ersten Schlag. Gleich darauf fliegen die Fäuste, und bald schon liegt Timo am Boden. Dennis macht weiter. Tritte in den Bauch, wahllos Schläge ins Gesicht und den ganzen Körper.

Seit Dennis vorige Woche vergeblich die Herausgabe von Timos neuem Fußball verlangt hat, geht das schon so: „Her mit dem Teil, sonst …". Er ließ es in der Luft schweben, dieses „sonst". Aber Timo weiß Bescheid. Und ahnt schon, was in den nächsten Tagen auf ihn zukommt. Dennis' Ruf reicht weit über den Schulhof hinaus. „Wenn der dich erstmal aufm Kieker hat", murmeln sogar die Großen aus der fünften Klasse. Das gute Stück fest unter den Arm geklemmt, ist Timo blitzschnell davongerannt – seitdem steht er auf der Abschussliste von Dennis. Diesem Timo wird er es jetzt richtig zeigen: schwächer, kleiner als er selber, „wie der schon aussieht" und immer die besseren Noten, „der Schleimer". Für Dennis ist klar: „Den mach ich fertig." Und zwar sobald er Timo zu fassen kriegt – das ist oft, denn beide gehen in dieselbe Klasse.

Weil Timo sich vor der Schule dauernd über Bauchweh beklagt, ist seine Mutter mit ihm zum Kinderarzt gegangen. Alles in Ordnung, organisch jedenfalls. Doch Timo hört nicht auf zu jammern. Seine Mutter macht sich Gedanken. „Was ist denn los mit dir, tut dir jemand was?", hat sie in einer ruhigen Minute gefragt, und da sind mit einem Mal alle Dämme gebrochen. Timo wirft sich schluchzend in ihre Arme, und jetzt kommt alles heraus.

Wenn sechsjährige Kinder einander erpressen und schon Erstklässler brutal und hemmungslos zuschlagen, sind Erwachsene entsetzt. Was ist los mit den Kindern? Sind das noch normale alltägliche Kabbeleien unter Kindern, wie es sie auch früher schon gab? Oder künden solche Vorfälle von wachsender Gewalt schon unter Grundschülern? Mit Entsetzen liest man in der Zeitung von Kindern, die in der Schule nicht nur versagen, sondern dort auch noch Furcht und Schrecken verbreiten, die Lehrer nicht nur ärgern und verspotten, sondern mit gezückten Messern angreifen und verletzen, die sich mit ihren Altersgenossen nicht nur prügeln, sondern sie halbtot schlagen, wobei Schlimmeres manchmal nur durch Zufälle verhindert wird, manchmal tatsächlich geschieht.

Erzieherinnen aus Kindergärten und Grundschullehrerinnen berichten, dass immer mehr Kinder versuchen, ihre Konflikte mit Gewalt zu lösen. Die Hemmschwelle sinkt ab: Schon auf kleine Frotzeleien ihrer Spielkameraden reagieren Kinder wie angestochen. „Du Doofi" – das reicht für Schlag und Gegenschlag schon in der Buddelkiste. Auf dem Schulhof wird mehr draus: Ein gellendes „Wichser" bricht plötzlich aus dem allgemeinen Lärmpegel heraus, „ich mach dich platt", „stech dich ab" oder „du Nutte". Ein zufälliges Anrempeln im Gedränge, ein ungebührlicher Blick, eine versehentliche Berührung beim angetäuschten Kickboxen – wegen Nichts geraten Schüler in heilloser Wut aneinander. Vielen Kindern, die blindlings losschlagen, fehlt jede realistische Einschätzung davon, was sie anrichten. Es wird auch dann noch draufgeschlagen, wenn der andere bereits besiegt ist. Der Ehrenkodex, der noch vor Jahren das Opfer vor grenzenloser Brutalität schützte, versagt heute.

Immer mehr Kinder setzen sich gegenseitig unter Druck. Schwächere werden eingeschüchtert, zu Demutsgesten gezwungen oder mit dem Ausschluss aus der Gruppe bedroht. Viele Kinder können überhaupt nicht ermessen, wie sich ihr Gegenüber fühlt. Sie bleiben kalt und unempfindlich, verweigern das Gespräch. Sie sagen, dass ihnen egal sei, ob der Andere leidet.

Gewalt entsteht in der Familie

Timos Mutter war außer sich vor Wut, als sie erfuhr, wie ihr Kind gedemütigt und verletzt worden war. Am liebsten hätte sie sich diesen Dennis erstmal richtig vorgeknöpft. Ihn windelweich geprügelt, wenigstens aber seine Eltern angerufen, Anzeige erstattet, in der Schule Alarm geschlagen.

Es ist schwer, angesichts brutaler Attacken noch gelassen zu bleiben, besonders wenn das eigene Kind zum Opfer geworden ist. Aber aggressives und zerstörerisches Verhalten von Kindern tritt nicht von heute auf morgen auf, weil sie Pech im Leben hatten, zu viel fernsehen oder ganz allgemein die Werte verfallen. Es steht meist am Ende eines langen Weges, mit ungelösten Konflikten fertig zu werden. Gewalt ist ein Alarmsignal, ein Schrei nach Zuwendung: Hier dringt auch der Wunsch nach außen, wahrgenommen, ernst genommen, angenommen zu werden, verlässliche Grenzen zu spüren und in der Auseinandersetzung Halt zu finden.

Über den Hintergrund von Dennis' Verhalten wissen wir einiges aus der psychologischen, soziologischen und pädagogischen Ursachenforschung. Die zeigt, dass die Täter in der Schule oft aus Elternhäusern kommen, in denen sie selbst viel Gewalt erlebt haben. Wie viel hat Dennis wohl einstecken müssen, bevor er sich ans Austeilen gemacht hat? Gespräche könnten an den Tag bringen, was Dennis zum Zuschlagen treibt. Ständig streitende Eltern, die im Begriff stehen, sich zu trennen und ein Zuhause, in dem alles aus den Fugen gerät, sind keine Basis, um Konflikte gewaltfrei und phantasievoll, gelassen und mitfühlend lösen zu lernen.

Gewalttätigen Kindern fehlen häufig die Voraussetzungen für das Einhalten von sozialen Regeln. Eine davon ist das Vertrauen in die eigene Belastbarkeit, eine zweite das Vorbild der Eltern, die versuchen, Konflikte einvernehmlich und voller Achtung füreinander zu lösen. Das genaue Gegenteil erlebt gerade Dennis bei seinen Eltern. Wegen eigener Schwierigkeiten sind seine Eltern nicht fähig, ihrem Kind irgendeine Art von Ermutigung zu geben.

Aggressionen zeigen einen Mangel an Anerkennung

Oder Kevin zum Beispiel: Sein Vater ist sehr streng mit ihm. Selbst arbeitslos, stehen seine Chancen, einen neuen Job zu finden, schlecht. Dafür macht Kevins Vater seine eigene miese Schullaufbahn verantwortlich. Das soll ihm nicht noch mal passieren: Für seinen Sohn hat er sich fest vorgenommen, dass es ihm mal besser gehen soll. Für jede schlechte Note muss Kevin ein Fußballposter in seinem Zimmer abhängen. Schreibt er eine Fünf – und das passiert oft – kriegt er Prügel. Seine

Lektion hat er gelernt: dass er schlecht ist, weil er schlecht rechnet. Wie viel anders sähe die Lektion wohl aus, wenn er wüsste, dass seine Eltern ihn gern haben, so wie er ist, und dass er nur nicht gut rechnen kann?

Eine wichtige Ursache dafür, dass Kinder aggressiv und gewalttätig werden, liegt in ihrem Gefühl, als Person nicht angenommen zu sein. Sie fürchten, bei jedem kleinen Fehler als totaler Versager dazustehen. So ist es oft: Wer dann noch ungünstige Voraussetzungen von zuhause in die Schule mitbringt, wie zum Beispiel einen Vater, der bei jeder Gelegenheit prügelt, reagiert aggressiv auf die Anforderungen.

Es sind meistens die Schüler mit den schlechten Schulleistungen, die gewalttätig werden. Kinder, die durch Aggressivität auffallen, müssen doppelt so häufig eine Klasse wiederholen wie andere. Fast jedes zweite aggressive Kind hat Lernprobleme. Gut sein will jeder – aber Kinder, die oft versagen, weichen auf andere Leistungsbereiche aus. Jeder ist in irgendetwas gut. Im besten Fall ist das ein anderes Unterrichtsfach. Als Niete in Mathe begeistert Matthias mit seiner Begabung für Fremdsprachen. Er könnte sich auch zum Basketball-As mausern oder mit der Blockflöte glänzen. Tobias ist schlechter dran. Bei ihm gerät jedes Diktat zum persönlichen Fiasko, aber auch in allen anderen Fächern ist er schwach auf der Brust. Erst seit er angefangen hat, den Klassenkasper zu geben, fängt er sich wieder.

Das ist das Problem: Je mehr Bereiche zum Gutsein ausfallen, desto näher rücken zum Ausgleich die leistungsersetzenden Taten wie Klauen, Hauen, Lügen und Kaspern. Gewalttätigkeiten gegen sich selbst und andere erzählen immer von vorausgegangenen Frustrationen. Schüler nehmen Rache an der Schule, die ihnen das Gefühl gibt zu versagen. Sie machen auf sich aufmerksam – auf eine Weise, die sie beherrschen und von der sie wissen, dass sie andere damit vor den Kopf stoßen können. Für einen Moment stehen sie als Täter im Mittelpunkt des Geschehens. Was für eine Bestätigung!

Die Ellbogengesellschaft hat Gewalt hoffähig gemacht

Jedes Kind, das Gewalt ausübt, hat zuvor Gewaltmengen aufgenommen: Die wöchentliche Tracht Prügel, die angeblich noch niemandem geschadet hat, oder die Erniedrigung durch hilflos schlagende Eltern gehören dazu. Prügel auf dem Schulhof und handgreifliche Auseinandersetzungen in der Clique und auch die Gewalt im Fernsehen beeinflussen Kinder – von der Gewalt, die sich in Arbeitsplatzverlust, Geldschwierigkeiten, Wohnungsnot, fehlenden Freizeitangeboten, Ehekonflikten und Suchtproblemen der Eltern verbergen kann, ganz zu schweigen.

Mit jeder Gewalttat entlädt sich ein heftiger Aggressionsstau nach außen. Früher bändigten manchmal unangefochtene Normen den Ausbruch zerstörerischer Impulse, heute dagegen lässt sich Gewalt ausleben. Unsere Ellbogengesellschaft hat Gewalt hoffähig gemacht – die kindlichen Täter sind auch Opfer. Sie sind Spiegelbilder der Erwachsenenwelt, in der sie aufwachsen. Was ihre Taten zeigen, ist eine fortschreitende Verwüstung sozialer Beziehungen.

Auf den Familien lastet ein beständig wachsender Leistungsdruck. Scheidungen, Arbeitslosigkeit, Ortswechsel und Berufstätigkeit beider Eltern lösen viele Familienbande auf und nehmen den Kindern Halt und Orientierung. Nachbarn, Freunde, Großeltern, die Kirchengemeinde – die Miterzieher von gestern – sind neuen Einflüssen gewichen: der Clique, dem Kino und vor allem dem Fernsehen und dem Computer, wo immer mehr Gewalt zu sehen ist.

Aggressionen und Gewalt als Erfahrung von Grenzen und Möglichkeiten gehören zur normalen kindlichen Entwicklung. Gegen die Eltern aufzubegehren, Raufereien mit Geschwistern und Streit mit Klassenkameraden bieten Kindern unzählige Gelegenheiten, mit dem Ausdruck, den sie ihren aggressiven Empfindungen geben, zu experimentieren. Ein fünfjähriges Kind, das manchmal wutschnaubend die Türen zuknallt oder sich brüllend auf den Boden wirft, ist keineswegs aggressiv verhaltensgestört. Mit fünf, sechs und manchmal auch erst sieben Jahren gehört das ungesteuerte, impulsive Verhalten noch dazu.

Es gibt keine völlig eindeutige Schwelle, jenseits der sich Eltern Sorgen um ihr aggressives Kind machen müssen. Aber Anhaltspunkte helfen, Entwicklungen einzuschätzen: Gefährdet sind jene Kinder, deren „auffälliges Verhalten" extrem ist und bestehen bleibt, ohne sich entsprechend der Altersentwicklung den sozialen Spielregeln anzupassen. Wenn ein Kind immer wieder Gegenstände zerstört, auf andere Kinder losgeht, andauernd Regeln verletzt, ständig lügt und stiehlt, sich nicht an Vereinbarungen hält, steckt es in Schwierigkeiten, die weitere nach sich ziehen können: Im Kindergarten gerät es in die Außenseiterrolle, weil es keine Freunde findet, später in der Schule sind seine Leistungen schlecht, obwohl es vielleicht durchaus begabt ist.

Aggressive Kinder, denen nicht geholfen wird, geraten leicht ins Abseits. Je früher kleine Kinder aggressiv sind, desto größer ist die Wahrscheinlichkeit, dass sich ihr Aggressionsverhalten bis ins Jugend- und Erwachsenenalter fortsetzt. Sie machen die Erfahrung, dass sie sich nur wirklich behaupten können, indem sie aggressiv sind. Erste Misserfolge, erste Ablehnungen setzen einen Teufelskreis in Gang. Das Kind schließt sich anderen Kindern mit ähnlichen Schwierigkeiten an. Es entsteht eine Gruppe, in der aggressives Verhalten zur Norm gehört. Das Kind kommt im Unterricht nicht mehr mit, leidet noch mehr unter seinen schlechten Leistungen und vermeidet mit der Zeit alle Bereiche, die ihm ständig nur Misserfolge einbringen. Es strengt sich nirgendwo mehr an und findet Anerkennung nur noch in der Außenseitergruppe.

Der Rückzug nach Innen

Aggression gegen andere – das ist nur eine Form, mit der Kinder auf Schwierigkeiten in ihrer Persönlichkeitsentwicklung reagieren. Es gibt aber auch das Gegenteil, die „unauffällige Auffälligkeit", die nicht weniger gefährlich ist: die stillen, schüchternen, zu braven, angepassten und zu unsicheren Kinder, die sich nichts zutrauen. Sie wirken oft geknickt und traurig, finden nur schwer Anschluss im Kindergarten und halten sich auch in der Schule abseits vom lärmenden Haufen. Ihr Rückzug nach Innen wird oft begleitet von Magenverstimmungen, Schlafstörungen, Nervosität.

Anna war bis etwa zum dritten Schuljahr ein starkes und sehr beliebtes Mädchen in der Klasse. Ihre Freundinnen begannen, mit künftigen Rollen zu experimentieren, für Boygroups zu schwärmen und Bravo zu schmökern, und sie reagierte mit Angst und Verunsicherung. Als Lisa, ihre beste Freundin, plötzlich umschwenkte und eines Tages im perfekten Girlie-Look auftauchte, geriet Annas Welt endgültig ins Wanken. Sie zog sich zurück, war in der Klasse schnell out und geriet in eine Krise, die auch ihre Leistungen in der Schule erfasste. Vorher eine fröhliche, gescheite Schülerin, begann sie plötzlich Mathematik zu hassen und scheiterte schon an kleinen Aufgaben, die sie früher mühelos bewältigt hatte. Bei Klassenarbeiten gab sie leere Blätter ab, keine Hausaufgabe brachte sie zu Ende. Immer weiter zog sie sich in eine Welt selbstgeschriebener Geschichten zurück, die immer unverständlicher wurden. Stunden verbrachte sie allein in ihrem Zimmer, dösend auf dem Bett.

Die Eltern waren ratlos. Als Anna düster bemerkte, dass es ihnen noch leid tun würde, wenn sie tot wäre, dass man sie zur Schule gezwungen hätte, geriet die Mutter in Panik. Sie verlangte von der Lehrerin, die Freundschaften in der Klasse zu reglementieren: Annas ehemalige Freundinnen sollten im Klassenzimmer umgesetzt werden, Lisa wieder direkt neben Anna platziert werden, beide Mädchen fürs Schulschwimmen gewonnen werden. Vergeblich versuchte die Lehrerin, Annas Eltern zu beruhigen, ihnen zu erklären, dass Annas Krise im Schatten der Vorpubertät ein Versuch der Loslösung aus der Kinderwelt sei, die ersten Schritte zur eigenen Unabhängigkeit zu schaffen.

Anna durchleidet ihre Verlustangst, klammert sich an die beste Freundin, die sie für sich allein haben will. Und ahnt, dass das nicht geht. Ängstlich zieht sie sich in ihr eigenes Reich zurück. Bei alldem wird sie stiller und stiller – nicht daran zu denken, dass sie mit lautem, aggressivem Getöse ein Signal über ihre seelische Not abgab, wie es wahrscheinlich ein Junge getan hätte.

Für Anna hängt viel davon ab, wie sehr ihre Eltern bereit sind, Vertrauen zu zeigen, dass ihre Tochter ihren eigenen Weg findet. Diese Unterstützung fehlte Anna bisher. Ihre Eltern haben sie liebevoll und sensibel behandelt und ihr in guter Absicht viele Belastungen erspart. Auch bei der Auswahl ihrer Freundinnen, weil die Mutter vermeiden wollte, dass ihr Kind in schlechte Gesellschaft geriet. Darunter hat das Selbstvertrauen von Anna gelitten. Die Eltern haben sie zu stark von Herausforderungen abgeschirmt, in guter Absicht – aber Annas Position in der Freundesgruppe ist hierdurch geschwächt worden. Die unsichere und isolierte Position, wie Anna sie hat, ist so auch mit auf die Eingriffe der Eltern zurückzuführen.

Aggression und Depression haben
gemeinsame Wurzeln

Kinder spüren intuitiv, wenn sie in Schwierigkeiten geraten und mit den täglichen Herausforderungen in Familie, Schule und Freundeskreis nicht mehr glatt zurechtkommen. Sie fangen an, Gegenstrategien aufzubauen, um sich aus der misslichen Lage zu befreien. Dabei greift jedes Kind auf die Verhaltensmuster zurück, die es bisher gelernt, vor allem von Mutter und Vater abgeguckt hat. Anna hat sich stark an ihrer Mutter orientiert, die sich Anspannungen und Belastungen wenig anmerken lässt. Anna hat die Eingriffe ihrer Mutter in ihren Umgang mit Freundinnen zwar nicht gerne gesehen, fand aber doch immer, ihre Mutter habe die größeren Erfahrungen, von denen sie profitieren wollte. Das hat sie in der aktuellen Lage in ihrem Freundinnenkreis stark geschwächt und tief verunsichert. Ihre Strategie der Verarbeitung, der Bewältigung der schwierigen Situation besteht darin, den Ärger, die Wut und die Enttäuschung über die Abwendung ihrer Freundin Lisa sich nicht nach außen anmerken zu lassen. Irgendwo muss ihre Enttäuschung aber hin, und deswegen richtet sie ihre Aggressionen nicht wie Dennis nach außen, etwa gegen die untreue Freundin, sondern gegen sich selbst. Von ihrer Mutter hat sie Mäßigung gelernt, deswegen kommt es nur zu einer Andeutung einer Selbsttötung. Aber die Selbstaggression ist doch sehr stark und lähmt all ihre Kräfte, bis hin zum schulischen Lernen.

Aggression gegen andere oder Aggression gegen sich selbst – die Ausgangskonstellation hierfür kann durchaus vergleichbar sein. Die Beispiele von Dennis und Anna zeigen das. Beide Kinder sind durch die Beziehung zu ihren Eltern, durch ihre gesamte bisherige Lebensgeschichte nicht zu starken Persönlichkeiten geworden. Beide spüren ein Defizit von Anerkennung oder Unterstützung durch die Eltern. Sie lieben ihre Eltern und identifizieren sich stark mit ihnen. Aber den Eltern ist es nicht gelungen, diese liebevolle Bindung in ein stabiles Selbstvertrauen bei ihren Kindern umzuwandeln und ihre Kinder damit fit für die täglichen Herausforderungen zu machen, die für ihre Entwicklung nun einmal ganz normal sind.

Beide Kinder konnten kein Vertrauen in ihre eigene Belastbarkeit aufbauen. Dennis nicht, weil er in die ungeregelten Konflikte seiner Eltern hineingezogen wurde und deshalb nicht lernt, mit Spannungen und Belastungen konstruktiv umzugehen. Anna nicht, weil ihre Eltern sie zu ängstlich abgeschirmt haben und sie dadurch nicht geübt ist, sich im entscheidenden Moment durchzusetzen. Beiden Kindern fehlt die Erfahrung eines familiären Zusammenlebens, das feste Regeln und klare Vereinbarungen hat und Verlässlichkeit ausstrahlt. Beide Kinder wurden von ihren Eltern schwach gemacht, weil sie nicht die richtige Mischung aus Anregung, Anleitung und Anerkennung erfuhren, obwohl die Väter und Mütter sicherlich beste Absichten hatten. Es ist fast zwangsläufig, dass Dennis und Anna deswegen in ihrer Entwicklung ins Straucheln gerieten. Beide schaffen es nicht, sich in für ihr Alter durchaus typischen Belastungssituationen normal zu behaupten.

Jedes Kind reagiert anders

Kinder, die in Schieflage geraten, finden viele Formen, ihren inneren Konflikt auszudrücken. Dennis und viele seiner Geschlechtsgenossen fallen eher mit gewalttätigem, zerstörerischem Verhalten auf. Anna und viele andere Mädchen ziehen sich aus dem Geschehen zurück, werden still und traurig und wagen lange Zeit nichts mehr. Doch es gibt auch Variationen von Aggression und Rückzug, die aufeinander folgen können: Dennis haut um sich und quält seine Mitschüler, ein paar Jahre später hat er sich vielleicht im Strudel selbstzerstörerischen Verhaltens verfangen. Anna durchmisst ihre Talsohle schweigend, aber ein halbes Jahr später ist sie wieder obenauf, wenn auch noch unsicher, und macht sich Luft, indem sie die jüngeren Mädchen auf dem Schulhof piesackt. Vielleicht aber bleibt ihr Selbstwertgefühl innerlich so angeknackst, dass sie mit 16, 17 Jahren bei jedem kleinen Liebeskummer ins Bodenlose fällt.

Zum Glück geht es meist gut: Die große Mehrheit der Kinder und Jugendlichen kommt mit ihren Krisen zurecht, sie meistern ihre Lebensanforderungen und genügen eigenen und von außen an sie herangetragenen Leistungserwartungen. Vier Fünftel eines Jahrgangs nehmen die Herausforderungen erfolgreich an, die in den persönlichen, familiären und gesellschaftlichen Möglichkeiten ihres Lebensalters liegen. Einem Fünftel aber gelingt die Auseinandersetzung mit den Anforderungen nicht. Bei ihnen werden durch soziale und psychische Belastungen körperliche und seelische Kräfte überstrapaziert. Es kommt zu unbefriedigenden oder selbstzerstörerischen Verläufen im weiteren Prozess der Persönlichkeitsentwicklung.

Zu den nach Innen gerichteten, selbstzerstörerischen Formen gehören die emotionalen Störungen. Vielen Kindern fällt es schwer, aufmerksam zu sein. Viele sind hyperaktiv, finden wenig oder gar keinen Kontakt und haben sich selbst von anderen zurückgezogen. Manche leiden unter psychosomatischen Beschwerden wie Kopfschmerzen und Konzentrationsschwierigkeiten, fühlen sich häufig ängstlich und depressiv. Oft klagen Kinder über Müdigkeit, Überforderung und Einsamkeit – Mädchen etwas, Jungen weniger. Ein Unterschied, der sich nach dem zehnten Geburtstag noch weiter ausprägt.

Das Risiko für eher depressiv-ängstliche Grundstimmungen ist hoch. Diese „leisen Symptome" übersehen Eltern und Lehrer häufig, weil sie von der Wucht der Aggressionen verdeckt werden, die überwiegend die Jungen nach außen und für die anderen spürbar entladen. Die leisen Kinder reagieren mit psychosomatischen Störungen wie Stottern, Asthma, Allergien, Bettnässen oder Hyperaktivität. Zu den Aggressionen, die Kinder gegen sich selbst richten, gehören Depressionen, Ess- und Magersucht, Selbsttötung und auch der übermäßige Konsum von Alkohol, Nikotin, Drogen und Tabletten, der sich möglicherweise erst einige Jahre später entwickelt.

Es gibt viele Wege, Schieflagen auszubalancieren. Und jeder ist individuell: Kinder verarbeiten ihre Krisen so oder so – ob sie sich aggressiv Luft machen, sich depressiv zurückziehen oder mit Hilfe von Drogen, Tabletten oder Alkohol dem Problem ausweichen, hängt davon ab, über welche Vorbilder und Muster sie zur Bewältigung von Lebenskrisen verfügen. Dabei liegen taugliche und untaugliche Wege dicht beieinander. Welchen Weg sie auch wählen – mit ihrem Befinden spiegeln Kinder den Zustand ihrer gesamten Umwelt wider. Sie zeigen uns spontan und unverstellt, wie ihre Lebensumwelt auf sie wirkt und wo ihre Umgebung sie überfordert.

Je besser ein Kind in ein soziales Beziehungsgefüge mit wichtigen Bezugspersonen eingebunden ist, desto besser kann es auch mit ungünstigen Lebensbedingungen, kritischen Ereignissen und andauernder Belastung umgehen, desto weniger treten die Überforderungssymptome als soziale, seelische oder körperliche Auffälligkeiten auf. Das Vertrauen in die eigene Belastbarkeit, die Fähigkeit zum Problem lösenden Verhalten, ein stabiles Selbstwertgefühl und eine abgesicherte Identität sind gute Voraussetzungen für eine erfolgreiche Auseinandersetzung mit Belastungen.

Niemand kann genau vorhersagen, welchen Weg ein Kind, das aus der Balance gekommen ist, einschlägt. Es gibt keinen Mechanismus von Ursache und Wirkung. Nicht jeder Sohn eines Trinkers wird zwangsläufig selbst einer. Nicht jedes Kind von Eltern, die auseinandergehen, wird bleibende emotionale Schäden davon tragen. Kleine Erpresser, brutale Schläger, hyperaktive oder depressive Jungen und Mädchen kommen auch aus den besten Elternhäusern. Armut, beengte Wohnverhältnisse und hohe Anforderungen der Schule führen nicht zwangsläufig dazu, dass ein Kind aggressiv oder hyperaktiv wird oder sich verschanzt.

Aber je mehr Risikofaktoren zusammen kommen und desto weniger schützende, ermutigende und stärkende Einflüsse ins Gewicht fallen, desto größer wird die Möglichkeit des Scheiterns an den Entwicklungsaufgaben. Wahrscheinlich spielen angeborene Temperamentsunterschiede und andere Anlagen eine große Rolle. Der Schlüssel zum Verständnis liegt aber immer in der Familie. Von den Beziehungen zwischen Eltern und Kindern hängt alles ab. Eine intakte Familie mit einem guten Familienklima ist eine gute Voraussetzung, eine gestörte Familie ist eine schlechte. In der Familie werden die Weichen gestellt, die eine spätere Entwicklung in die eine Richtung erleichtern und in die andere erschweren.

Die Suchtgefährdung nimmt zu

Das gilt für alle Formen von Problemverhalten – auch die suchtgefährdenden. Wohl kaum eine andere Vorstellung ängstigt Eltern mehr als die, ihr Kind könne von Drogen abhängig werden. Mehr als vor Gewalttätigkeiten und Zerstörungswut, die man Jungen sogar noch klammheimlich als typisch männliches Verhalten durchgehen lässt („ein richtiger Junge muss sich auch mal prügeln"), und sehr viel mehr als vor dem für typisch weiblich geltenden duldenden Hinnehmen und stillen Leiden fürchten sich Eltern vor den Fängen einer Sucht. „Wie kann ich mein Kind vor dem Abrutschen in die Drogensucht bewahren?" „Werde ich noch Einfluss auf meinen Sohn haben, wenn in seiner Clique gekifft wird?" „Was soll ich denn machen, wenn er sich heimlich mit seinen Freunden betrinkt?" „Wird meine Tochter mir überhaupt erzählen, wenn ihr harte Drogen angeboten werden?" „Wie kann ich nur verhindern, dass mein Kind sich ruiniert?"

Eltern sind beunruhigt. Mit guten Gründen. Die Drogennutzung hat in den letzten Jahren erheblich zugenommen, bei den legalen ebenso wie bei den illegalen Stoffen. Beunruhigend ist das immer frühere Alter beim Einstieg in den Zigarettenkonsum. Schon neun- und zehnjährige Raucher sind zu verzeichnen, das durchschnittliche Einstiegsalter in einen regelmäßigen Tabakkonsum hat sich schon auf 12 bis 13 Jahre eingependelt. Viele fangen aber noch früher an. Jungen und Mädchen sind gleich stark vertreten. Beim weiblichen Geschlecht ist die Zigarette immer attraktiver geworden. Im weiteren Verlauf des Jugendalters gehören die Mädchen mit einem guten Fünftel regelmäßiger Raucherinnen sogar zu den stärkeren Konsumenten als die Jungen.

Der Alkoholkonsum hat sich ebenfalls im Lebenslauf nach vorne verlagert. Hier liegt das häufigste Einstiegsalter in den regelmäßigen Konsum bei etwa 14 Jahren. Die Jungen konsumieren deutlich mehr als die Mädchen, auch wenn diese in den letzten Jahren durch bunte und süße Mischgetränke (Alkopops, Cocktails) stark umworben werden. Sogenannte Flatrate-Partys, von findigen Gastronomen zwecks Umsatzsteigerung erfunden, verführen Heranwachsende zum Vollsuff. Das alles wirkt: Im weiteren Verlauf des Jugendalters gehören dann rund 25 Prozent der Jungen und 15 Prozent der Mädchen zu den regelmäßigen Alkoholkonsumenten.

Noch etwas beunruhigt die Eltern: Sowohl bei Zigaretten als auch bei Alkoholika gibt es Kinder und Jugendliche, die ungeheuer große Mengen konsumieren. Ingesamt ist es nur eine kleine Gruppe der Raucher und der Alkoholtrinker, aber diese Kinder ruinieren ihre Gesundheit geradezu nach Plan. Sie treffen sich zu Partys, deren einziger Zweck darin besteht, in kurzer Zeit sturzbetrunken zu sein und die Besinnung zu verlieren. Von einer gemeinschaftlich getragenen Trinkkultur mit angenehmer Geselligkeit ist das weit entfernt, dagegen ist die Gefahr einer frühen Abhängigkeit nicht zu übersehen. Wenn in Zeitungen von 13-jährigen Jungen und Mädchen die Rede ist, die in die Notfallaufnahme einer Klinik eingeliefert werden mussten, weil sie Alkohol vergiftet waren, dann führt das zu Recht bei vielen Eltern zu Angstvorstellungen.

Die illegalen Drogen. Auch sie können Eltern einen Schrecken einjagen. Der Einstieg in den Konsum von Cannabis und Partydrogen, die von dubiosen Händlern erworben werden und deren stoffliche Zusammensetzung deshalb praktisch unkontrollierbar ist, beginnt ebenfalls immer früher. Bei gut einem Drittel der Jugendlichen muss heute mit einem zumindest vorübergehenden Probieren dieser Substanzen gerechnet werden. Es sind verbotene Stoffe, die an einem Schwarzmarkt gehandelt werden. Schon Kinder kommen hier mit kriminellen Strukturen in Verbindung, ohne sich immer der Gefahren bewusst zu sein. Eine Horrorvorstellung für sensible Eltern.

Drogenkonsum ist ein Aus-dem-Felde-Gehen

Wenn Kinder und Jugendliche legale oder illegale Drogen konsumieren, dann tun sie das sehr häufig aus schierer Neugier. Sie wollen einfach mitreden können und dabei sein. Sie wollen experimentieren und ihre Grenzen erfahren. Aber Vorsicht: Alles, was über eine überschaubare Experimentierphase hinausgeht, ist ein Zeichen von problematischem Verhalten. Ebenso wie bei den nach außen gerichteten, untauglichen Formen der Problembewältigung aggressiver Art und bei den nach innen gerichteten (Depression und psychosomatischen Störung) liegt hier ein deutliches Zeichen der Schwächung vor.

Drogenkonsum, also die Nutzung von psychoaktiven Substanzen, welche das Belohnungs- und Stoffwechselsystem des Gehirns erreichen und kräftig manipulieren, ist die dritte Form der ungesunden und problematischen Auseinandersetzung mit Entwicklungsaufgaben. Wird ein Kind mit den Krisen im Beziehungs- und Kontaktbereich, im Leistungs- und Anforderungssektor nicht fertig, dann kann es eben nicht nur mit Aggression nach außen oder Aggression nach innen reagieren, sondern auch mit einer Mischform, mit einem ausweichenden Verhalten. Diese ist mit dem Konsum von Drogen verbunden.

Der Stoff der Droge betäubt oder belebt den Konsumenten, je nach seiner Zusammensetzung. Aber er hat die entscheidende Wirkung, ihn aus der Realität herauszubefördern. Der Konsument geht „aus dem Feld", weicht den anstehenden Aufgaben aus, und flüchtet ins Ungefähre. Wird dieses Muster der Auseinandersetzung mit Schwierigkeiten zur Routine, dann muss von einer Drogengefährdung, einer bevorstehenden Sucht und Abhängigkeit die Rede sein. Immer wieder zeigen Langzeituntersuchungen, wie früh bei später alkoholkranken oder heroinabhängigen Menschen eine Sucht eingesetzt hat, wie verhängnisvoll ein schon im Kindesalter angebahntes Suchtmuster ist. Greifen Kinder in Belastungs- oder Stressphasen immer häufiger zum Stoff, der Abhilfe verspricht, dann gehen sie in einer höchst gefährlichen Weise mit Anspannungen um.

Auch Suchtgefährdung entsteht in der Familie

Suchen wir nach den Ursachen, führen auch bei dieser Form der untauglichen Bewältigung von Schwierigkeiten alle Spuren in die Familie. Ebenso wie bei den aggressiven und depressiven Varianten müssen wir feststellen: Auch die ausweichende Variante von Problemverarbeitung ist auf ein gestörtes Familienleben zurückzuführen.

Vielen Eltern ist das nicht bewusst. Die Eltern des vierjährigen Max zum Beispiel bemühen sich um eine liebevolle und entspannte Beziehung zu ihrem Kind. Sie stellen auch sehr deutlich ihre Anforderungen. Klar gibt es mal zum Trost ein Bonbon und auch mal ein dickes Eis, wenn Mäxchen aufs Knie gefallen ist. Es ist ja auch ganz goldig, wenn der Kleine, „wie'n Alter", erst die Hand aufhält und fragt „krieg ich ein Bonbon dafür?", bevor er durch den Flur schlenzt, um seinen Anorak aufzuheben, den er vorhin in die Ecke gefeuert hat. „Für Bonbons tut er alles", berichtet seine Mutter ihrer Freundin mit halb besorgter, halb amüsierter Miene.

Dann kommt Max in die Schule und erlebt seine ersten Misserfolge und Fehlschläge, über die er sich mit seinem süßen Sortiment aus der Speisekammer hinweghilft. Seine Eltern haben das zwar nicht so gerne, bringen es aber nicht übers Herz, ihren kleinen Schatz niedergeschlagen zu sehen. „Hier hast du eine kleine Aufmunterung", reicht auch die Oma die Bonbontüte ihrem traurigen Enkel, weil sie heute keine Zeit hat, mit ihm Domino zu spielen. Und bald sieht man Max überhaupt nicht mehr ohne Lutschbonbon. Er hat immer genug davon in der Tasche, besonders seit er entdeckt hat, wie er damit seine Klassenkameraden für sich interessieren kann. Solange er genug hat, steht er im Mittelpunkt. „Aber er lutscht nun mal für sein Leben gern", versuchen die Eltern sich gegenseitig zu beschwichtigen. Was das mit Drogen zu tun haben soll, will ihnen nicht einleuchten. Alle Kinder sind doch verrückt nach Süßigkeiten, oder?

Wenn Eltern kleinen Kindern anstelle von Liebe, Zuwendung und Ansprache, die Kinder eigentlich wollen, Nahrung, Süßigkeiten, Spielzeug und Geld geben, lernen diese schon früh, dass das, was man eigentlich will, sich wünscht oder erträumt, durch Stoffliches, Materielles ersatzbefriedigt werden kann. Letztlich wird dadurch bereits die erste Weiche für späteren Drogenkonsum gestellt. Drogen versprechen den Ausstieg aus belastenden Situationen. Bevor Jugendliche von Stoffen abhängig geworden sind, haben sie als Kinder über Jahre hinweg gelernt, immer, wenn sie in Bedrängnis geraten, nicht die Schwierigkeit direkt anzugehen und zu versuchen, sie zu meistern, sondern mit Hilfe eines materiellen Ersatzes auszuweichen und das Problem zu verdrängen. Das gilt bereits für die Kleinkindzeit, in der wichtige Grundlagen für die Persönlichkeit gelegt werden.

Schon im Kindergarten und in der Grundschule müssen Kinder lernen, mit den alltäglichen Problemen auf ihre Weise fertig zu werden. Überbehütende Eltern, die dem Kind vorzeitig beispringen, um es vor Schwierigkeiten zu bewahren, sind genauso schlechte Helfer beim Aufbau starker Persönlichkeiten wie die Eltern, die sich zuwenig in die Situation der eigenen Kinder hinein vertiefen und sie kaum unterstützen. Eltern müssen ihre Kinder ermuntern, ihre kleinen alltäglichen Probleme selbst zu lösen. Nur wenn Kinder immer wieder die Erfahrung machen, dass ihnen dies gelingt, wird ihr Selbstbewusstsein stark werden. Die Außenseiterrolle des verhätschelten Mutterkindchens führt genauso wie die des ausgestoßenen Randkindes zur Anfälligkeit gegenüber einer Sucht, weil sie mit Hilflosigkeit in Konfliktsituationen des Alltags einhergehen kann.

Das Vorbild der Eltern zählt

Risikofaktoren für eine spätere Suchtentwicklung entstehen schon in früher Kindheit. Lange bevor Jugendliche mit 16 oder 17 Jahren drogenabhängig werden, zeigen sie in der Regel Warnsignale. Gestörte Beziehungen, Enttäuschungen und Versäumnisse gehen jeder Sucht voraus. In den Lebensläufen von Suchtkranken gibt es Gemeinsamkeiten, die auch Eltern noch kleiner Kinder aufhorchen lassen: Man findet überstarke Anspannungen und ungelöste Konflikte in der Familie, in der Schule und Freizeit, Essstörungen und die Gier nach Süßigkeiten. Drogenabhängige haben es oft schon im Grundschulalter schwer gehabt, Freundschaften zu knüpfen und zu pflegen. Sie fühlten sich oft wertlos, waren andererseits unzuverlässig und wichen Absprachen oder verbindlichen Terminen eher aus. Kooperations- und Konzentrationsprobleme sowie die Fähigkeit, abgestuft auf verschiedene Situationen zu reagieren, bereiteten ihnen schon im Kindesalter viel Mühe.

Bei jedem kleinen Wehwehchen greift Susis Mama zur Tablette. Wie soll Susi da wohl auf den Gedanken kommen, dass man einen leichten Kopfschmerz auch mal aushalten kann und entweder früher schlafen geht oder einen Spaziergang macht? Sven hat den Eindruck gewonnen, dass drei, vier Biere eine Belohnung sind und dass es nichts Besseres gegen den Durst gibt als kühles Pils – sein Vater macht es jeden Abend so. Wie man mit Genussmitteln, Tabletten und Drogen umgeht, lernen Kinder auch am Modell – genauso wie sie dazu neigen, zuhause eingesteckte Schläge anderswo wieder auszuteilen.

Wissen Eltern eigentlich, welche Verantwortung sie für die Konsummuster ihrer Kinder tragen? Der kettenrauchende Vater von Nils hat es schwer, seinem 11-jährigen Sohn, den er soeben mit der Zigarette im Hausflur erwischt hat, das Rauchen zu verbieten: „Lass die Finger von den Zigaretten, das ist Gift für deine Gesundheit", verpufft wirkungslos. Nils findet solche Bemerkungen ein bisschen lächerlich. In zwei Jahren wird der Vater toben und drakonische Strafen verhängen, weil der Sohn seinen ersten Joint probiert hat. Der Nachbar hat ihn zusammen mit drei anderen Jungs hinter der Garage gesehen und brühwarm weitererzählt, was die Jungs da treiben. „Und was ist mit deinem Bier?", wird Nils seinem Vater entgegnen, „du bist doch selbst drogenabhängig!"

Selbstkritische Eltern haben es leichter

Der Drogenkonsum ist tief in alltäglichen Ritualen von Familien und Freundeskreisen verankert. Eltern sollten vor ihren Kindern nicht verheimlichen, dass sie gerne trinken und gelegentlich auch mal einen über den Durst. Sie können sogar einräumen, dass sie zuviel trinken oder rauchen – schön, wenn sie hier Selbstkritik zeigen. Nils hätte die Befürchtungen seines Vaters erkennen und achten können, wenn der sie auch so geäußert hätte. „Sieh mal, ich komme außer Atem, wenn ich in den zweiten Stock gehen muss. Und ich habe Angst, dass ich irgendwann an Lungenkrebs sterbe. Das kriegt man nämlich vom Zigarettenrauchen. Aber ich schaffe es nicht aufzuhören. Und wenn ich dich jetzt rauchen sehe, habe ich Angst, dass es dir genauso geht."

Natürlich haben es nicht rauchende Eltern leichter, aber auch rauchende Eltern können ihren Kindern klarmachen, dass sie ihr eigenes Verhalten nicht für ein Vorbild halten. Eltern müssen sich selbst fragen und von ihren Kindern fragen lassen, wie sie mit ihrem eigenen Verlangen nach Genussmitteln umgehen und dann auch ihre eigene Inkonsequenz und Schwäche offenbaren können.

Wie man mit Genussmitteln und Drogen umgeht, lernt man in der Familie. Schon zwischen sechs und zehn Jahren machen sich Kinder ein Bild von Alkohol, Zigaretten, Drogen und ihren Wirkungen auf Menschen. Der Umgang mit Drogen gehört zu den entscheidenden Entwicklungsaufgaben, die Kindern und Jugendlichen in unserer Gesellschaft gestellt sind. In der Familie kann man anfangen, das zu üben. Eltern haben dabei die besten Chancen, solide Grundsteine zu legen. Erst mit elf, zwölf Jahren orientieren sich Kinder mehr an Gleichaltrigen.

Mütter und Väter, die ihren Kindern gegenüber die Bereitschaft zeigen, selbstkritisch über den eigenen Drogenkonsum zu sprechen, tragen Wesentliches zu einer Erziehung zur Unabhängigkeit bei. Kinder erleben, dass die Eltern über ihr eigenes Verhalten nachdenken können und Fehler zugeben. Ganz nebenbei kann man in Gesprächen mit Kindern wichtige Informationen über Drogen und die Gefahren, die von ihnen ausgehen, einfließen lassen. Probieren werden die Kinder sowieso, was es mit den Zigaretten, dem Glas Bier oder der Flasche Wein auf sich hat, die für die Erwachsenen so wichtig sind. Viele werden den angebotenen Joint in der Clique nicht ablehnen und auch noch mitmachen, wenn Neugier halber mit Trips oder Crack experimentiert wird. Manche werden auch Heroin und Ecstasy versuchen.

Aber lange vor dem ersten Kontakt mit Drogen liegt es in der Hand der Eltern, die Weichen zu stellen. Drogen können die Funktion übernehmen, eine unentwickelte und labile Persönlichkeit zu stabilisieren. Sie helfen bei dem Versuch, das gestörte Gleichgewicht zwischen den eigenen Bedürfnissen und Anforderungen von Außen wiederherzustellen.

Der riskante Griff zu den Arzneimitteln

Philipp hustet und niest, was das Zeug hält. Sein Kopf ist heiß, die Augen tränen. Nein, nicht schon wieder – mit Mühe verbirgt seine Mutter ihren Unwillen. Schon das vierte Mal in diesem Jahr hat ihr Sohn eine dicke Erkältung. Schulkinder sind öfter mal krank. Eigentlich kein Grund zur Panik, wenn das Drumherum nicht wäre: Das Kind versäumt den Unterricht, den Eltern gerät der Alltag durcheinander. Die Mutter organisiert am Telefon in Windeseile den geänderten Tagesablauf – Plan B: dass sie zu spät zur Arbeit ins Büro kommt, dass die Mutter von Philipps Freund aus der Apotheke Kamillenblütentee und Hustensaft mitbringt, entschuldigt ihren Sohn in der Schule, bittet eine Freundin, heute Vormittag zwei Stunden bei Philipp zu bleiben, bis eine andere Freundin für eine Stunde dableibt, bevor sie selbst dann wieder nach Hause kommen kann, zwei Stunden früher als sonst, „das kann ich am Wochenende nacharbeiten ...".

„Hoffentlich ist das schnell vorbei", denkt sie mit Blick auf ihren schniefenden Sohn. Andererseits weiß sie genau, dass er sich in Ruhe auskurieren sollte, möglichst ohne Medikamente, damit das Abwehrsystem in Schwung kommt. Wenn sie selbst sich nicht wohlfühlt, nimmt sie schnell ein paar Pillen hiervon, ein paar davon, und schon funktioniert sie wieder. „Krank sein? – kann ich mir gar nicht leisten", denkt sie.

Philipp kann es sich eigentlich auch nicht leisten. Wenn er jetzt drei Tage lang den Mathe-Unterricht versäumt, wird er Mühe haben aufzuholen. Ausgerechnet jetzt, wo er sich so angestrengt hat, von der fünf wegzukommen. Und nächstes Jahr steht die Empfehlung für die weiterführende Schule an; natürlich soll Philipp Abitur machen. Im Grunde muss er in die Schule. Her mit den Tabletten.

Hohe Erwartungen der Eltern an die Leistungsfähigkeit ihrer Kinder hängen direkt mit dem gestiegenen Konsum von Arzneimitteln zusammen. Fast 60 Prozent der Eltern wünschen sich, dass ihr Kind einmal das Abitur macht. Wächst die Kluft zwischen den Erwartungen der Eltern und dem tatsächlichen Leistungsstand ihrer Kinder, steigt die Bereitschaft, zur Pille zu greifen: Es spielt keine Rolle, ob die Kinder in der Schule wirklich schlecht sind – oder ob sie nur nicht so gut sind, wie die Eltern es erwarten. Viele Schülerinnen und Schüler haben nicht gelernt, Misserfolge und Rückschläge zu verkraften, denn das Elternhaus hat sie dabei nicht ausreichend unterstützt. Ihr Selbstvertrauen wird durch eine schlechte Note erschüttert, weil sie die Enttäuschung ihrer Eltern spüren.

Arzneimittel bieten sich in dieser Situation an, um Entlastung und Ablenkung, Anregung und Leistungssteigerung zu beziehen. Schon im Grundschulalter geben Schüler an, zumindest gelegentlich Kopfschmerzmittel zu nehmen. Mehr als zehn Prozent schlucken sie regelmäßig. Medikamente gegen Erkältung und Grippe sind weit verbreitet; man nimmt sie, um sich fit und leistungsfähig zu halten – schon in der Grundschule, nicht etwa nur im Topmanagement von Konzernen! Auch diverse Anregungs- und Aufputschmittel werden schon in der Grundschule eingenommen. Viele Kinder konsumieren Arzneimittel wie Drogen.

Pillen gegen den Leistungsstress?

Das Vorbild der Eltern spielt auch hier die Schlüsselrolle: Die Kinder lernen von ihren Eltern, wie man mit Anspannung, Stress und Missbefinden umgeht. Der Ehrgeiz der Eltern, ihre Kinder für den Ernst des Lebens fit zu machen, verführt sie dazu, auf Einbrüche in den Schulleistungen mit Medikamenten zu reagieren. Versetzungsgefährdungen, Klassenwiederholungen, Verfehlen des Schulabschlusses – dagegen gibt es Pillen. Manche speziell gegen Schulangst angebotene Mittel enthalten dämpfende Drogen mit schweren Nebenwirkungen. Die harmloseren Präparate wirken nicht, schaden aber auch nicht. Trotzdem schüren sie die Erwartung, man könne Leistungsprobleme mit Hilfe von Chemie lösen. Das kann Suchtverhalten erzeugen.

Ein schwieriges Kapitel ist in diesem Zusammenhang die medikamentöse Behandlung von schulischen Lernschwierigkeiten, die als Aufmerksamkeits-Defizit-Hyperaktivitäts-Syndrom (ADHS) diagnostiziert werden. Das sprunghafte Ansteigen dieser Diagnosen in den letzten 20 Jahren gibt zu denken. Kann es wirklich sein, dass in einem so kurzen Zeitraum eine so massive Veränderung im Verhalten von Schülerinnen und Schülern eingetreten ist? Zweifel sind berechtigt.

Früher sind die meisten Fälle von Lern- und Konzentrationsschwierigkeiten bei Kindern mit einer systematischen Verhaltenstherapie und konsequentem Lerntraining, oft verbunden mit erlebnispädagogischen Programmen, bearbeitet worden. Seitdem die pharmakologische Forschung Ritalin und andere Substanzen entwickelt hat, die wie eine Droge in den Stoffwechsel des Gehirns eingreifen, ist die Pille zu einem scheinbaren Allheilmittel geworden. Gewiss, die Wirkungen sind in der Mehrzahl der Fälle positiv. Die Kinder werden ruhiger, ihre schulischen Leistungen steigen meist an. Für die Eltern sind Medikamente vom Typus Ritalin oft ein Segen, denn sie nehmen ihnen das Schuldgefühl, durch irgendwelche Fehler in der Erziehung zur Zappeligkeit, Unruhe und Konzentrationsschwäche ihres Kindes beigetragen zu haben.

Aber das Muster, das hier massenhaft an Tausenden und Abertausenden von Schülerinnen und Schülern praktiziert wird, ist höchst beängstigend. Mit Chemie und nicht mit menschlicher Beziehung wird ein Verhaltensproblem von Kindern unterdrückt. So lernen diese Kinder, und das dürften heute in Deutschland schon bis zu 10 Prozent der Grundschüler sein, wie man sich aus der unangenehmen Beschäftigung mit einer Herausforderung wegstehlen und mit einer Droge aus einer kniffligen Affäre ziehen kann. Ein sehr gefährliches Muster, das leider von der großen Mehrzahl der Kinderärzte und Psychiater nicht als solches wahrgenommen wird. Aus pädagogischer Perspektive jedenfalls ist dringend zu fordern, eine medikamentöse Behandlung nur auf der Basis einer sehr strengen Diagnose einzuleiten, die in der Regel mehrere Stunden dauert, und die Behandlung unbedingt durch pädagogische, psychologische und ergotherapeutische Programme begleiten zu lassen.

Wer ist schuld an der Schieflage der Kinder?

In diesem Kapitel haben wir an drei Beispielen gezeigt, wie Schieflagen in der Entwicklung von Kindern entstehen und worauf sie zurückgeführt werden können. Wenn Kinder auf andere Kinder oder sogar ihre Lehrerinnen und Lehrer losgehen, sie beschimpfen, prügeln, verletzen und ohne jedes Unrechtsbewusstsein schwer schädigen, wenn Kinder still und verschlossen vor sich hin kümmern, ständig müde und gereizt, von Kopfschmerzen und Schlafstörungen gequält, am liebsten mit allem nichts mehr zu tun haben wollen, wenn Kinder früh mit Zigaretten und Alkohol hantieren und unkonzentriert und leistungsschwach sind, – dann reagieren sie auf ihre ureigene Weise auf Schwierigkeiten und Probleme, vor denen sie sich sehen. Sie sind überfordert und greifen zu den Mustern der Bewältigung einer Krise, die sie in ihrem bisherigen Leben geübt haben.

Ob sie es wollen oder nicht, die Eltern haben hieran einen ganz entscheidenden Anteil, denn sie prägen nun einmal die ersten Lebensjahre und drücken der Persönlichkeit ihrer Kinder den Stempel auf. Alle Eltern bemühen sich nach besten Kräften, eine gute Beziehung zu ihren Kindern, die sie über alles lieben, herzustellen. Sie wissen, welche Verantwortung sie für die kleine Persönlichkeit haben, die sich ihnen voll anvertraut.

Mit ihrem ganz natürlichen alltäglichen Verhalten, das von den Kindern als Muster, als Vorbild aufgegriffen wird, können Eltern viel Positives erreichen: Die emotionalen Abwehrkräfte ihrer Kinder steigern und ihre seelische Entwicklung so fördern, dass sie für die Verlockungen von Aggression und Gewalt weniger anfällig sind. Ihre Kinder von klein auf zu selbständigem und verantwortlichem Handeln ermuntern und ihnen helfen, Konflikte konsequent auszutragen und ihr Selbstvertrauen auch in schwierigen Situationen zu erhalten, ihre Kinder anhalten, zäh und konsequent an ihren Kontakten und an ihrer Leistung zu arbeiten, um ein gutes Selbstwertgefühl zu etablieren, damit sie den süßen Verlockungen und dem falschen Trost der legalen und illegalen Drogen widerstehen können, damit sie seelisch gesund, selbstbewusst und ich-stark sind.

Bei Kindern, die in Schieflage geraten, ist es zu einer Störung dieser Beziehung gekommen. Die Eltern sind ihrer Vorbildfunktion nicht gerecht geworden, haben die Persönlichkeit ihrer Kinder nicht so stimulieren können, wie es für eine gesunde und gedeihliche Entwicklung des Kindes notwendig gewesen wäre. Mit Absicht haben die Eltern das nicht getan, sondern aus eigener Anspannung und Überlastung heraus ist das geschehen. Sie sind mit ihrer Rolle als Frau oder Mann, als Berufstätige oder Haushaltsmanager nicht zurecht gekommen. Und es stimmt ja, das Leben als Männer und Frauen, Väter und Mütter, es ist in den heutigen komplizierten und undurchsichtigen Gesellschaften nicht gerade einfacher geworden. Vielfach stehen Eltern selbst unter so großem Druck, dass sie unter ihrem eigenen Leben leiden und selbst in Gefahr sind, zu den aggressiven, depressiven oder ausweichenden Formen der Problemverarbeitung zu greifen.

Die Zahl der Kinder, um die wir uns sorgen müssen, ist in den letzten 20 Jahren Schritt um Schritt angestiegen. Es dürfte heute etwa insgesamt ein Fünftel der Kinder sein, bei denen Entwicklungsschwierigkeiten auftreten. Bei der Hälfte von ihnen sind sie so schwer, dass sie im weiteren Lebenslauf zu großen Problemen führen können. Was ist los mit den Familien? Warum schaffen es viele Eltern nicht mehr, ihrer Erziehungs- und Beziehungsaufgabe voll gerecht zu werden? Stimmt es, dass Familien als soziale Institutionen, auf die unsere Gesellschaft aufgebaut ist, selbst in eine Krise geraten sind?

2. Kapitel
Steckt die Familie in der Krise?

Anke zieht ihre Tochter alleine groß. Kurz vor der Geburt schon hat sie sich von dem Vater ihres Kindes getrennt. Sabine hat sich vor fünf Jahren scheiden lassen und lebt seitdem mit dem elfjährigen Jan und dem neunjährigen Felix allein. Aber was heißt hier allein? Seit fast zwei Jahren ist sie liiert mit Jens, der für ihre beiden Kinder schon zur festen Größe geworden ist, eine Mischung aus großem Bruder, Onkel und Knuddelpaps. Sie nennen ihn liebevoll „unseren Falschvater". Ines und Alexander sind im letzten Jahr zusammengezogen. Beide haben zwei eigene Kinder in die Beziehung mitgebracht und erwarten jetzt ein fünftes, ihr erstes gemeinsames Kind. Susanne und Bernd trennen sich gerade, „einvernehmlich", wie es heißt. Der gemeinsame Sohn Christian soll künftig eine Woche bei seiner Mutter, eine Woche bei seinem Vater leben. Hans und Elsa heiraten nun doch, nachdem sie ihr zweites Kind bekommen haben.

Ein Blick in die Runde von Bekannten, Nachbarn und Freunden scheint zu belegen: Normal ist heute allein die Abweichung vom alt hergebrachten Modell. Getrennte, neu zusammengesetzte und wieder aufgelöste Familienbande allenthalben – rechtfertigt dieser Eindruck, in den vielstimmigen Abgesang vom Zerfall der Familie einzufallen? Je nach eigener Erfahrung, Weltbild oder Stimmungslage klingt der Chor auf den Abschied vom Modell Mama, Papa und zwei Kinderchen mal anklagend, mal bedauernd oder sogar erleichtert.

Der erste Eindruck täuscht ein wenig, denn auch heute noch lebt die große Mehrzahl aller Kinder in traditionellen Familien mit verheirateten Eltern. Aber keine Frage – das Familienleben ist erheblich bunter geworden als es vor zwei oder drei Generationen war. Trennungen und Scheidungen sind sehr weit verbreitet, die Eltern stehen unter dem Einfluss des Arbeitsmarktes, immer mehr Mütter und Väter sind berufstätig. Deswegen ist die Frage berechtigt, ob die Familie als eine Lebensgemeinschaft, die einen verlässlichen Rahmen für die Erziehung von Kindern bereitstellt, heute in einer Krise steckt.

Aufbruch zur Vielfalt der Familienformen

Enthusiastische Verfechter der herkömmlichen Familie zeigen mit Fingern auf gemütliche Landwohngemeinschaften, in denen Kinder mit liebevollen, zugewandten Erwachsenen und deren Kindern leben. Sie schütteln sich beim Gedanken an lesbische Paare mit Kindern, schwule Väter und anonyme Vaterschaft, die mit Hilfe moderner Reproduktionstechnik zustande kommt. Sie ignorieren allein erziehende Mütter, die alles tun, um ihrem Kind nicht nur eine aufmerksame, warmherzige und fördernde Mutter zu sein, sondern auch die Zähne zusammenbeißen und ein beträchtliches Maß an persönlicher Würde opfern, um ihrem kleinen Schatz eine Beziehung zu ihrem Vater zu ermöglichen – dem unzuverlässigen, großmäuligen, egoistischen, kleinkarierten Kerl, über den sie sich jeden Kommentar verkneifen, weil er nun mal für das Kind eine Lichtgestalt ist – eben „mein lieber Papa, der mit mir in den Zoo geht".

Außer Eva Herman gibt es immer noch viele Menschen, die der Auffassung sind, dass es ausreicht, wenn Papa zum Geld verdienen außer Haus geht, während Mama daheim bei den Kindern bleibt und Apfelkuchen backt. Die Traditionsverfechter tun gern so, als sei die Kleinfamilie zu viert die allein selig machende Art, in der Kinder aufzuwachsen haben – und weigern sich, zur Kenntnis zu nehmen, dass konventionelle Familien trotz Trauschein, regelmäßigem und ausreichendem Einkommen und einer Mutter, die nur für ihre Kinder da ist, sich mitunter gemein und bösartig verhalten, ihre Kinder einengen, misshandeln, bevormunden und drangsalieren.

Unglückliche Kinder können durchaus in traditionellen, vollständigen Familien heranwachsen, und zufriedene Kinder kommen auch aus bunt zusammen gewürfelten, nach traditionellen Maßstäben unvollständigen Familien. Ein Vater, der im fernen Neuseeland lebt, hat für sein Kind in Berlin weiterhin große Bedeutung. Der neue Lebensgefährte der Mutter, der im Haushalt mit anpackt und abends die Geschichten vorliest, kann auf seine Weise für das Kind sogar noch wichtiger sein. Die Großeltern mögen aufgrund der Blutverwandtschaft und unabhängig von ihrer tatsächlichen Rolle eine besondere Beziehung zu dem geschiedenen Kind ihres Sohnes haben. Doch auch die Zugewandtheit, die eine nicht verwandte Betreuungsperson – sei es die Tagesmutter, sei es Mamas beste Freundin – aufbringt, macht diesen Menschen in anderer, gleichwohl wesentlicher Hinsicht zu einem Teil der Familie.

Die Familie ist auf dem Weg, den Rahmen traditioneller Vorstellungen zu sprengen. Aufgegeben wird aber nicht die Familie, sondern nur die hergebrachte Form des Zusammenlebens. Das Klagen über steigende Scheidungsraten, nicht eheliche Geburten, doppelte Berufstätigkeit, allein erziehende Eltern und Kinder, die ohne Geschwister aufwachsen, verstellt den Blick auf die ganze Bandbreite und die vielen Spielarten von Verwandtschafts- und Wahlverwandtschaftsverhältnissen, die eine Familie heute ausmachen. Was soll man auch tun? Die Ehescheidung verbieten, die Berufstätigkeit der Frauen untersagen, nur genau zwei Erwachsenen verschiedenen Geschlechts das Zusammenleben mit Kindern erlauben, Familien zum gemeinsamen Zoobesuch einmal im Monat zwingen? Das sollen die Eltern schon lieber selbst entscheiden.

Veränderungen des Familienlebens

In der Diskussion über die Entwicklung der Familie geistern viele Mythen herum. Im Anblick wachsender Scheidungsziffern, rückläufiger Geburtenzahlen, der Zunahme von allein erziehenden Eltern und Stieffamilien verlieren viele den realistischen Blick darauf, was Familie in früheren Generationen tatsächlich bedeutet hat. Schnell entsteht ein Idealbild von der Familie in der guten alten Zeit. So gut war die aber gar nicht.

Schauen wir drei oder vier Generationen zurück auf die Zeitspanne um 1900. Entgegen vieler Wunschvorstellungen gab es auch zu dieser Zeit kaum Großfamilien und Mehr-Generationen-Familien. Eltern hatten eine größere Kinderzahl, das stimmt, gelegentlich lebten auch die Großeltern mit im gleichen Haus, aber das war nicht die Regel. Die Ehe war ganz überwiegend eine Zweckgemeinschaft, die aus wirtschaftlichen

Gründen geschlossen wurde. Es gab sehr strenge Heiratsregeln, die es ökonomisch ungesicherten Menschen verboten, sich zu verbinden. Von einer Liebesgemeinschaft, wie heute von der normalen Ehebeziehung gefordert ist, konnte überhaupt keine Rede sein. Deswegen waren auch außereheliche Beziehungen und nichteheliche Kinder durchaus an der Tagesordnung.

Und die Dauer der Ehebeziehungen? Entgegen dem weit verbreiteten Vorurteil war sie nicht länger als heute. Zwar war die Zahl der Ehescheidungen deutlich niedriger als heute, denn der moralische und religiöse Druck war einfach zu hoch. Aber faktisch bestand eine Ehe kaum länger als 30 Jahre, weil einer der beiden Partner recht früh verstarb. Die durchschnittliche Lebensdauer betrug nicht 80 Jahre wie heute, sondern ungefähr 50 Jahre. Im Vergleich existieren Ehebeziehungen deswegen heute erheblich länger als vor drei oder vier Generationen. Eine Ehedauer von 40 Jahren und mehr ist heute keine Ausnahme, um 1900 stellte sie eine Sensation dar.

Aus alledem folgt: Die Familie ist heute nicht in einer Krise. Sie steckt aber mitten in einem sehr intensiven und dynamischen Prozess des Wandels. Dahinter stehen wirtschaftliche, kulturelle, religiöse, medizinische und soziale Umbrüche, die Veränderungen der Männer- und Frauenrolle und die voranschreitende Demokratisierung der Gesellschaft. Weil die Lebensspanne länger reicht, heiraten viele Menschen erst sehr spät, obwohl sie oft schon viele Jahre zusammenleben. Die meisten Erwachsenen haben im Verlaufe ihres Lebens mehrere Partnerschaften nacheinander, die aber sind auf Treue und Bindung gebaut. Die Fachliteratur spricht von einer „sequenziellen Monogamie", also einer Aufeinanderfolge von intensiven Partnerbeziehungen. Es ist nicht mehr der Tod eines Partners, der zu einer neuen Beziehung führt, sondern die Trennung oder die Scheidung.

Immer mehr Paare entscheiden, keine Kinder zu haben. Wer sich für Kinder entscheidet, gibt sich meist mit einem oder zwei zufrieden. Wirtschaftliche Gründe, persönliche Überlegungen zur Lebensgestaltung und oft auch die Sorge vor einer allzu großen Verantwortung für ein Kind, die ja ein ganzes Leben lang dauert, stehen im Hintergrund. Alle wissen: Elternschaft ist heute eine lebenslang unkündbare Beziehung. Die Entscheidung dafür lässt sich im gesamten weiteren Lebenslauf nicht zurücknehmen. Kein Wunder, dass es sich viele Frauen und

Männer sehr genau überlegen, ob sie die Elternrolle übernehmen wollen oder nicht.

Familienleben in Zahlen

Die historischen Entwicklungen schlagen sich in den Familienstatistiken nieder. Es gibt heute weniger Kinder als vor drei Generationen. In der Bundesrepublik Deutschland sind heute etwa 10 Prozent der Bevölkerung unter 12 Jahre alt, und nur noch in einem Viertel der Haushalte leben Kinder unter 18 Jahren. In immer mehr Haushalten hält sich nur noch eine Person oder ein Ehepaar ohne Kinder auf. Viele heiraten heute, ohne einen Kinderwunsch zu haben. Das dürfte schon auf ein Drittel der Paare zutreffen.

Was hat sich in den Familien selbst geändert? Die Zahl der Kinder ist deutlich zurückgegangen. Nicht mehr im Durchschnitt vier Kinder leben in einer Familie wie um 1900, sondern meist ein bis zwei. Ein Viertel der Kinder in Deutschland wächst ohne einen Bruder ohne eine Schwester auf, die Hälfte mit einem Geschwister zusammen, ein letztes Viertel mit zwei und mehr Geschwistern.

Wie sehen die Familienformen aus? In einer klassischen Kernfamilie mit verheirateten Eltern, die auch leiblich Vater und Mutter sind, mit oder ohne Geschwisterkinder leben heute immerhin 75 Prozent der Kinder. Die übrigen Kinder leben nur mit einem Elternteil zusammen, das sind heute fast 20 Prozent aller Familien – und 5 Prozent leben mit Eltern, die in einer nicht ehelichen Lebensgemeinschaft verbunden sind oder in Stieffamilien. Ganz so dramatisch wie es auf den ersten Blick scheint, ist die Veränderung der Familienformen also gar nicht. Allerdings schreitet sie immer weiter voran, denn der Anteil der klassischen Kernfamilien sinkt von Jahr zu Jahr, während die übrigen Familienformen häufiger auftreten.

Wie steht es mit der sprichwörtlichen Großfamilie? Sie existiert heute ebenso wenig wie in früheren historischen Epochen, aber eines hat sich neu herausgebildet: Die Bande zwischen den Generationen sind eng geknüpft. Die Beziehungen zwischen den Eltern und ihren erwachsenen Kindern bleiben auch dann bestehen, wenn man nicht mehr am gleichen Ort und im gleichen Haus wohnt. Großeltern unterstützen ihre eigenen Kinder sehr nachhaltig, wenn diese zu Eltern geworden sind. Sie helfen finanziell bei Engpässen aus, sie stehen als Notreserve für die Betreuung der kleinen Kinder zur Verfügung.

Obwohl also nur ein sehr kleiner Anteil der Kinder einen Drei-Generationen-Haushalt erlebt, spielen die Großeltern heute für sie im Alltag eine wichtige Rolle, auch wenn sie nicht unter einem Dach wohnen. Weit über die Hälfte der Enkelkinder sieht Oma und Opa mindestens einmal in der Woche. Die eigenen Großeltern noch richtig erleben können, das wird heute immer mehr Kindern vergönnt. Viele von ihnen erleben sogar Urgroßeltern – ein vor drei oder vier Generationen praktisch undenkbares Phänomen, weil die Lebenszeit fast nur halb so lang wie heute war. Übrigens können sich die Großeltern ihrerseits auch auf die Solidarität innerhalb der Familie verlassen, denn wenn sie selbst einmal pflegebedürftig geworden sind, unterstützen ihre erwachsenen Kinder sie im hohen Alter.

Immer mehr Eltern sind berufstätig

Die familiären Lebensformen haben sich gründlich gewandelt. Ein wichtiger Grund dafür ist die berufliche Tätigkeit, die Erwerbsbeteiligung von Müttern und Vätern. Zum traditionellen Modell der Kernfamilie gehörte der Vater als Brotverdiener. Er war der Außenminister der Familie, der praktisch den ganzen Tag einem Beruf nachging und damit die wirtschaftliche Basis der Familie und ihres Status in der Öffentlichkeit sicherte. Die Mutter war die Innenministerin, die für Haushalt und Kindererziehung die gesamte Verantwortung trug, selbst aber kein Berufseinkommen hatte. Diese traditionelle „Ein-Mann-Verdiener-Familie" gibt es auch heute noch, aber sie ist ein Auslaufmodell. Schon bei über 60 Prozent der Ein-Kind-Familien und fast 50 Prozent der Zwei-Kind-Familien sind beide Eltern berufstätig. Dieser Trend wird sich in den nächsten Jahren mit Sicherheit fortsetzen.

In den meisten europäischen Ländern ist es geradezu eine Selbstverständlichkeit, dass beide Eltern berufstätig sind. Auch bei uns ist die Erwerbstätigkeit von Müttern in den letzten Jahren kontinuierlich angestiegen, obwohl die Rahmenbedingungen dafür denkbar schlecht sind. Denn im Unterschied zu Frankreich, den Niederlanden oder Dänemark gibt es hierzulande kein gut funktionierendes System von Erziehungs- und Betreuungseinrichtungen für kleine Kinder. Mütter und Väter müssen sich komplizierte Eigenlösungen einfallen lassen. Sie tun es in immer größerem Maße, denn Berufstätigkeit ist jungen Frauen, wie alle Studien zeigen, von größter Wichtigkeit. Sie sichert ihnen Unabhängigkeit und Außenkontakte und sie verschafft ihnen die Möglichkeit, auch im Falle einer statistisch wahrscheinlichen Trennung und Scheidung wirtschaftlich auf eigenen Füßen zu stehen.

Beruf und Familie unter einen Hut zu bringen – das ist in allen europäischen Ländern ein Kunststück. In Deutschland ist das ganz besonders schwierig, eben weil eine ausreichende, zuverlässige und flexible Unterstützung durch Tagesmütter, Tagesväter, Kinderkrippen und Kindertagesstätten fehlt, vor allem auch eine, die ein Nachmittagsangebot für Berufstätige mit umfasst. Im Unterschied zu fast allen europäischen Ländern können in Deutschland nur 10 bis 15 Prozent aller Grundschulkinder ein Nachmittagsangebot nutzen. Drei Viertel aller Kinder erscheinen spätestens mittags im Elternhaus und müssen irgendwie betreut werden. 5 Prozent finden bei Oma und Opa oder anderen Verwandten Unterschlupf, nur knapp 20 Prozent essen mittags in öffentlichen Einrichtungen, wo sie auch nachmittags betreut werden. Unter diesen Umständen ist es für Mütter und Väter sehr schwierig, einer geregelten Berufstätigkeit nachzugehen. Deutschland ist in dieser Hinsicht ein Entwicklungsland. Sicherlich spielt auch das eine sehr große Rolle, wenn sich Paare vor der Entscheidung sehen, ob sie ein Kind in die Welt setzen möchten oder nicht. Die Vermutung, dass die klägliche Ausstattung mit öffentlichen Kinderbetreuungseinrichtungen etwas mit der sehr niedrigen Geburtenziffer in Deutschland zu tun hat, ist nicht von der Hand zu weisen.

Keine Frage: Zu den größten Herausforderungen für die Frauen – und die Männer, bei denen der Groschen allmählich fällt – zählt es, berufliche Ambitionen mit den emotionalen Bedürfnissen des Familienlebens ins Gleichgewicht zu bringen. Das ist nicht unmöglich, aber schwer genug. Es bedeutet, täglich einen Parcours mit schweren Hindernissen zu absolvieren, detaillierte Pläne für den Tagesablauf zu entwerfen und kurzerhand alles umzuorganisieren, wenn das Kind krank wird, die Oma keine Zeit hat oder der Chef im Büro auf Überstunden besteht.

Zu einem erfüllten Leben gehört in unserem Kulturkreis die berufliche Erwerbstätigkeit. Außerdem macht Arbeit Freude und sichert einem den Platz in der Außenwelt unter erwachsenen Menschen, die etwas leisten, wofür sie gesellschaftliche Anerkennung genießen. Es erweitert die Perspektive, sich über den Kreis der Familie hinauszubewegen, auch wenn es manchmal maßlos anstrengend ist, Kindern und Beruf gleichzeitig gerecht zu werden.

Der beste Grund von allen ist das Geld: Immer mehr Mädchen und junge Frauen machen sich das Selbstverständnis der Männer zu eigen, ihre Unabhängigkeit auch auf die wirtschaftliche und soziale Eigenständigkeit auszudehnen.

Trennungen und Scheidungen werden häufiger

Nicht nur die Berufstätigkeit ist eine Herausforderung für die Neuorganisation des Familienlebens. Sehr stark sind auch die Belastungen durch Trennungen und Scheidungen der Eltern, die in den letzten Jahren immer stärker zugenommen haben.

Familien gehen auseinander – dieser Trend ist unübersehbar. Fast die Hälfte aller geschlossenen Ehen geht mittlerweile wieder in die Brüche; die Scheidung wird zu einer normalen Station im Lebenslauf. Kinder und Jugendliche trifft dieser Trend allerdings nicht mit ganzer Wucht: Besonders scheidungsanfällig sind junge, meist kinderlose Ehen, während in Ehen mit kleinen Kindern die Scheidungsquote etwas niedriger liegt. Trotzdem: Schon 30 Prozent aller Kinder, die heute geboren werden, erleben die Scheidung ihrer Eltern. Und fast alle Kinder kommen in ihrem Freundes- und Bekanntenkreis mit diesem Problem in Berührung. Weil nahezu alle ein Kind kennen, dessen Eltern sich trennen, ahnen oder befürchten Kinder, dass es auch sie treffen könnte.

Dass es Kindern nicht gut tut, wenn ihre Eltern sich trennen, ist eine Binsenwahrheit. Doch Schäden tragen die Kinder eher in der konfliktreichen Zeit vor der Trennung davon als in der Situation danach. Natürlich braucht man keinen Trauschein, um den Kindern Sicherheit zu bieten. Außer Frage steht aber auch, dass eine ständig wechselnde Parade von Stiefvätern den Kindern mehr Schaden als Nutzen bringt.

Die Trennung der Eltern macht Kinder hilflos. Sie fürchten nichts mehr als den Zusammenbruch ihrer vertrauten Familie.

Fragt man Kinder nach dem Schlimmsten, das sie sich überhaupt vorstellen können, so steht der Gedanke an den plötzlichen Tod eines Elternteils ganz oben. Doch schon an der zweiten Stelle steht die Sorge, ihre Eltern könnten sich scheiden lassen. Daran kann man ermessen, welch gewaltiger Einbruch und welche massive Bedrohung ihres psychischen Lebens mit einer solchen Veränderung verbunden sein muss. Warum bedroht die Trennung ihrer Eltern Kinder offenbar so stark, dass sie den Schrecken dieser Vorstellung beinahe im gleichen Atemzug mit dem Alptraum vom physischen Tod der Eltern nennen?

Seine Familie ist in aller Regel für ein Kind mehr als die Summe der ihr angehörenden Personen. Seine Familie ist für das Kind ein Kosmos, der nicht nur aus den wichtigsten Menschen besteht, zu denen es im Laufe seines Lebens Vertrauen entwickelt hat, bei denen es Sicherheit und Geborgenheit empfindet, die es liebt und von denen es sich geliebt fühlt. Kinder zählen auch Tanten und Onkel, Cousins und Cousinen, Oma und Opa, selbst Freunde und sogar Tiere zu ihrer Familie. Das bleibt lange so: Kinder fühlen sich bis weit in die Pubertät hinein verwurzelt in der Geborgenheit eines vielmaschigen Netzwerkes gefühlvoller Beziehungen, in dem die Eltern den höchsten Stellenwert haben.

Es ist dieses ganz eigene Verwurzeltsein, das ihnen über alle Alltagskonflikte hinweg das sichere Gefühl von Heimat, zu Hause und Identität vermitteln kann. Die Eltern sind in diesem Universum die Fixsterne, von der kindlichen Warte aus gesehen etwas völlig anderes als nur Mutter und Vater: Eine ganz eigene und in sich geschlossene Gestalt, die zwar einzeln und verschieden handelt, aber darüber hinaus eine psychische Ganzheit eigener Art verkörpert – das Wesen mit den vier Armen und den zwei Gesichtern.

Deshalb bedeutet die Trennung der Eltern etwas ganz anderes für Kinder als für die erwachsenen Partner. Während das Paar die räumliche und emotionale Abgrenzung vollzieht, ereignet sich für das Kind ein gewaltsamer, aufgezwungener Einbruch in ein bislang ganzheitliches Gefüge, das durch die Zerlegung in zwei Einzelpersonen vollkommen zerstört wird. Eine durch Liebe zusammengehaltene Beziehungseinheit wird zerschlagen – darin liegt die eigentliche Bedrohung. Und das hat durchaus mit Tod zu tun.

Trennungsfolgen für Kinder

Auf eine Trennung der Eltern reagieren alle Kinder im Grunde gleich: Sie empfinden abgrundtiefe Angst. Hinzu kommen später, wenn sie erkannt haben, dass sie selbst auf diese Entwicklung keinerlei Einfluss nehmen können, Hilflosigkeit, Verzweiflung oder auch Resignation. Aber das geschieht, wenn es den Getrennten nicht gelingt, relativ schnell wieder in gemeinsamer elterlicher Verantwortung für ihr Kind zu handeln. Als Paar getrennt, als Eltern gemeinsam – die Aufgabe ist unendlich schwierig.

Paare, die sich trennen, stecken bis zum Hals in ihren eigenen Problemen. Sich jetzt möglichst friedlich und ruhig darüber zu verständigen, wie es weitergehen soll, obwohl beide selbst verletzt, enttäuscht und maßlos wütend sind, das ist wirklich viel verlangt. Aber es hängt ja auch viel davon ab: Wie gut ein Kind verkraftet, dass seine Eltern auseinandergehen, wird auch dadurch entschieden, ob es spürt, dass es weiterhin beide lieben darf und seine Eltern behält.

Beträchtliche Erschütterungen erleben alle Kinder: Angst ist die unmittelbare seelische Folge einer Trennung. Doch die Strategien, die Kinder einsetzen, um mit ihrer Erschütterung umzugehen, sind verschieden. Drastische Leistungseinbrüche bei dem einen, aggressive Zerstörungswut bei dem anderen können genauso im Zusammenhang mit der familiären Katastrophe stehen wie ihr Gegenteil, eine deutliche Leistungsverbesserung nach der Trennung – wenn ein Kind beispielsweise mit aller Kraft versucht, seine psychisch angeknackste Mutter nicht auch noch mit Schulproblemen zu belasten und sich deshalb besonders anstrengt. Aber wenn Kinder versuchen, ihre Eltern zu trösten, dann hat sich die Welt verkehrt, und die Kindheit ist vorbei. Erwachsene sollen für die Kinder da sein und nicht umgekehrt. Groß werden diese Kinder auch, doch was ihnen auf diese Weise genommen wurde, ist weder gutzumachen noch nachzuholen: Sie werden um die Lebensfreude, die Unbeschwertheit und Geborgenheit, die aus einer guten Beziehung erwachsen, betrogen, wenn sie die Aufgabe übernehmen, die vorher die der Eltern füreinander war: trösten, unterstützen, aufheitern.

Wie Kinder ihre Angst verarbeiten, hängt von ihrem Alter und ihrer seelisch-geistigen Entwicklung ab. Auch auf die Erfahrungen in der

Familie, die der Trennung vorausgingen, kommt es an. Konkrete Hilfen sind enorm wichtig. Alle Trennungskinder haben psychische Probleme, aber deswegen werden sie nicht automatisch zu Problemkindern werden. Das wiederum hängt sehr davon ab, wie Mutter und Vater anschließend, wenn sie als Paar getrennt sind, als Eltern miteinander umgehen. Wie gut es ihnen gelingt, die gemeinsamen Kinder aus ihren ganz natürlichen Spannungen und Konflikten herauszuhalten, die nun einmal mit Trennungen einhergehen, ist entscheidend. Ob sie überhaupt versuchen, durch eine Trennung der konflikthaften Paarbeziehung von der aus Kindersicht unverändert fortbestehenden Elternebene die Belastungen für ihr Kind aufzufangen oder zumindest nicht noch zusätzlich zu erhöhen – darauf kommt es an.

Ob ein Kind von seinen Eltern oder auch nur einem Elternteil instrumentalisiert und damit in seinem Leben geschädigt wird oder nicht, ist keineswegs unvermeidliches Schicksal. Das hat allein mit dem Bewusstsein und dem Willen der Erwachsenen zu tun: Kein Vater und keine Mutter würden ihre Kinder in persönlichkeitsschädigende Loyalitätskonflikte stürzen, wenn ihnen ihre persönliche Verantwortung für solchen Missbrauch klar vor Augen stünde. Dann würden Eltern Wege und Mittel finden, mit den eigenen Kindern im Ernstfall behutsamer und achtungsvoller umzugehen.

Alleinerziehung als Chance?

Werden Ehen mit Kindern geschieden, wird in acht von zehn Fällen die Mutter zur Alleinerziehenden. Fast 20 Prozent aller Familienformen gehören heute dazu. In der Öffentlichkeit wird die Ein-Eltern-Familie mit Vorbehalten betrachtet. Sind die Mütter (und gelegentlich auch Väter) wirklich in der Lage, die alleinige Erziehungsverantwortung für ein, zwei oder drei Kinder zu übernehmen, können sie gleichzeitig noch den ganzen Haushalt managen, einem Beruf nachgehen? Bis vor kurzem noch wurde diese Familienform auch in offiziellen Regierungsdokumenten als unvollständige Familie bezeichnet.

Alltagserfahrungen und auch wissenschaftliche Studien sprechen eine andere Sprache. Wer mit einer allein erziehenden Mutter aufwächst, hat als Kind eine riesige Chance, früh selbständig zu werden und viele neue Kompetenzen einzuüben. Die Selbständigkeit wird tagtäglich herausgefordert. Kinder in diesen Familien werden deswegen oft schneller erwachsen als andere. Viele allein erziehende Mütter weben ein breites Netz von sozialen Kontakten und Ansprechpartnern, das ihnen und den Kindern bei Problemen und Konflikten hilft. Das ist wohl das Entscheidende: Sich als allein Verantwortlicher nicht zu isolieren und zurückzuziehen, sondern im Gegenteil den so klein gewordenen Familienbetrieb offen und transparent zu gestalten. Dann sinkt die Gefahr, die Kinder zu klammern und zu Ersatzpartnern zu machen. Dann werden die Kinder an der Organisation des Familienlebens beteiligt, können Regeln mit aushandeln und lernen, Konflikte aktiv zu bewältigen.

Delikat bleiben die Beziehungen zum anderswo lebenden Vater. Auch wenn's schwerfällt – es geht den Kindern einfach besser, wenn sich die Eltern nach der Trennung das Sorgerecht teilen und gemeinsam die Verantwortung für ihre Kinder übernehmen. Der Vater soll mitbestimmen dürfen, auch wenn die Kinder fast die ganze Zeit bei ihrer Mutter leben. Und der Kontakt zum Vater muss bestehen bleiben, durch regelmäßige Besuche, so kompliziert sie auch zu arrangieren sein mögen. Kinder wollen die Beziehung zu beiden Eltern weiterführen, und deswegen darf die allein erziehende Mutter den Kontakt zum abwesenden Vater nicht blockieren. Ein schwieriges Thema.

Viel Fingerspitzengefühl ist auch gefordert, wenn ein neuer Partner auftaucht. Ob er Kinder mitbringt oder nicht – er wird als Eindringling erlebt. Kinder brauchen viel Zeit, die neuen Partner viel Geduld, um den Kontakt wachsen zu lassen. Die Beziehung zum neuen Stiefvater muss ganz behutsam aufgebaut werden. Im Laufe der Zeit können sich die Kinder das Leben mit zwei Vätern ganz gut vorstellen. Möglich ist das, wenn der hinzugekommene Stiefvater keine Besitzansprüche erhebt und nicht etwa den leiblichen Vater zu ersetzen, sondern eher zu ergänzen versucht.

Das Ideal: Gleichberechtigte Partnerschaft

In welcher Familienform sie auch leben – nichts steigert die Zufriedenheit in der Paarbeziehung mehr, als wenn der Vater im Haushalt und bei der Erziehung der Kinder seinen Anteil übernimmt. Deswegen ist die Beteiligung der Väter so überaus wünschenswert, um die Mütter zu entlasten. Kinder brauchen frische Eltern. Ein Mann, der sich die Versorgung seiner Kinder mit der Mutter teilt, erweitert seinen Horizont, leistet der Paarbeziehung und darüber hinaus der Familie einen unschätzbaren Dienst, denn eine ausgeglichene Beziehung entspannt die Mutter und kommt so auch den Kindern zugute.

Ist das Familiengefüge ausgeglichen und partnerschaftlich, wird die anfallende Hausarbeit geteilt, sehen sich auch die Kinder eher zu kooperativem Verhalten veranlasst und gewinnen eigene Verantwortlichkeit und Selbständigkeit. Die Berufstätigkeit von Müttern ist zwar keine Garantie für eine partnerschaftliche und gleichberechtigte Familienkonstellation, aber sie ist auch kein prinzipielles Hindernis für die gesunde Entwicklung von Kindern. Bei vielen allein erziehenden Müttern stellt sich die Frage, ob sie lieber zu Hause bei ihrem Kind bleiben wollen, ohnehin nicht.

Ein großer Teil der Kinder von erwerbstätigen Eltern und allein Erziehenden verbringt viel Zeit bei Tagesmüttern, in betreuenden Einrichtungen oder allein zu Hause. Die Alltagsgestaltung dieser Kinder ist in hohem Maße von den normierten Zeitrhythmen der Erwachsenen abhängig. Spontane Verabredungen sind schwierig zu treffen, weil schon Neunjährige Terminkalender wie Generaldirektoren führen und außerdem häufig langwierige Vorkehrungen und Absprachen nötig sind, um die Kinder an einen Ort zu bringen und abzuholen. Wir leben in Städten, in denen sich ein Kind im Kindergartenalter ohne Aufsicht überhaupt nicht bewegen kann und selbst Grundschüler nur nach hinreichendem Drill – und selbst dann noch mit Herzklopfen und Angst – dem mörderischen Straßenverkehr ausgesetzt werden können. Von den ganz anderen Gefahren, die ihnen durch skrupellos verrückte Erwachsene drohen, einmal abgesehen.

Diesen ganzen Organisationsaufwand leisten allein Erziehende völlig alleine. Kommt es zur Trennung, beginnt für die Kinder eine schwierige Phase der Neuordnung ihrer sozialen Beziehungen. Während die Beziehung zum getrennt lebenden Vater oft ganz erlischt, intensiviert sich die zu dem weiterhin erziehenden Elternteil – in 80 Prozent der Fälle die Mutter. Sie kommt aber nicht nur sozial und seelisch, sondern auch finanziell und organisatorisch in die Klemme. Sie ist meist gezwungen, eine Berufstätigkeit aufzunehmen. Dadurch wächst die Gefahr, dass ein Kind sich doppelt allein gelassen fühlt, weil jetzt Mama auch den ganzen Tag über nicht mehr greifbar ist. Die Zeit für Kinder ist so knapp geworden. Das lockere Familienleben, wo man zusammensitzt und klönt oder spielt, kommt viel zu kurz.

Die neue Lebenssituation geht oft mit einem Wohnungswechsel einher. Das heißt für die Kinder, dass sie vertraute Nachbarn nicht mehr ohne Weiteres sehen und sie bekannte Gesichter aus den Augen verlieren, möglicherweise sogar ihre Spielkameraden und Freunde nicht mehr treffen können – für Kinder frisch getrennter Eltern ein harter Brocken. Viele fühlen sich oft abgestempelt und reagieren irritiert, auffällig und in ihrem Verhalten gestört. Kommt es zu einer neuen Partnerschaft des allein erziehenden Elternteils, sind schwierige emotionale Beziehungskonflikte zu bewältigen, besonders dann, wenn auch Stiefgeschwister in den neuen Familienverband integriert werden.

Was alle Familien brauchen

Jede Familienform hat ihre Schwächen und Stärken. Es gibt kein bestimmtes Familienmodell, das einzig und allein die gesunde Entwicklung von Kindern gewährleisten könnte. Aber einige Grundsätze gelten für alle Familienformen – vaterlose und mutterlose genauso wie für jene mit gleichgeschlechtlichen Elternteilen oder für die neu zusammengesetzte Patchwork-Familie. Die Zusammensetzung der Familie ist kein Hinderungsgrund, ein gutes Familienleben zu entwickeln. Jede Belastung lässt sich durch Offenheit verringern. Das große Verdienst einer guten Familie liegt darin, dass sie ein Kind befähigt, eines Tages selbstbewusst und verantwortungsvoll das Leben in die eigenen Hände zu nehmen.

Was aber sind die basics, die Kinder über alle Veränderungen ihres Familienlebens hinweg brauchen? Was heißt Kontinuität für ein Kind, das im Lauf seines Lebens mehrere Familienwechsel, von der Elternfamilie über die Einelternfamilie bis zur Stieffamilie und danach vielleicht erneut die Ein-Eltern-Familie oder die Wohngemeinschaft durchlaufen haben wird?

Kinder brauchen ein zuverlässiges, stabiles und berechenbares Netz von Beziehungen, die sie in ihrer Persönlichkeitsentwicklung unterstützen. Vielfältige Anregung, gegenseitige Achtung und Rücksicht auf besondere Wesenszüge bürgen für die Beziehung zwischen Eltern und Kindern. Die Qualität dieser Beziehungsstruktur entscheidet, welche Anregungen ein Kind für die eigene Entwicklung erhält. Eine warme und unterstützende Atmosphäre in der Familie ist eine weitere grundlegende Voraussetzung. Wie diese Beziehungsstrukturen geschaffen und gesellschaftlich gesichert werden, unterliegt dem gesellschaftlichen Wandel, aber die Bedürfnisse von Kindern bleiben die gleichen. Das brauchen Eltern und Kinder, ganz gleich in welcher Familienform sie leben:

- Eltern müssen die Bedürfnisse nach Zuwendung, Anerkennung, Sicherheit und Entfaltung ihrer Kinder erfüllen.
- Jedes Kind ist einzigartig. Eltern sollten versuchen, auf sein Temperament, seinen Charakter, seine Begabungen und seine Verfassung einzugehen und dürfen es nicht mit anderen Kindern gleichsetzen.
- Eltern sollten mit Vertrauen, Ehrlichkeit und Offenheit die Beziehung zu ihrem Kind gestalten. Nur Kinder, die volles Vertrauen genießen, entwickeln später Selbstvertrauen.
- Eltern sollten die Anerkennung, die sie dem Kind gegenüber äußern, von dem aktuellen Verhalten des Kindes trennen. Sie müssen deutlich machen, dass sie ihr Kind lieben und wertschätzen, obwohl das Verhalten zu bestimmten Zeiten und in bestimmten Situationen für sie unannehmbar ist.
- Eltern sollten ihrem Kind viele Möglichkeiten einräumen, eigene Haltungen zu entwickeln, auch wenn es dabei Fehler macht oder Irrwege einschlägt. Nur so können Kinder ihre eigenen Kräfte ausprobieren und Entdeckungen machen, die Bedeutung von Vereinbarungen erkunden und die Rechte der Anderen aus eigener Kraft einsehen. Wird den Kindern dieser Entfaltungsspielraum vorenthalten, so werden sie sich eines Tages nicht mehr trauen, Situationen selbst zu erkunden.
- Eltern sollten versuchen, die soziale Umwelt des Kindes so zu gestalten, dass sie Schritt für Schritt aktiv werden und selbst Verantwortung übernehmen können.
- Das alles Entscheidende aber ist: Eltern sollten ihrem Kind die bedingungslose Gewissheit vermitteln: „Ich weiß, wo ich hingehöre und

wohin ich auch in der extremsten Situation immer wieder zurückkehren kann." Diese Erfahrung ist die Voraussetzung dafür, dass sich Urvertrauen bilden kann. Jedes Kind braucht dafür die feste Bindung.

Die Familie bleibt der ideale Ort der Erziehung

Die Familie steckt nicht in der Krise, sondern sie ist in einem atemberaubend schnellen Wandel begriffen. Auch heute, in einer hektischen und turbulenten Zeit, die zur Individualität und Selbstverwirklichung drängt, bleibt die Familie der einzige ideale Ort für die Erziehung von Kindern. Jede Familienform hat dabei ihre Vorteile und ihre Nachteile, doch die Aufgabe stellt sich allen gleichermaßen.

Nur weil sich ihre Form wandelt, ist die Familie noch nicht erziehungsuntauglich geworden. Entscheidend ist, ob sie den Kern kindlicher Bedürfnisse trifft, ob sie einen verlässlichen Raum mit sicherer persönlicher Bindung für die ersten 12 bis 15 Lebensjahre herstellt – bis das Kind anfängt, sich stärkere Impulse von außen zu holen. Diesen verlässlichen Raum kann von der Drei-Generationen-Großfamilie in klassischer Formation über die Ein-Kind-Familie bis hin zur Ein-Eltern- und zur Patchwork-Familie jede Familienform anbieten, wenn sie es nur will.

Die Familie als soziale Institution steckt nicht mehr und nicht weniger in der Krise als die ganze Gesellschaft. Sie spiegelt alle Probleme und Strömungen der sozialen Umwelt. Als Erziehungsinstitution muss sie gleichzeitig ständig versuchen, den Kindern einen sicheren sozialen Heimathafen anzubieten. Das kann heute schwieriger als früher sein, wie wir gesehen haben.

Die Umbrüche der modernen Lebensweise erschweren die Erziehungsaufgaben der Familie und überfordern viele Kinder. Familienbeziehungen bröckeln, die allgegenwärtige Medienflut macht passiv, kulturelle und soziale Spannungsfelder nehmen zu, Leistungs- und Qualifikationsanforderungen wachsen, hochgeschraubte Freizeiterwartungen nähren den Erlebnishunger und die Konsumbesessenheit in Alltag und Freizeit setzt Kinder unter Druck. Sie reagieren mit deutlichen Zeichen der Überbeanspruchung. Körperliche Erkrankungen, psychosomatische Beschwerden, psychische Störungen, Drogen- und Arzneimittelkonsum sind Signale dafür, dass die Kinder mit einer Situation, die sie in der Familie, in der Schule, in der Freizeit oder im Alltag belastet, nicht zurechtkommen. Da ist in erster Linie die Familie gefragt.

Jede Familie, egal welchen Zuschnitts, stößt schnell an die Grenzen ihrer Möglichkeiten. Wissenschaftliche Studien belegen, dass fast schon ein Drittel aller Eltern in den unterschiedlichsten Familienformen mit der Erziehung ihrer Kinder und der Organisation des komplex gewordenen Familienhaushaltes extrem strapaziert sind. Sie sind überfordert, weil sie alle Herausforderungen meistern sollen, die doch von der ganzen Gesellschaft produziert werden. Sie brauchen Hilfe und Unterstützung. Die Familie ist der ideale Ort für die Erziehung der Kinder. Wer aber glaubt, nur ganz allein die Familie könne für die Erziehung von Kindern verantwortlich sein, der treibt Familien in eine Krise. Die Entwicklung eines Kindes verlangt nach mehr als nur der Familie. Die Familie braucht ein unterstützendes und helfendes Umfeld, damit sie ein guter Ort für das Aufwachsen der Kinder sein kann.

3. Kapitel
Eltern können es nicht alleine schaffen

Kinder haben und sie verantwortlich erziehen – das gilt in Deutschland als reine Privatsache. Mütter und Väter erfahren das hautnah. Kindlichen Bedürfnissen zu entsprechen, Tag für Tag und oft genug auch in den Nächten dazwischen, Woche um Woche und Jahre und Jahrzehnte lang, das ist ihr ganz selbstverständlicher Job. Fast alle von ihnen können sich gar nicht mehr vorstellen, wie sie einmal ohne Kind gelebt haben. Sie machen im Berufsleben Abstriche, streiten miteinander um den Abwasch und das Recht, ein paar ungestörte Minuten allein zu verbringen, ärgern sich in viel zu kleinen Wohnungen darüber, dass überall Spielzeug herumliegt und größere Wohnungen unerschwinglich sind. Hin und wieder denken sie ans Weglaufen oder Aus-der-Haut-Fahren und tun dann doch wieder freudig alles, um die kleine heißgeliebte Person, die vor ein paar Jahren in ihr Leben getreten ist, fröhlich, gesund und glücklich zu sehen. Sie verzichten leichthin darauf, sich neue Kleider zu kaufen und legen zusammen, um dem Kind ein Fahrrad zu kaufen.

Angefangen mit ihrem ersten zahnlos strahlenden Lächeln verstehen es Kinder spielend, das notwendige Wohlwollen ihrer Eltern dauerhaft herbeizuzaubern. Wie engagiert Mutter und Vater aber auch immer sind, wie fest die Familienbeziehungen verankert sind – Eltern allein können nicht garantieren, dass die Bedürfnisse der Kinder, Schutz und Geborgenheit zu finden, gesund und glücklich zu sein, zu essen und zu trinken zu bekommen und Gelegenheiten zum Lernen zu haben und sich gut zu entwickeln, erfüllt werden. Selbst die liebevollsten und privilegiertesten Eltern stoßen an Grenzen – sie können nur das tun, was die Gesellschaft vorgibt, gestattet und unterstützt.

Eltern stehen unter Druck

Wie gut sich die Beziehungen in der Familie entwickeln und wie es den Eltern gelingt, ihre Erziehungsaufgabe zu erfüllen, hängt von der Lebenssituation der Familie ab. Nur den kleineren Teil dieser Bedingungen können Eltern nach ihrem Gutdünken gestalten. Die wirtschaftliche Situation der Familie, die Größe ihrer Wohnung, die Zusammensetzung der Nachbarschaft, die Chancen einer Berufstätigkeit der Eltern, die Verfügbarkeit der Großeltern und anderer Verwandten in der Nähe, Freunden und Spielkameraden um die Ecke, Spielmöglichkeiten außerhalb der Wohnung – das alles sind Aspekte, die zum Gelingen oder Scheitern des Abenteuers Erziehung beitragen.

Warum entscheiden sich Paare für Kinder?

Die Entscheidung für Kinder ist eine Entscheidung gegen vieles andere, vor allem aber gegen die eigene, in Wohlstand gesicherte Unabhängigkeit. Unabhängigkeit und Individualität werden heute groß geschrieben, die Lebenshaltungskosten steigen, die Lawine von Steuern und Abgaben wächst, Arbeitsplätze verschwinden, Realeinkommen schrumpfen. Das Klima für junge Eltern ist in unserer Gesellschaft alles andere als angenehm. Mutterschutzbestimmungen zum Trotz fürchten junge Frauen um ihren Job und stellen sich bange Fragen: Reicht meine Kraft und mein Engagement? Wird das Kind uns glücklich machen? Hält unsere Beziehung ein Kind aus? Werden meine Freunde zu mir halten? Wer wird uns finanziell unterstützen? Wie kriege ich Kind und Beruf unter einen Hut? Werde ich einen Krippenplatz bekommen?

Die rundum versicherte Gesellschaft braucht Kinder nicht mehr als Alterssicherung. Kinder machen arm. Die ökonomischen und sozialen Nachteile, die Familien entstehen, sind unübersehbar. Wer sich für ein Kind entscheidet, votiert gegen eine eigene Doppelhaushälfte: Rund 250.000 Euro geben Mutter und Vater per Saldo für jedes Kind bis zum 18. Geburtstag aus, obwohl sie einiges an staatlicher Transferzahlung erhalten. Wer Nachwuchs aufzieht und deshalb auf Karriere verzichtet, erhält nicht nur weniger Einkommen, sondern auch weniger Rente als Kinderlose. Die Kluft zwischen denen, die Kinder haben und denen, die keine haben, scheint unüberbrückbar zu werden. Familien müssen oft von einem Einkommen leben, das nur knapp über dem Existenzminimum liegt. Prekär ist die wirtschaftliche Lage vor allem von allein Erziehenden und von kinderreichen Familien. Über ein Drittel von ihnen lebt nach offiziellen Angaben der Bundesregierung an der Armutsgrenze.

Wer eine Familie gründet, muss sich von vielen selbstverständlich gewordenen Lebensgewohnheiten und Konsumwünschen verabschieden. Die ökonomische und soziale Tragweite der Entscheidung für den Nachwuchs erkennen viele Eltern erst später. Junge Männer und Frauen sind deshalb nicht selten nach der Geburt völlig überfordert, mit dem Haken zurechtzukommen, den ihr Lebenslauf jetzt schlägt.

Warum entscheiden sich trotzdem viele Paare für Kinder?

Sie tun es aus sehr persönlichen, psychischen und emotionalen Gründen. Sie wollen etwas davon haben, wenn sie Kinder aufziehen und versorgen. Sie möchten spüren, dass sie ein lebendiges Leben leben. Gewiss – manchmal soll ein Kind die Ehe kitten helfen, manchmal nicht eingelöste Hoffnungen und Träume erfüllen. Immer aber können Frauen und Männern von einem Leben mit Kindern erwarten, dass sie verborgene Fähigkeiten und verlorene Gefühle entdecken, die im nüchternen Berufsalltag unerwünscht sind. Geduld und Gelassenheit, Fürsorglichkeit und Einfühlungsvermögen, Zärtlichkeit, Offenheit, Wärme und Nähe begleiten den Wunsch nach Lebenssinn und Glück. Im Leben mit Kindern wollen Eltern von heute sich selbst verwirklichen und Sinn finden. Elternschaft sehen Erwachsene als eine Lebensform, mit der sie eigene Interessen verfolgen, die sie aber nicht mehr als Dienst am Fortbestand der Familie oder selbstverständliche Verpflichtung gegenüber Verwandtschaft oder Gesellschaft sehen.

Kinder belohnen ihre Eltern durch die Gewissheit, gebraucht zu werden und schenken das schöne Gefühl, für einen anderen Menschen die allerwichtigste Person auf der ganzen Welt zu sein. Dafür müssen Eltern eine umfassende totale Bindung eingehen, die häufig genug an Selbstaufgabe grenzt. Wer macht sich schon angesichts des schrumpeligen Bündelchens, das man da im Arm hält, klar, dass dieser kleine

Mensch von nun an all das Tun und Trachten seiner Eltern bestimmen wird? Praktisch ein Leben lang.

Privatangelegenheit Familiengründung?

Heute werden weitaus weniger Kinder geboren als noch vor vierzig Jahren, aber mit der Zunahme des ichbezogenen, konsumversessenen Singles auf dem Ego-Trip allein ist das nicht zu erklären: Junge Familien müssen bald die schmerzliche Erfahrung machen, dass sie zwar enorme Leistungen für die Gesellschaft vollbringen, sie mit ihren Sorgen und Problemen jedoch weitgehend allein gelassen werden. Das spricht sich auch bei denen herum, die noch überlegen, ob sie wirklich ein Kind wollen.

Viele Paare ohne Kinder fürchten die finanzielle Belastung, sehen ihre berufliche Karriere in Gefahr. Sie haben gute Gründe, besorgt zu sein: Finanziell sind Kinder ein reines Zuschussgeschäft, wegen fehlender Kinderbetreuung sind Beruf und Familie kaum miteinander zu vereinbaren. Nur ein winziger Teil der Grundschüler kann eine Ganztagsschule besuchen, nur für 10 Prozent aller Kleinkinder gibt es Krippenplätze. In vielen Städten finden Eltern keinen Kindergartenplatz – Rechtsanspruch hin oder her. Viele Eltern begrüßen es deshalb, wenn eine Familienministerin versucht, Politik und Gesellschaft stärker in die Pflicht zu nehmen und 500.000 zusätzliche Krippenplätze zu schaffen, um Müttern die Berufstätigkeit zu ermöglichen.

Viel immaterielle Belohnung erhalten Eltern auch nicht. Kinder genießen zwiespältige Beachtung im Alltagsleben: Öffentlich gelten sie wenig, ihr emotionaler Wert dagegen wird überschwänglich betont. Bei wichtigen Fragen von Finanzressourcen über Machtstrukturen bis hin zu Schadstoffgrenzwerten und städtebaulichen Überlegungen werden die Belange von Kindern vernachlässigt oder ganz ignoriert. Treten Kinder überhaupt ins öffentliche Bewusstsein, dann als knuddelige Wonneproppen im Werbeträgerformat oder herzerfrischender Inbegriff unverbrauchter Spontaneität.

Eltern, die sich für Kinder entschieden haben, müssen mit dieser Spannung leben und sie aushalten. Eine ungebrochene öffentliche Anerkennung für ihr Engagement können sie nicht erwarten.

Die Tragweite ihrer überwiegend irrationalen Entscheidung müssen die Eltern selbst ermessen, die Belastungen, die damit verbunden sind, müssen sie allein regeln. Kinder? Reine Privatsache.

Wie konnte es zu dieser Entwicklung kommen? In der Verfassung der Bundesrepublik Deutschland, dem Grundgesetz, ist den Eltern eine ungewöhnlich zentrale Rolle für die Erziehung und Betreuung ihrer Kinder eingeräumt worden. „Pflege und Erziehung der Kinder sind das natürliche Recht der Eltern und die ihnen zuvörderst obliegende Pflicht" heißt es im Artikel 6. Wie das Leben eines Kindes gestaltet wird, das ist demnach alleinige Sache von Mutter und Vater. Der deutsche Staat setzt auf die Eltern, er räumt ihnen vor allen anderen Institutionen das Recht ein, die Persönlichkeit des Kindes zu beeinflussen und ihm ein soziales Netzwerk aufzubauen.

Kinderwohl und Elternwohl sind eng verknüpft

Absichtlich wird in Deutschland die individuelle Wohlfahrtsposition des Kindes mit der seiner Eltern verknüpft, damit also auch mit dem Lebensstil, den religiösen Auffassungen und den finanziellen Möglichkeiten von Vater und Mutter. Denen wird zwar die Fürsorge, Pflege und Erziehung der Kinder in den Stammbaum geschrieben, aber wie sie das machen, das ist ihre persönliche Angelegenheit. Zwar sieht das Grundgesetz auch vor, der Staat solle darüber „wachen", wie die Eltern pflegen und erziehen, aber Eingriffsrechte haben Jugendämter und Familiendienste erst dann, wenn ein Kind ganz offensichtlich vernachlässigt und schwer misshandelt wird.

Dieses ungeheuer starke Recht, das Eltern für die Gestaltung der Erziehung und Betreuung ihrer Kinder eingeräumt wird, hat seine historischen Gründe. Die totalitären Systeme des Nationalsozialismus und des Sowjetsozialismus wirken nach. Bei der Gründung der Bundesrepublik Deutschland 1946 wollte man sicherstellen, dass der Staat nicht mehr leichtfertig in die Privatsphäre von Familien hineinregieren darf. Deswegen wohl hat er sich so demonstrativ weit aus der Kindererziehung zurückgezogen. Zumindest bis zum sechsten Lebensjahr gibt es praktisch keine öffentliche Instanz, die bei der Bildung und Erziehung von Kindern ein verbrieftes Mitspracherecht hätte. Mit dem Eintritt in die Grundschule ändert sich das, denn nun unterliegt das Kind der Pflicht zum Schulbesuch. Doch in Deutschland herrscht die Tradition der Vormittagsschule, die ungebrochen eine zu Hause anwesende Mutter voraussetzt, was wiederum berufstätige Mütter vor erhebliche Organisationsprobleme stellt.

Damit Eltern ihre Verantwortung übernehmen können, wurde ein dichtes Netz sozialer Sicherungen um die Familie geknüpft. Dazu gehören steuerliche Vorteile für Ehefrauen, die sich ausschließlich um die Erziehung von Kindern kümmern (Ehegattensplitting), Kindergeldzahlungen bis zum 25. Lebensjahr, komplexe Transferzahlungen (Hartz-Gesetzgebung) und Hunderte von Einzelregeln, die in verschiedenste Steuergesetze eingebaut sind. Dadurch soll das notwendige Existenzminimum für Kinder gesichert sein.

So weit, so gut. Im Alltag des Familienlebens können sich die Eltern für alle diese abstrakten Regelsysteme nicht viel kaufen. So stark wie in nur wenigen anderen Ländern schlägt in Deutschland die wirtschaftliche Position des elterlichen Haushaltes auf das Wohlbefinden der Kinder durch. Geht es den Eltern finanziell schlecht, dann auch dem Kind. Haben die Eltern ein hohes Bildungsniveau und einen kulturell orientieren Lebensstil, dann profitieren auch die Kinder. Kommen die Eltern nicht mit ihrem Leben zurecht, dann geraten auch die Kinder in Schwierigkeiten.

Die Abhängigkeit des Kinderlebens vom Elternleben ist durch die starke Fixierung auf Elternrechte bei der Erziehung von Kindern ungeheuer groß. Im internationalen Vergleich fällt das zum Beispiel bei den PISA-Studien zum Leistungsstand der Schülerinnen und Schüler auf; hier ist deutlich geworden, dass in kaum einem anderen Land der Welt die familiäre Herkunft so stark auf den Schulerfolg der Kinder durchschlägt.

Eltern brauchen ein unterstützendes Netzwerk

So schmeichelhaft es für Väter und Mütter auch sein mag, der grundrechtlich verbriefte und unanfechtbare Boss der Kindererziehung zu sein – die damit verbundenen Verpflichtungen sind in einer modernen Gesellschaft kaum zu erfüllen. In den Jahrzehnten seit der Einführung des Grundgesetzes haben sich Kultur, Wirtschaft und Gesellschaft stark verändert. Die alleinige Verantwortung für das Wohl und Wehe der Kinder ist für die meisten Eltern heute kein Zuckerschlecken.

Das Grundgesetz unterstellt, dass es Müttern und Vätern gelingt, der Dreh- und Angelpunkt für die gesamte Entwicklung ihrer Kinder zu sein. Sie sollen alles tun, was für die Persönlichkeitsentwicklung des Kindes wichtig ist. Sie sollen Emotionen und Sprache des Kindes fördern, seine Umgangsformen schulen, seine Intelligenz trainieren, Werte und religiöse Einstellungen bilden, das Kind politisch und wirtschaftlich auf das Leben vorbereiten, es mit vielen Problemen vertraut machen, die sich im weiteren Lebenslauf stellen. Das können Eltern allein nicht schaffen! Schon deshalb nicht, weil Familien heute sehr empfindliche soziale Gebilde geworden sind, die immer auch selbst um ihre Existenz kämpfen müssen. Das Grundgesetz hat es gut gemeint, aber es bürdet Eltern in der heutigen Zeit eine große Last auf. Es tut so, als wenn Kindererziehung eine Privatsache von Mutter und Vater sei. Das war sie aber noch nie in der menschlichen Geschichte.

Es gibt ein schönes afrikanisches Sprichwort, wahrscheinlich von den Ashanti aus dem heutigen Ghana, das in der englisch übermittelten Fassung lautet: „It takes a whole village to raise a child". Ins Deutsche übersetzt könnte das Sprichwort lauten: „Es braucht ein ganzes Dorf, um ein Kind in seiner Entwicklung zu unterstützen und stark zu machen." Die Alltagsweisheit in diesem Sprichwort, gilt auch für deutsches Familienleben. Das weiß doch jeder: Ein neu auf die Welt gekommener Mensch ist in seinen ersten Lebensjahren voll darauf angewiesen, Fürsorge, Zuwendung, Unterstützung, Anregung und Strukturierung für die körperliche, psychische und soziale Entwicklung zu erhalten. Mutter und Vater spielen dabei die entscheidende Rolle, aber sie sind ihrerseits auf die Unterstützung des sozialen Umfeldes angewiesen.

Verwandtschaft, Nachbarschaft, Stadtteil und Gemeinde, ja die ganze Gesellschaft mit allen ihren Einrichtungen und Institutionen wirken an der Erziehung eines Kindes mit. In der wissenschaftlichen Forschung wird das mit dem Begriff der Sozialisation gefasst. Ein Kind wird nicht etwa nur durch die bewussten und gezielten Erziehungsimpulse beeinflusst, sondern mindestens genauso stark durch all das, was es alltäglich in der Umwelt an Anregungen, Spannungen, Konflikten und versteckten Hinweisen aufschnappt. Jedes Kind lernt von der gesamten Umwelt, nicht nur der begrenzten kleinen Welt der Familie, die durch die Eltern gestaltet wird. Eltern können sehr schnell an ihre Grenzen stoßen. Um so wichtiger ist es, in einem sozialen Netzwerk andere Menschen mit ihren Stärken und Schwächen zu haben, mit denen sich ein Kind beschäftigen kann.

Es ist weder realistisch noch fair, in einer so komplexen und vielfältigen Welt wie der heutigen allein die Eltern für die Entwicklung ihrer Kinder verantwortlich zu machen. Kindererziehung ist keine Privatsache von Vater und Mutter. So kann das Grundgesetz es auch nicht gemeint haben. Kindererziehung geht alle etwas an, weil das Gedeihen des Nachwuchses über die Zukunft einer ganzen Gesellschaft entscheidet. Es wird höchste Zeit, dieses Denken zum Leitbild für die Familien- und Elternpolitik in Deutschland zu machen. Das hat Bedeutung für die finanzielle Lage der Familien, aber auch für Bildung, Wohnung, Beruf der Eltern und Kinderbetreuung in Krippen, Kindertagesstätten und Grundschulen.

Die finanzielle Belastung von Familien

Kinder bilden im Budget der Familienhaushalte einen dicken Posten. Die Kosten für ein Kind werden durch die paar Steuervergünstigungen, Subventionen und das Kindergeld, das Eltern ausgezahlt wird, nur zu einem kleinen Teil ausgeglichen. Die Folgen sind bitter. In Deutschland sind heute mehr Kinder von materieller Benachteiligung betroffen als in den Aufbaujahren der Nachkriegszeit, als das Grundgesetz in Kraft trat. Kinder sind die größte Bevölkerungsgruppe, die in relativer Armut leben. Das Bundesarbeitsministerium gibt seit vielen Jahren einen Armuts- und Reichtumsbericht heraus. Dort wird regierungsamtlich bescheinigt, wie viele Familien in Deutschland an der Grenze des Existenzminimums leben, das in unserem Kulturkreis als zumindest notwendig gilt, um sich dazugehörig und integriert zu fühlen.

Wirtschaftliche Engpässe treffen besonders die Kinder aus Familien, in denen die Eltern arbeitslos sind, wo viele Geschwister zu versorgen sind, wo ein Elternteil nicht berufstätig sein kann, weil er allein für die Erziehung verantwortlich ist oder die aus anderen Ländern zugewandert sind. International üblich wird relative Armut so definiert: Einen Haushalt, in dem weniger als die Hälfte der Geldsumme zur Verfügung steht, die rechnerisch in einem Land den statistischen Durchschnitt bildet, bezeichnet man als arm. Demnach sind es in Deutschland fast 15 Prozent aller Familien, die in relativer Armut leben. Die Zahl ist in den letzten 20 Jahren kontinuierlich gestiegen – für ein reiches Land im Zentrum Europas ein familienpolitisches Armutszeugnis ersten Grades, regierungsamtlich bestätigt.

Wissenschaftliche Studien, in denen die Eltern selbst nach ihrer Einschätzung der wirtschaftlichen Lage gefragt werden, bestätigen die Zahlen der Ministerien. Fast 15 Prozent der Eltern geben zu Protokoll, mit dem Familieneinkommen schlecht oder sehr schlecht zurechtzukommen. Nach Einschätzung der Eltern ist es in erster Linie die Arbeitslosigkeit von Vater oder Mutter (oder von beiden), mit der die ökonomische Misere ausgelöst wurde. Wenn Mutter und Vater keine Berufstätigkeit ausüben können, erhalten sie zwar Transferzahlungen. Aber wirklich abgesichert ist ihre ökonomischen Lage damit nicht. Gering gebildete und wenig beruflich qualifizierte Eltern, allein erziehende Mütter und Väter, Zuwandererfamilien und kinderreiche Eltern sind am wenigsten in der Lage, einer geregelten Berufstätigkeit nachzugehen. Erst dann, wenn auch ihnen Möglichkeiten eingeräumt werden, über einen Beruf das Haushaltseinkommen aufzubessern, kann eine Verringerung der relativen Armut von Familien erreicht werden. Davon kann heute nicht die Rede sein.

Armut macht krank

Je ungünstiger die soziale Lage der Familie ist, desto schlechter nimmt sich auch das psychische und körperliche Wohlbefinden der Kinder aus. Kopfschmerzen, Rückenschmerzen und Schlafstörungen nehmen bei Kindern aus den unteren sozialen Schichten deutlich zu. Sie schätzen ihre Lebenssituation, ihre persönliche Perspektive und ihren Gesundheitszustand sehr viel schlechter ein als ihre Altersgenossen mit besserem sozialen Hintergrund. Ähnlich krass fallen die Unterschiede in puncto Selbstvertrauen und Zugehörigkeit aus. Arme Kinder fühlen sich erheblich häufiger einsam, hilflos und unglücklich als die übrigen.

Armut und sozialer Abstieg machen Kinder krank. Enge Wohnungen, schlechte Ernährung, eintönige Freizeitbeschäftigung mit viel zu viel Fernsehen, kaum Bewegung, mangelnde Gesundheitsaufklärung sowie ein nervöses und oft aggressives Erziehungsverhalten der Eltern nagen an der Konstitution der Kinder und schwächen sowohl ihre Kompetenzen als auch ihre Abwehrkräfte. Auch der Zusammenhang zwischen schlechter sozialer Lage und riskantem Gesundheitsverhalten ist eklatant: Kinder aus den unteren sozialen Schichten greifen nicht nur früher, sondern auch viel häufiger zur Zigarette als die anderen. In Bezug auf Ernährung und Hygiene bestätigt sich der gleiche Zusammenhang; auch hier verschlechtert sich die Situation, je näher die Kinder am Armutspol leben.

Der kleine Kai ist ein aufgeweckter, gesunder Bengel. Doch an seinem Geburtstag oder wenn der Kindergarten zum Zoobesuch aufbricht, auch zu allen Ausflügen ist er regelmäßig krank – genau wie seine jüngere Schwester Mona. Die Erzieherin weiß genau, was diese seltsame Häufung plötzlicher Krankheiten zu bedeuten hat. Aber sie würde niemals die Mutter von Kai und Mona darauf ansprechen. Diese Peinlichkeit will sie den Eltern der beiden Geschwister ersparen. Seit Kais Vater vor einem Jahr arbeitslos wurde, klemmt es finanziell an allen Ecken und Enden. Da bleibt einfach kein Spielraum für die kleine Geburtstagsparty im Kindergarten. Den Eltern ist es unangenehm, dass sie ihren Kindern selbst kleinste Wünsche ausschlagen müssen. Deshalb bleiben Kai und Mona bei Ausflügen daheim.

Kindern, die von der Armut ihrer Eltern betroffen sind, gelingt es nur selten, dieses unangenehme Ereignis einfach wegzustecken. Im zwischenmenschlichen Bereich macht Armut einsam. In einer wettbewerbsorientierten und konsumbesessenen Gesellschaft ist derjenige schnell isoliert, der nicht das Geld hat, um beim Konsum mitzuhalten. Da wird Armut schnell zur Schande. Es ist leichter, mit Siebenjährigen über den Tod zu sprechen oder mit einer Runde von Neunjährigen über Sex zu diskutieren, als über den Verlust der Wohnung, die Arbeitslosigkeit der Eltern oder den Besuch des Gerichtsvollziehers bei ihnen zu Hause zu reden.

Für die meisten Kinder ergibt sich aus ihrer misslichen sozialen Lage ein gesellschaftliches Spießrutenlaufen, das Spuren in Seele und Gesundheit hinterlässt. Wenn eine Gesellschaft ausgerechnet Familien mit kleinen Kindern in die Armut drängt, verlieren zuerst die Eltern ihren Lebensmut. Sie werden zu unsicheren und nervösen Erziehern. In angespannten Situationen brechen aggressive Stimmungen durch. Das alles überträgt sich auf die Kinder. Sie spüren die Verunsicherung und Demoralisierung, unter der ihre Eltern leiden. Sie büßen das Vertrauen in ihre eigenen Fähigkeiten ein, ihr Leben in den Griff zu bekommen. Die Eltern schaffen es ja auch nicht. Kinder zweifeln schließlich an sich selbst, sie investieren nur noch wenig in ihr eigenes Wohlbefinden. Alle Studien zeigen, wie in Armutsfamilien Hygiene und Körperpflege der Kinder schlechter werden, die Einschätzung der eigenen Gesundheit ins Negative rutscht und eine misstrauische, manchmal auch zynische und skeptische Weltsicht die Oberhand gewinnt.

Armut macht leistungsschwach

Die Armut der Eltern drückt aber nicht nur auf die Gesundheit der Kinder, sondern auf alle ihre Kompetenzen. Die Engpässe bei Ernährung und Kleidung sind das eine, die Verschlechterung des Familienklimas und das Abrutschen in eine resignierte Passivität das andere. Arme Eltern werden zu schlechten Erziehern, sie schaffen es nicht, ihren Kindern sensibel die Unterstützung zu geben, die sie für eine gute Entwicklung brauchen. Schaut man sich das Freizeitleben in manchen armen Familien an, können einem manchmal die Haare zu Berge stehen. Stundenlanges Fernsehen, wenige Gespräche, kein Witz und kein Lebensmut.

Der kleine Kai und seine Schwester Mona haben es noch gut, denn ihre Eltern verstehen sich trotz der plötzlichen Arbeitslosigkeit des Vaters bestens. Aber seitdem die Haushaltskasse so knapp geworden ist, schirmen auch die Eltern von Kai und Mona die beiden Kinder zu Hause ab, bauen ihnen ein enges Nest und merken gar nicht, dass dadurch viel weniger Anregungen von außen in die Familie hineinkommen.

Die meisten Kinder werden in der Schule schlechter, wenn die Familie in wirtschaftlicher Not lebt – nicht nur, weil kein Geld für Nachhilfestunden oder zusätzliche Lernmittel da wäre, sondern auch die Stimmung in der Familie leidet. Wenn die Eltern ihre Lage als persönliches Versagen empfinden und vielleicht sogar Schuldgefühle hegen, ziehen sie sich zurück, es wird weniger gesprochen und vielleicht mehr gestritten. Gemeinsame Unternehmungen, die mit Kosten verbunden sind, werden seltener. Resignation breitet sich aus.

Auch Eltern verdienen Anerkennung und Unterstützung

Mütter und Väter können gute Erzieher und Betreuer ihrer Kinder sein, wenn es ihnen selbst gut geht. Sie brauchen mehr öffentliche Anerkennung und Unterstützung, wenn sie nicht wie die Eltern von Kai und Mona gegen alle ihre guten Absichten an den Rand gedrängt werden sollen. Allein durch finanzielle Hilfen, durch eine weitere Aufstockung des Kindergeldes etwa ist das nicht zu bewerkstelligen. Eltern brauchen wirkliche Hilfen, die sich auf den Kern dessen beziehen, was von Mutter und Vater verlangt werden darf: Kinder sind keine Privatangelegenheit ihrer Eltern – schon weil in privater Anstrengung, Entbehrung und Mühe der ganzen Gesellschaft dereinst gut erzogene, allseits geförderte und potente Renteneinzahler zur Verfügung gestellt werden sollen.

Deswegen wird in den letzten Jahren völlig zu Recht von einer Verbesserung der Infrastruktur für Familien gesprochen – von familienfreundlichen Wohnungen, Spielstraßen mit Kinderhäusern, flexiblen Arbeitszeiten, Tagesmüttern und Tagesvätern, anderen Kinderbetreuungseinrichtungen und von Beratungs- und Hilfsinstitutionen. Schön wäre, wenn die ganze Umwelt Rücksicht darauf nähme, dass man ein Kind an der Hand hält. Aber Straße und Autoverkehr nehmen die Bedürfnisse und Interessen der jüngsten Gesellschaftsmitglieder und der Erwachsenen, die für sie sorgen, nicht ernst. Jede enge Ladentür, jeder zu hohe Bordstein, jeder Busfahrer, der nicht wartet, und jeder U-Bahnhof ohne Rolltreppe sagen einem Erwachsenen, der mit einem Kind unterwegs ist: Ihr gehört nicht hierher. Auch hier liegen manche Ursachen dafür, dass Familien in Anspannungssituationen geraten und Konflikte nicht mehr aus eigener Kraft bewältigen können.

Geeignete Wohnungen, günstige Freizeitangebote, flexible Arbeitszeiten und gute Kinderbetreuung – das sind die wichtigsten Themen für alle Familien, wenn es um die Infrastruktur geht. Jede Lösung, die funktionieren soll, muss diese Bestandteile miteinander verknüpfen, wie eine Decke, die alle wärmt und niemanden erstickt. Jede Familie braucht ein etwas anderes Strickmuster, aber alle Bestandteile müssen passen.

Deutschland ist in dieser Hinsicht Entwicklungsland. Kleine Franzosen gehen in die Ecole Maternelle, jede kleine Dänin spielt im Boernehave. Der deutsche Nachwuchs dagegen hat nur einen Rechtsanspruch, aber keinen Platz im Kindergarten. Ausgerechnet in Deutschland, dem reichsten Land der Europäischen Union, fehlen Tausende Kindergartenplätze, ganz zu schweigen von Krippenplätzen für Kleine unter drei Jahren und Nachmittagsangeboten oder Hortplätzen für Schulkinder. Mütter, die ihre Babys in Krippen bringen, haben im öffentlichen Ansehen bei uns immer noch einen schlechten Stand. In unseren Nachbarländern Dänemark, Polen, Frankreich und Holland ist das seit Jahrzehnten anders. Dort wissen alle, dass zur Erziehung von Kindern das ganze Dorf beitragen muss, also auch der Staat mit Krippen, Kindergärten und Nachmittagsangeboten und zwar zu erschwinglichen Preisen.

So sollte es sein: Ob eine Mutter arbeiten geht oder nicht, solange ihre Kinder noch klein sind, liegt bei ihr und den Umständen. Wenn sie fürchtet, dass ihr Baby zu sehr leidet, sollte sie zu Hause bleiben. Mit einem potenten Ernährer im Hintergrund: kein Problem. Und wenn ihr die berufliche Karriere wichtig ist und der Job Spaß macht, oder auch wenn ihr nichts anderes übrig bleibt, weil die Familie das Geld dringend braucht oder sie fürchtet, an der brisanten Mischung von Überforderung und Langeweile zu verzweifeln, die sich im Alltag mit kleinen Kindern oft einstellt – dann muss sie arbeiten gehen können. Was denn sonst! Entscheidend ist, dass jedes Elternpaar und jede Alleinerziehende die Möglichkeit hat zu wählen, welcher Weg für sie und ihre Familie der beste ist.

Kinder reagieren ganz unterschiedlich auf diese oder jene Lebensumstände. Manche sind in Kindergärten oder in Gesellschaft gut bezahlter Haushaltshilfen wunschlos glücklich, manches Muttersöhnchen läuft erst in der Krabbelgruppe zu Hochform auf. Diejenigen, die berufstätigen Müttern immer wieder unterstellen, sich auf Kosten ihrer unschuldigen Kleinen der Selbstverwirklichung hinzugeben oder aus reiner Geldgier nicht aufs eigene Einkommen verzichten zu wollen, ignorieren, dass eine gute Betreuung außerhalb der Mutter-Kind-Beziehung das Verhältnis zur Mutter beträchtlich verbessern kann. Mehr als eine Mutter zu haben, kann doch nicht verkehrt sein! Schon in Kinderkrippen steht außerdem soziales Lernen auf dem Programm – angesichts der kleiner gewordenen Familien können die anderen Kinder für das eigene ein wahrer Segen sein.

Öffentliche Betreuung hilft Eltern und Kindern

Nirgends in der Welt gibt es ein zeitlich derartig begrenztes Angebot schulischer Bildung und Kinderbetreuung wie bei uns. Angesichts der Veränderungen im Familien- und Berufsleben ist das inzwischen ein enormer gesellschaftlicher Modernitätsrückstand, der auf dem privaten Rücken von Eltern und Kindern ausgetragen wird.

Aufgabe des Staates kann es wahrhaftig nicht sein, bestimmte Familienformen moralisch, gesetzgeberisch und fiskal anderen Formen gegenüber aufzuwerten und auch nicht, Frauen von der Berufstätigkeit fernzuhalten, weil dadurch organisatorische Probleme für die Kinderbetreuung gefürchtet werden. Das wurde in Deutschland aber jahrzehntelang so gehalten. Fehlen Plätze in Kinderkrippen und Kindergärten, Horten und Tagesbetreuungseinrichtungen, um Frauen zu zwingen, zu Hause zu bleiben und die Männer im Job nicht weiter zu stören oder sogar, Gott bewahre, qualifiziert wie sie sind, zu überholen? Oder kommt die Hausfrau und Mutter den Staat einfach nur billiger, als für die Qualifizierung von Erzieherinnen zu sorgen und die Kitas bestens auszustatten?

Auch heute ist die Familie der beste gesellschaftliche Ort für die Betreuung und Erziehung der Kinder. Aber die klein gewordene und krisenanfällige Familie muss unbedingt von einem Netz nachbarschaftlicher Kontakte, Haushaltshilfen und eben auch von öffentlichen Einrichtungen für Erziehung gehalten werden. In anderen Ländern ist das längst üblich. Endlich beginnt auch bei uns das Umdenken, werden erste politische Weichen gestellt.

Gerade sozial benachteiligte Familien profitieren von einem öffentlichen Betreuungsangebot. Hätten wir in Deutschland mehr davon, kämen Kinder aus den engen Wohnungen heraus und hätten viel mehr sprachliche und intellektuelle Anregungen. Eltern und Kinder könnten leichter Bekanntschaften schließen und ihren Freundeskreis erweitern. Den Eltern selbst wäre unmittelbar eine Entlastung angeboten, weil sich durch die Zusammenarbeit mit anderen Eltern viele Wege sparen lassen. Auch könnten sie vom pädagogischen Fachwissen der Erzieher in Gesprächen über Erziehungsprobleme profitieren, wenn es einmal kriselt.

Noch ist der Weg weit. Seit Jahrzehnten haben sich Eltern in Deutschland auf das Prinzip des „Do it yourself" eingestellt und manchmal abenteuerliche Lösungen für die Betreuung der Kinder organisieren müssen, wenn sie selbst berufstätig sind. Seit Jahrzehnten hören Eltern den Vorwurf, sie seien Rabenmütter oder Rabenväter, wenn sie nicht wenigstens die ersten 10 Lebensjahre komplett bei ihren Kindern bleiben. Das ist nicht nur unfair gegenüber den Raben, die außerordentlich fürsorgliche Eltern sind, sondern auch im internationalen Vergleich haltlos: Die Erfahrungen aus den anderen Ländern und auch die internationale wissenschaftliche Forschung strafen diesen Vorwurf Lügen.

Studien zeigen: Je feinfühliger und gefestigter die Beziehung zwischen Mutter und Kind und möglichst auch zwischen Vater und Kind ist, desto besser bekommt dem Kind eine Betreuung in einer öffentlichen Einrichtung oder bei einer Tagesmutter. Je schlechter die Mutter mit einem Kind umgeht, desto größer ist das Risiko, dass auch die Kinderkrippe oder der Kindergarten Schaden anrichten kann. Ist das Kind bei seinen Eltern sicher aufgehoben und gut gebunden, dann genießt es meist den Ausflug in die öffentliche Welt. Wenn die häuslichen Bedingungen gut sind, dann geht es auch dem Kind gut, und zwar ganz unabhängig davon, wo es sich tagsüber aufhält. Verbringt das Kind viel Zeit in der Krippe oder im Kindergarten, dann ist es sehr wichtig, das Zuhause mit besonders intensiver und liebevoller Betreuung zu ergänzen. Die pädagogischen Psychologen nennen das Qualitätszeit, was die Mütter und Väter ihren Kindern widmen. Eine halbe Stunde Qualitätszeit kann so viel wert sein wie fünf Stunden Trash-Zeit, nämlich ohne Gespräche desinteressiert und unsensibel nebeneinanderher zu leben und zum Beispiel fernzusehen.

Es schadet keinem Kind, einen Teil des Tages außerhalb seiner Familie mit Spielkameraden und guten Erzieherinnen zu verbringen. Und: Zufriedene Mütter haben zufriedene Kinder. Deswegen müssten alle Mütter die Chance haben, das zu tun, was sie zufrieden macht. Bei immer mehr Müttern ist das die volle oder teilzeitige Berufstätigkeit, für die sie schließlich lange und teure Ausbildungen absolviert haben. Es ist Aufgabe der Familien- und Arbeitsmarktpolitik, hierauf endlich einzugehen und allen Eltern, die es wünschen, die Verbindung von Beruf und Familie zu erleichtern.

Hilfe für Eltern, damit sie sich selbst helfen können

Es gibt viele Wege, wie man Vätern und Müttern ihre Aufgabe erleichtern kann, wie man ihnen beistehen und ihnen helfen kann, sei es, dass sie momentan ihre Aufgabe bewältigen, sei es, dass sie sich abstrampeln oder sei es, dass sie am Boden liegen.

Je mehr soziale Unterstützung es für die Eltern gibt, die in Schwierigkeiten geraten sind, desto weniger Hilfe ist später nötig, um gescheiterten Familien aus ihrer Lage herauszuhelfen. Schnell entsteht ein Teufelskreis wie bei Susanne: Die allein erziehende Mutter einer kleinen Tochter lebt von Sozialhilfezahlungen. Ihr Architekturstudium hat sie in der Schwangerschaft unterbrochen. Sie würde es vielleicht fortsetzen, wenn sie wüsste, wo sie ihre einjährige Tochter in der Zeit, die sie zum Lernen und für den Besuch der Universität braucht, unterbringen könnte. Manchmal fragt sie, die sich als alleinstehende Mutter von der ständigen Versorgung ihres Kindes, der Arbeit im Haushalt und der alleinigen Verantwortung überfordert fühlt, ob ein Platz in der Krabbelstube für ihr Baby eine Chance zur Verbesserung ihrer Lebenslage sein könnte. Aber sie traut sich nicht, das alleine zu entscheiden.

Susanne fehlt es an Hilfe. Sie braucht vertrauenswürdige und kompetente Menschen, die sie bei der Lösung ihrer Probleme beraten. Welche verschiedenen Möglichkeiten gibt es für sie eigentlich? Ist ein Platz in der Krippe für das Kind die beste Lösung oder sogar die einzige, die sich anbietet? Wäre sie glücklicher mit einem Job, der ihr wieder zu eigenem Einkommen verhilft, oder holt sie sich noch ein, zwei Jahre Unterstützung und beendet dann ihr Studium? Susanne bräuchte jemand, der sich ihrer annimmt und ihr eine Zeitlang beistehen kann.

Die Hilfe für Susanne liegt nicht nur in ihrem eigenen Interesse. Denn wer weiß, wie lange sie ihre angespannte Lebenssituation meistern kann. Es kommt immer wieder vor, dass bei einer dauerhaften Überforderung Kinder ein Opfer mütterlicher Gewalt werden. In einer Art Kurzschlussreaktion wird plötzlich losgeschlagen und trifft dann das schwächste Glied der kleinen Familienkette: das Kind. Ob es dazu kommt, hängt von vielem ab – von Susannes Nervenkostüm und ihren eigenen Kindheitserfahrungen, genauso aber von ihrer wirtschaftlichen Sicherheit und der gesellschaftlichen Anerkennung und Unterstützung, die sie erfährt, besonders wenn sie keinen Partner hat.

Es wird immer einige Eltern geben, die ihre Kinder missbrauchen, ob dies nun durch Schläge, durch sexuelle Übergriffe, emotional oder in einer Kombination aus allem geschieht. Aber die besten Aussichten, die Zahl solcher Fälle zu verringern, bestehen dann, wenn man der Mehrzahl der Mütter und Väter die Elternrolle leichter macht und ihnen mit dem nötigen Respekt eine prompte und passende Hilfestellung anbietet. Es macht Eltern nicht zu besseren Eltern, wenn man auf ihrem Selbstbewusstsein herumtrampelt, indem man sie zu bloß Bedürftigen degradiert, die dankbar annehmen müssen, was man ihnen gerade so zu geben bereit ist. Die Wahl zwischen verschiedenen Alternativen zu haben und sich für einen Weg aus der Not heraus entscheiden zu können, rettet ein beträchtliches Maß an Würde für erziehende Menschen, die in Schwierigkeiten geraten sind. Umso bitterer ist es, dass es heute viel zu wenige Stellen gibt, die eine solche Hilfe zur Selbsthilfe zwanglos anbieten.

Lebensphasen und Arbeitszeiten harmonisieren

Wo es kaum Ganztagsschulen gibt und nicht einmal Kindergartenplätze für alle Kinder bereit stehen, wo Arbeitsplätze bedroht und Teilzeitarbeitsplätze verweigert werden, ausreichend große Wohnungen meist unbezahlbar sind und sich immer mehr Erwachsene mit Kindern unverschuldet im sozialen Abseits wiederfinden, nimmt die Familie unmittelbar Schaden. Denn von äußeren Umständen hängt letztlich ab, ob und wie viel Zeit Eltern für ihre Kinder haben, ob es ihnen gelingt, das Familienleben anregend, warm und zuverlässig zu gestalten.

Bei flexiblen Arbeitszeiten im Berufsleben ist Deutschland im Rückstand. Auf einer sehr praktischen Ebene wären schon ein paar Korrekturen in der Arbeitswelt überaus hilfreich – warum sollte man nicht beiden Eltern Teilzeitarbeit ermöglichen, wenn sie für kleine Kinder zu sorgen haben? Wieso arbeiten Vater oder Mutter, wenn die Kinder klein sind, die gleiche Arbeitszeit, wie wenn die Kinder aus dem Hause sind? Viel besser wäre es, den Lebens- und Arbeitsrhythmus durch Teilzeitangebote stärker in Einklang zu bringen.

Das scheitert noch allzu oft – an der Unbeweglichkeit der Unternehmen aber auch an der Sturheit der meisten Väter. Zu eng ist der Zusammenhang zwischen traditionellem Männerbild und ganztägiger Erwerbsarbeit. Männer sind fest davon überzeugt, dass ihr Lebensglück von Leistung und Erfolg abhängt. Das Berufsleben ist nicht nur finanzielle Notwendigkeit, es ist auch prestigeträchtiger als die Familienarbeit. Männer klammern sich in aller Regel an die Rolle des alleinigen Brötchenverdieners und sind kaum bereit, ihren Teil der Familienarbeit zu übernehmen – von ein paar Avantgardisten abgesehen.

Väter brauchen ebenso wie Mütter Zeit, um vom Job auf die Familie umzusteigen. Zeit ist die Voraussetzung dafür, ein nachahmenswerter Vater zu werden – einer, der betroffen ist durch das, was seine Kinder betrifft und ihnen zeigt, dass sie ihn etwas angehen, der sich nicht nach Lust und Laune, sondern zuverlässig mit ihnen beschäftigt, der sie ernst nimmt und sich einfühlt, einer, der die Herausforderung annimmt, die Kinder darstellen. Väter, die das nicht tun, betrügen sich um eine große Chance, Familienanschluss zu finden. Ein Vater, der sich um seine kleinen Kinder kümmert, erweitert nicht nur seinen eigenen Horizont. Er bewirkt Wichtiges: Je stärker die väterliche Familienorientierung ausgeprägt ist, desto liebevoller und unterstützender nehmen die Kinder ihre Väter wahr und desto günstiger entwickeln sich wichtige Persönlichkeitsaspekte der Kinder wie beispielsweise das Selbstwertgefühl.

Kinder zu stärken, indem man die Eltern im Berufsleben entlastet, ist ein überaus viel versprechender Ansatz, mit dem Familien stabilisiert werden können. Viele berufstätige Mütter und Väter fühlen sich unbehaglich, wenn sie ihre Kinder den ganzen Tag lang von anderen betreuen lassen und nicht darauf vertrauen können, dass dies in exzellenter Qualität geschieht. Und viele Mütter, die pflichtbewusst der Kinder wegen auf ihren Beruf, Anerkennung und eigenes Geld verzichten, fühlen sich insgeheim ausgenutzt und missachtet. Flexiblere Arbeitszeiten helfen allen Familien im Dickicht zwischen Arbeit, Kindern und Freizeit, einen gangbaren Weg zu finden. Das kommt den Kindern zugute.

Die Wohnungslage verschlechtert sich

Schließlich noch ein Wort zur Wohnung – leider auch ein schwieriges Kapitel, wenn wir auf die Infrastruktur von Familien blicken. Denn der Anteil von Eltern, der mit viel zu kleinen Wohnungen in schlechter Lage vorlieb nehmen muss, ist in den letzten Jahren gewachsen. Die Wohnungsnot trifft vor allem kinderreiche Familien, die ein geringes Einkommen haben, darunter viele zugewanderte und allein erziehende Eltern, die ihre Wohnung nicht halten können.

Wohnungsnotfälle werden in allen Städten und Gemeinden inzwischen zu einem Schlüsselproblem der Verarmung. Und das betrifft immer mehr Familien: Wer seine Wohnung verlassen muss, weil er die Miete nicht mehr aufbringen kann, verliert mehr als das Dach über dem Kopf. Er verliert Nachbarn und Bekannte, die Spielkameraden und Freunde der Kinder – das alte Netz vertrauter Beziehungen. In einer ganz anderen Gegend muss man neu anfangen.

Besonders die Kinder reagieren oft sehr verunsichert auf die neuen und meist schlechteren Verhältnisse. Es entsteht so etwas wie eine Armutswanderung: Häuser werden in Eigentumswohnungen umgewandelt. Die angestammten Mieter können wegen ihrer schlechten wirtschaftlichen Verhältnisse diese Wohnungen nicht übernehmen und wandern in Bezirke ab, in denen einfache und allereinfachste Wohnungen angeboten werden. Aus diesen Gebieten verdrängen sie möglicherweise solche Menschen, die noch schlechter gestellt sind.

Diese Entwicklung zieht nach sich, dass immer mehr Kinder von Verwahrlosung bedroht sind. Viele wachsen in sozial angespannten, verelendeten, chaotischen und möglicherweise auch psychisch und physisch kranken Familien auf. Das betrifft einheimische Deutsche ebenso wie Migranten und Ausländer. Diese Kinder werden häufig seelisch und körperlich misshandelt, sexuell missbraucht und sind den Missachtungen und dem unberechenbaren Verhalten ihrer häufig betrunkenen Eltern ausgesetzt. Damit ist ihre gesamte weitere Entwicklung gefährdet.

In dem Maße, wie sich Armut und Reichtum in der Gesellschaft weiter voneinander entfernen, die Kluft zwischen den benachteiligten und den privilegierten Menschen größer wird, vergrößert sich auch das Spektrum der Wohnbedingungen. Ein knappes Drittel der Familien mit

Kindern wird es wohl sein, das hier auf eine völlig unzureichende Infrastruktur für das tägliche Leben trifft. Am anderen Ende des Spektrums aber gibt es immer mehr Familien, die in komfortablen und riesigen Wohnungen in einer anregenden, gut sortierten Nachbarschaft leben. Für die Kinder, die sich in den Jahren der intensivsten Entwicklung ihrer ganzen Persönlichkeit befinden, sind damit völlig unterschiedliche Chancen gegeben. Die Wucht der Wohnverhältnisse ist deswegen so stark, weil sie meist mit der gesamten wirtschaftlichen Situation der Familie, dem Bildungsgrad der Eltern, ihren beruflichen Entfaltungsmöglichkeiten und damit auch der Qualität des Klimas innerhalb der Familie eng zusammenhängen.

Eltern sind so gut wie ihre Umwelt es zulässt

Eltern können immer nur so gute Mütter und Väter sein, wie es ihre Umwelt zulässt. Die Finanzen, Erwerbsmöglichkeiten, Angebote der Kinderbetreuung, Hilfen und Unterstützungen und nicht zuletzt die Wohnung entscheiden darüber, ob sie eine tragfähige Beziehung zu ihrem Kind aufbauen können oder nicht. Eine Gesellschaft, die Eltern bei dieser schwierigen Aufgabe allein lässt, schadet sich selbst. Nur auf den ersten Blick ist Erziehung eine Privatsache, können Erfolge und Versagen dabei den Vätern und Müttern in die Schuhe geschoben werden. Auf den zweiten Blick rückt die gesamte Gesellschaft ins Rampenlicht.

Es braucht ein ganzes Dorf, um ein Kind stark zu machen – dieses afrikanische Sprichwort sagt alles. Die Eltern spielen für die Betreuung und Erziehung der Kinder eine Schlüsselrolle, aber sie sind nun einmal nicht die einzigen Erzieher. Gerade die heute offenen Gesellschaften, in denen es so wichtig geworden ist, selbständig und eigenaktiv zu sein, müssen Eltern ein lebendiges und reichhaltiges Umfeld anbieten, um sie zu unterstützen und zu entlasten. Geschieht das nicht, werden Eltern nicht die wirtschaftlichen und sozialen, beruflichen und räumlichen Möglichkeiten zur Verfügung gestellt, die sie in ihrer verantwortungsvollen Rolle benötigen, dann sind sie überfordert.

Es hat lange gedauert, bis endlich auch in Deutschland eine politische Diskussion über dieses Thema eingesetzt hat. Viele glauben auch heute noch, wer sich einmal für die Elternschaft entscheidet, der verabschiede sich für zehn bis 20 Jahre von allem, was unsere modernen Gesellschaften lebenswert macht, von Unabhängigkeit und Individualität, beruflicher Anerkennung und Freizeitgenuss. Das Zusammenleben mit Kindern kann aber nur gut funktionieren, wenn Väter und Mütter sich wie ganz normale Gesellschaftsmitglieder verhalten dürfen. Eltern sind ja bereit, Kompromisse in ihrer Lebensführung einzugehen, weil sie ihren Kindern Vorrang einräumen. Aber sie sind nicht bereit, der Gesellschaft insgesamt die Aufgabe der Betreuung und Erziehung ihres Nachwuchses abzunehmen und dafür nicht nur kaum Anerkennung zu ernten, sondern auch auf jede gesellschaftliche Mitverantwortung für die junge Generation verzichten zu müssen.

Eltern können es nicht allein schaffen, Kinder zu erziehen und stark zu machen. Immer mehr Eltern fordern völlig zu Recht bessere öffentliche Betreuung und Erziehung, die Vereinbarkeit von Familie und Beruf, die Absicherung vor finanziellen Engpässen und die Ausstattung ihrer Familie mit genügend Wohnraum. Werden diese Bedingungen erfüllt, dann können Väter und Mütter ihren Teil dazu beitragen, die Kinder stark zu machen für das Leben. Gelingt es ihnen, profitiert schließlich die ganze Gesellschaft davon.

4. Kapitel

Wie Eltern ihre Kinder stark machen können

Bei Familie Habacht herrscht Ordnung. Die Kinder gehen in gebügelten Jeans zur Schule, auf denen man vergeblich das kleinste Fleckchen suchen wird. Sie sagen stets danke, wenn sie etwas bekommen, und bitte, wenn sie etwas möchten. Besuchern reichen sie unaufgefordert das Händchen. Teller werden leer gegessen und Widerworte nicht gegeben. Sie würden nie mit Schuhen aufs Sofa gehen. Vergehen, die dann doch mal vorkommen, folgt die Strafe auf dem Fuße – „hart, aber gerecht", wie der Vater gerne betont. Mit Fernsehverbot, Hausarrest und Taschengeldentzug führt er ein strenges Regiment, dem alle sich zu beugen haben. Es gibt oft Ohrfeigen. Abends berichtet die Mutter vom Tage, und dann müssen die drei Brüder sich für dies und jenes vor ihrem Vater verantworten: Schuhe nicht geputzt, Dackel vom Nachbarn getreten, fünf in Mathe geschrieben, Federmäppchen verloren, frech zur Mutter gewesen, Zimmer nicht aufgeräumt. Wenn viele Vergehen zusammenkommen, dann fährt der Vater schon mal aus der Haut, es gibt eine ordentliche Tracht Prügel.

Familie Habacht und Familie Lässig

Von Wärme zwischen Eltern und Kindern ist bei den Habachts nicht viel zu spüren. Wenn es zu Hause hart auf hart kommt, geben die Kinder immer nach. Auf der Straße, in der Klasse setzen sie jedoch das vom Vater abgeguckte aggressive Verhalten gegenüber Schwächeren häufiger gerne ein. Der älteste der Brüder, der zwölfjährige Hans, hat sich schon zu einem Unterboss in der Straßenclique gemausert. Die Lehrer der Kinder finden deren Verhalten untragbar. Sie müssen immer wieder mit Strafen reagieren, der Unterricht wird schlimm gestört. Aber wenn sie den Vater zum Gespräch in die Schule bitten, setzt es zu Hause sowieso wieder nur Ohrfeigen. Der Kontakt zu den Eltern ist für die Lehrer so nervig, dass er auf Sparflamme gehalten wird. So richtig schlecht sind die Leistungen der Kinder auch gar nicht.

„Autoritäres Verhalten und übermäßige Strenge der Eltern fordern Aggression und Gewalt doch geradezu heraus", schimpfen die Nachbarn der Habachts, die Lässigs. Und zählen genüsslich auf: In der Schule flippten die drei Jungen der Habachts immer wieder aus, zerstörten fremde Sachen, beschimpften und drangsalierten Schwächere. Da werde gelogen und betrogen, von Einsicht in das eigene Unrecht keine Spur. Auf den Kindergeburtstagen in der Umgebung seien die drei auch schon gefürchtet. Die kleinen Kinder in der Umgebung machten schon einen großen Bogen um jeden von den drei Jungs. „Sind die Eltern und die Lehrer erst einmal außer Sichtweite, dann geraten sie aus den Fugen", betont Mutter Lässig und holt noch einmal aus: „Die Kinder aus diesen Elternhäusern kennen doch kein Halten mehr, wenn sie sich ohne Aufsicht fühlen, die schlagen dann über die Stränge."

Die Kinder der Lässigs haben keine so pingeligen Eltern. Sie haben alle Freiheiten, gehen ins Bett, wann sie wollen. Von Respekt keine Rede. Sie turnen mit Gummistiefeln über die Polstergarnitur. Ihre Mutter hat das zwar gar nicht gerne, scheut aber davor zurück, ihren Bewegungsdrang einzuengen. Das ist ein Problem bei den Lässigs. Kreativität und Phantasie der Kinder gelten hier viel und wenn sich da mal was an der Wohnzimmerwand entlädt, bleibt der Tadel sehr mild: „Du, ich find das überhaupt nicht gut, wenn du die Wand anmalst." Wenn man bei Familie Lässig anruft, muss man sich mit Geduld wappnen. Papa hebt ab, und noch bevor man Guten Tag wünschen kann, hat das Nesthäkchen den Hörer erobert. Dann muss man ein Kreuzverhör des Fünfjährigen über sich ergehen lassen („Wer bist'n du eigentlich? Was willst'n du von meinem Papa?"). Man versteht ihn kaum, weil schon die Schwester mit Gekreisch das Wort verlangt. Man sieht vor dem inneren Auge, wie Papa Lässig jetzt gequält und in gespielter Heiterkeit einen neuen Anlauf macht, das Gespräch entgegenzunehmen. „Du ich hab hier grad Stress", kommt es irgendwann gepresst, „kann ich dich heute Abend zurückrufen?"

Bei Lässigs gibt es keine Schläge. Aber die Stimmung ist oft geladen, weil es drüber und drunter geht. Es wird viel geschimpft und gebrüllt. Wenn ihnen die Kinder auf der Nase herumturnen, versuchen die Lässigs lange, sich nichts anmerken zu lassen. Bis irgendwann Schluss ist. Aber wann? Einmal darf jedes Kind einzeln ins Telefon plappern wie es will, am nächsten Tag schon wird ihm der Hörer sofort aus der Hand gerissen. „Kann ich denn nicht einmal in Ruhe telefonieren, ihr verdammten Tyrannen", brüllt der Vater entnervt, weil er mit dem Vermieter über die fällige Reparatur des verstopften Abflusses verhandeln muss.

Erinnerungen an die eigene Erziehung

Weil sie selbst so ähnlich aufgewachsen sind, wie es bei den Habachts zugeht, wollen die Lässigs nun bei ihren eigenen Kindern alles besser machen. Die Erinnerungen an die eigene Erziehung sind einfach zu unangenehm. Viele Erwachsene, die unter ihren autoritären Eltern gelitten haben, beschließen, was die eigenen Kinder angeht: so nicht! Frau Lässig hat bei ihren Eltern immer die Nestwärme vermisst. Anstatt sich selbst gelegentlich zu verwöhnen, werden nun die Kinder gehätschelt. Selbst die unangenehmsten Verhaltensweisen der beiden quittiert sie mit einem alles verstehenden, alles verzeihenden Blick. Der sechsjährige Max kann noch so unverschämt gewesen sein, bevor er zur Schule aufbrach, sie wedelt mit dem vergessenen Turnbeutel am hastig geöffneten Fenster. Herr Lässig hat sich als Kind vor allem nach Freiheit gesehnt. Jetzt ist er fest entschlossen, seinen Kindern nichts zu verbieten, ihnen keine Einschränkung durch irgendwelche Zwänge und Regeln zuzumuten: „Wir sind immer für sie da!"

Als neulich der älteste der Lässigs einem Klassenkameraden den Schulranzen weggenommen und in den Kanal geworfen hat, war das Wasser auf die Mühlen der Habachts: „Die Kinder lernen eben keine Disziplin mehr. Das kommt davon, wenn man den Kindern dauernd ihren Willen lässt." Die Habachts haben kein Problem damit, ihre Kinder so streng zu erziehen, wie sie es selbst in ihrer Kinderzeit erlebt haben. Aber sie stehen damit heute ziemlich allein.

Autorität und Strafen haben heute für Eltern einen bitteren Beigeschmack, weil sie an Einschränkungen erinnern, die sie selbst erlebt haben. Viele Mütter und Väter nehmen sich vor, alles ganz anders zu machen. Haben deren Eltern sie als Baby seinerzeit streng nach Plan im

Vier-Stunden-Rhythmus gefüttert, werden sie als Mutter das Prinzip „Füttern auf Verlangen" hochhalten. Hakte man früher kühl und sachlich die in der Zeit erfolgten Entwicklungsschritte ab, bringen Mütter heute viel Einfühlung und Begeisterung über die Wachstumsphasen ihrer Kinder auf. Weil früher seine Trotzphase schlicht unterbunden wurde, schaut der Vater heute ehrfürchtig bis hilflos zu, wie sich ein kleiner Charaktermensch zu entfalten beginnt.

Welche Art von Erwachsenenverhalten ist dazu angetan, Kinder zu selbständigen, leistungsfähigen und verantwortlichen Persönlichkeiten werden zu lassen? Die Verunsicherung bei Eltern ist groß. Um nur ja nichts falsch zu machen und auch, um sich der mühseligen und manchmal quälenden Auseinandersetzung darüber zu entziehen, was Kindern und Jugendlichen zugute kommt und was nicht, haben sich viele Erwachsene aus der Rolle der Erzieher verabschiedet. Die Unsicherheit der Eltern hat zwei Gesichter – das der unflexiblen Strenge und forcierten Autorität und das der unmäßigen Nachgiebigkeit, des permissiven Gewährenlassens. Autoritäre Eltern erkennen ihren Kindern weniger Rechte zu und nehmen ihre Bedürfnisse nicht ernst, verlangen aber ein hohes Maß an Disziplin und Gehorsam. Permissive Eltern erlauben so gut wie alles, weil sie den Bedürfnissen der Kinder voll nachgeben, erwarten aber von ihren Kindern ein hohes Maß an Selbstdisziplin.

Autoritär oder permissiv – beides bringt nichts

Das Hauptargument gegen autoritäres Verhalten, das mit Schimpfen, Strafen und meist auch Schlägen arbeitet, ist: Es bringt nicht das, was Eltern für ihre Kinder anstreben. Erziehungsprozesse, die mit Bestrafung arbeiten, sind nicht nur schwer zu handhaben, sondern sie sind ineffektiv im Blick auf die erwünschten Ziele: Selbständigkeit, Leistungsfähigkeit und Verantwortung. Taschengeldentzug, Fernsehverbot und Hausarrest engen ein. Sie hindern das Kind nicht nur an seinem Vergnügen, sondern auch daran, seine Phantasie zu entfalten und seinem Entdeckungsdrang zu folgen. Sie blockieren es, seine Fähigkeiten zu erproben und Verantwortung zu übernehmen. Sie machen das Kind schwach aber nicht stark.

Werden die Bedürfnisse des Kindes nicht beachtet oder dauernd verletzt, führt das zu tiefen Enttäuschungen. Eine der am meisten verbreiteten Reaktionen auf solche Frustrationen ist die Aggression. In Familien, in denen die Eltern oft strafen, wachsen viele hyperaktive, aggressive und gewalttätige Jugendliche heran. Auf Strafen und Schläge antworten sie mit Trotz und Widerstand, rebellieren und sinnen wütend auf Rache und Vergeltung. Andere flüchten und schalten auf innere Emigration, brechen den Kontakt zu den Eltern ab, weigern sich, die Schule zu Ende zu führen. Wieder andere entwickeln Essstörungen oder beginnen, Drogen zu konsumieren. Und schließlich gibt es auch die Reaktion der demütigen Unterwerfung: Noch als Jugendliche schmeicheln sie sich bei den Eltern ein, wollen immer gut da stehen, auch auf Kosten von anderen. Sie fügen sich dem autoritären Verhalten der Eltern, aber sie wenden ihre Aggressionen gegen Schwächere.

Genauso aber gilt das auch für den permissiven Erziehungsstil. Eltern, die ihre Kinder immerzu gewähren lassen, erleiden Schiffbruch. Irritation und Unsicherheit sind die zwangsläufige Folge, wenn keine klaren Regeln für das Miteinander existieren. Fehlen Vereinbarungen über Spielregeln des Zusammenlebens, verwirrt das besonders die Kinder. Sie empfinden die Abwesenheit von verlässlichen Regeln leicht als mangelnde Liebe. Ziehen sich Eltern völlig aus der Erzieherposition zurück, sind sie für die Kinder nicht mehr greifbar. Viele Aggressionen gerade kleiner Kinder haben hier ihren Ursprung. Sie setzen ein deutliches Zeichen: „Ich weiß nicht, wie es weiter gehen soll, ich bin unzufrieden, kümmert euch um mich, ich stecke in Schwierigkeiten." Regeln sind für ein Kind, was für ein Haus die Wände sind. Sie geben seinem Leben und Tun Maßstäbe, Grenzen und letztlich Geborgenheit.

Ein Kind, das sich im Niemandsland des schrankenlosen Gewährenlassens verloren hat, erlebt Eltern als beherrschbar und schwach. Freiheit ohne Geborgenheit ist für ein Kind wie eine Gefangenschaft in den eigenen Zwängen. Kinder fühlen sich leicht wie in der sprichwörtlichen Gummizelle: Man kann toben so viel man will – niemand reagiert.

Instinktiv weiß auch schon ein kleines Kind, dass diejenigen, die zu manipulieren sind, letztlich keinen Schutz gewähren können. Und das provoziert Verachtung. Also attackiert das Kind seine Eltern: Es fordert und fordert, um endlich einmal ihre Stärke in Form einer Begrenzung zu spüren. Denn Stärke bedeutet ja auch: Hier kann ich mich anlehnen.

Begrenzung heißt nicht nur Einschränkung, sondern auch Berührung und Kontakt. Als Abwehr gegen das weiche, schummerige Irgendwie suchen Kinder die klare Linie des ernsthaft Verbotenen und wirklich Erlaubten. Wenn Kinder ihre Eltern immer als die Schwächeren und sich selbst als die Stärkeren erleben, vermissen sie die Geborgenheit und Orientierung, die sie dringend brauchen. Manchen Kindern bleibt dann nichts anderes übrig, als selbst die Herrschaft zu übernehmen.

Der täglich prügelnde Vater vom Modell der Familie Habacht und die schrankenlos nachgiebigen Eltern vom Modell Familie Lässig stehen sich als krasse Gegensätze gegenüber. Beide sind auf verschiedene Art als Erzieher hilflos, beide sind pädagogisch auf dem Holzweg. Beide Strategien führen die Kinder eher zu störendem, gesellschaftlich nicht akzeptablem Verhalten, das von Aggressionen über kriminelle Verhaltensweisen bis zum Konsum legaler und illegaler Drogen reicht, zu einer nur schwach ausgeprägten sozialen Verantwortung und zu wenig Selbständigkeit. Mit diesen Strategien können Eltern ihre Kinder nicht stark machen für das Leben.

Verunsicherung über den richtigen Erziehungsstil

Über das Ziel ihrer erzieherischen Anstrengungen sind die meisten Eltern heute einig: Sie wollen kindliche Persönlichkeiten – Kinder, die selbständig, selbstbewusst und entscheidungsfähig für ihre eigenen Belange eintreten können. Sie sollen belastbar, leistungsmotiviert und selbstdiszipliniert sein, im sozialen Bereich Kooperationsfähigkeit, Hilfsbereitschaft und Verantwortungsgefühl zeigen.

Bei den Großeltern war das anders. Da standen Ordnung, Gehorsam, Fleiß und Disziplin im Vordergrund. Früher beanspruchten Eltern selbstverständlich, ihrem Kind Vorschriften zu machen. Aus der Verantwortung, die sie für das geliebte Kind empfanden, leiteten sie die Aufgabe ab, ihren Sprössling mit fester Hand und großer Autorität als Mutter oder als Vater zu führen. Die Bedürfnisse des Kindes wurden bewusst unterdrückt, um Kontrolle über das Kind zu erlangen.

Nur noch sehr wenige Eltern folgen heute diesem autoritären Muster, das in der Kaiserzeit Deutschlands den Lehrkräften in Schulen offiziell vorgegeben wurde. Aber was sollen Eltern tun, wenn sie nicht autoritär sein wollen? Ein klares Gegenmodell gibt es nicht. Jede Mutter und jeder Vater ist auf die eigene Intuition angewiesen. Dadurch sind viele überfordert. Sie bemühen sich, ihrem Kind ein Partner zu sein. Sie achten auf die Bedürfnisse ihres Kindes, pflegen einen gleichberechtigten Diskussionsstil. Entscheidungen kindgemäß zu begründen, mit sanftem Nachdruck auf bestimmten Umgangsformen zu bestehen und ganz unaufdringlich Hilfestellung bei der Persönlichkeitsentwicklung zu leisten.

Manche vergessen dabei, dass sie Eltern sind, legen Wert darauf, die besten Freunde ihrer Kinder zu sein. Man muss nur mal sehen, wie erschreckt eine Mutter um sich blickt, wenn ihr Kind vor dem überquellenden Süßigkeitenregal im Supermarkt in die sehr hohe Tonlage wechselt und auf irgendwelchem bunten Zuckerzeug besteht. Viele Mütter haben tatsächlich eine panische Angst, sie könnten in der Öffentlichkeit mit dem Kind unangenehm auffallen, denn schon der erste Aufschrei des kleinen Sonnenscheins zieht in aller Regel von allen Seiten die Blicke auf Mutter und Kind. Ein boshaftes „Na, dem würde ich helfen", lässt sich bald hören, steigert sich zum vielsagenden „wenn das meiner wäre, hätte ich ihm schon längst ...", wenn der Nachwuchs sich dann brüllend auf dem Boden wälzt. Entnervt gibt man nach und wirft die Gummibärchen in den Einkaufswagen, schon giftet das ältere Ehepaar, das mit einen Wagen voll Katzenfutter vorbeischiebt, „wunderbar, was sich moderne Mütter so alles gefallen lassen". Eine kinderfeindlich gesonnene Gesellschaft verstärkt die ganz normalen Unsicherheiten ganz normaler Eltern.

Die meisten Eltern wissen heute, was sie nicht wollen: Erziehungsstile, die Kinder in ihrer geistigen und seelischen Entwicklung behindern, die blockieren, dass sich Selbstwert und Ich-Stärke ausbilden, die soziale Angst und Verunsicherung mit sich bringen. Dazu zählt die Missachtung physischer und psychischer Grenzen des Kindes, körperliche Gewaltanwendung als Mittel der alltäglichen Erziehung, darunter fällt auch die andauernde seelische Erniedrigung des Kindes durch emotionale Leere, Liebesentzug, aber auch die Über- und Unterforderung des Kindes.

Aber nur die wenigsten Eltern haben ein klares Gegenprogramm und sind sich ganz sicher, was der für sie beste Erziehungsstil ist. Deswegen flüchten so viele ins Ungefähre und landen bei dem Gegenteil des autoritären, nämlich beim permissiven Erziehungsstil. Diese nachgebende Laisser-faire-Methode, oft auch als anti-autoritär bezeichnet, ist deswegen heute so stark verbreitet. Den meisten Eltern dämmert, hier auf ein falsches Pferd gesetzt zu haben. Auch vielen Berufspädagogen geht es so, die – noch unter dem Eindruck der Studentenrevolte nach 1968 – voll auf Partnerschaft, Freundschaft und Duzen der Schülerinnen und Schüler gesetzt hatten. Die Zeit ist reif für ein überzeugendes Gegenmodell zum autoritären Stil, das die Hilflosigkeit des permissiven Stils überwindet.

Kontrolle und Wärme gehören zusammen

Die wissenschaftliche Forschung hat seit vielen Jahren belegt, wie unwirksam sowohl der autoritäre als auch der permissive Erziehungsstil ist. Sie kann auch beantworten, warum sich beide Formen so lange gehalten haben: In ihnen steckt nämlich jeweils ein Fünkchen Wahrheit. Eltern, die Selbständigkeit, Leistungsfähigkeit und soziale Verantwortung bei ihren Kindern entwickeln und sie damit stark machen wollen, kommen um eine fordernde und kontrollierende Haltung nicht herum. Diese aber müssen sie mit der akzeptierenden, sensiblen und Kind zentrierten Haltung verbinden, die beim permissiven Stil vorherrscht. Der beste und erfolgreichste Erziehungsstil, so zeigen seit 20 Jahren übereinstimmend alle wissenschaftlichen Studien, ist die Mischung aus konsequenter und flexibler Kontrolle und emotionaler Wärme und Anerkennung. Schaffen Eltern diese Mischung, dann legen sie den Grundstein für gute intellektuelle und soziale Kompetenzen ihrer Kinder.

So einfach ist das! Den Kindern müssen konsequente und klare Strukturen vorgegeben werden, die Eltern sollten sich ständig über das informieren, was die Kinder gerade tun, ihnen aber auch eindeutige Grenzen setzen, sie sollten gezielte Anregungen und Unterstützungen geben, die sich entwickelnde Autonomie des Kindes sensibel herausfordern, ihm so viel Selbstdisziplin wie möglich abverlangen, und bei alledem stets die mütterliche und väterliche Wärme, Wertschätzung und vorbehaltlose Anerkennung vermitteln.

Das ist ein Erziehungsstil, der zugleich fordert und fördert. Die wissenschaftliche Fachliteratur nennt ihn mal autoritativ, mal partizipatorisch, mal demokratisch und mal sozial integrativ. Alle diese Eigenschaften stimmen: Die Autorität von Vater und Mutter wird eingesetzt, aber in einer moderaten und nachvollziehbaren Weise, die gegenüber dem Kind erläutert und deswegen als natürlich empfunden wird. Das Kind wird zur Partizipation eingeladen, denn es kann im Gespräch und in Verhandlungen mit den Eltern seine eigenen Bedürfnisse einbringen und Kompromisse mitgestalten. Demokratisch ist an diesem Erziehungsstil, dass die Interessen sowohl von Eltern als auch von Kindern anerkannt werden und feste Regeln und Vereinbarungen für den Umgang miteinander ausgehandelt werden. Und sozial integrativ ist der Erziehungsstil, weil er die kooperative Komponente des Zusammenlebens von Eltern und Kindern betont und eine stabile Beziehung als Basis für den Erziehungsprozess abgibt.

Es handelt sich um einen Forder-Förder-Stil. Er besteht aus der richtigen Kombination von Anregung, Anleitung und Anerkennung.

Anregung bedeutet, dem Kind immer wieder Rückmeldungen zu seinem erreichten Stand im sozialen und im intellektuellen Verhalten zu geben, zugleich aber auch kräftig herauszufordern. „Du kannst schon sehr viel, ich bin sehr beeindruckt. Aber ich weiß, du kannst mehr!" Das muss gut dosiert sein, darf das Kind nicht überfordern, sondern muss den kleinen stimulierenden Schubs ausmachen, der dem Kind Ansporn gibt, sich weiterzuentwickeln.

Anleitung bedeutet, klare Umgangsformen für das Zusammenleben festzulegen, die Orientierung und Halt geben. Je nach Alter kann das Kind aber seine Vorschläge und Wünsche geltend machen, die werden dann bei der Festlegung der Regeln angemessen berücksichtigt.

Anerkennung heißt, dem Kind gegenüber Wärme, emotionale Zuwendung und Akzeptanz zu zeigen. Es muss sich im Heimathafen der Familie sicher und pudelwohl fühlen und immer die Gewissheit haben, dass die Eltern zu ihm stehen.

Das magische Dreieck: Herzenswärme, klare Regeln und Freiräume

Wer Kinder erzieht, jongliert mit diesen drei Bällen, mit Anerkennung, Anleitung und Anregung, mit Herzenswärme, klaren Regeln und Freiräumen. Sie bilden zusammen ein magisches Dreieck, die Zaubermischung für die beste Form der Erziehung, die wir heute kennen.

Herzenswärme
Anerkennung

Das
magische
Dreieck
der Erziehung

klare Regeln
Anleitung

Freiräume
Anregung

Die drei Bälle bilden ein Dreieck, weil nicht nur jeder Ball für sich gut gespielt werden will, sondern alle drei zusammengehören. Die Mischung macht es, die Kombination aus Wärme, Liebe und Anerkennung, klaren Regeln, festen Grenzsetzungen und Anleitung, Freiräumen, Anforderungen an die Selbständigkeit und Anregung. Ein Kind hat gar nichts davon, wenn nur einer der Bälle gespielt wird, die anderen aber am Boden bleiben. Zwar darf der eine Ball für einige Zeit mal etwas stärker glänzen als die beiden anderen, weil es besonders auf ihn ankommt. Aber alle drei müssen sich immer in der Luft befinden, nur zusammen stellen sie die Form von Erziehung her, die Eltern und Kinder zufrieden und glücklich macht. Die Regeln stützen das Zusammenleben, die ständige Ermutigung zur Selbständigkeit lässt das Kind groß und stark werden, aus Liebe fühlt es sich angenommen.

Ob groß oder klein – die Familie ist nun mal das einzige Nest, das die Kinder haben. Hier erfährt ein Kind Herzenswärme, hier darf es sich angenommen, geliebt und aufgehoben fühlen. Das Kind muss merken: Ich mag dich so, wie du bist. Das ist die Grundlage der Beziehung zum Kind – wer sie nicht eingeht, kann auch keinen Erziehungsprozess beginnen, mit dem er das Kind tagtäglich in seiner Entwicklung zur Selbständigkeit, Leistungsfähigkeit und Verantwortungsorientierung stärkt. Aber Vorsicht – diese Wärmebeziehung darf sich nicht überhitzen. Der emotionalen Überbehütung, die dann entsteht, fallen wichtige Spielräume, die Kinder zum Großwerden brauchen, zum Opfer. Überbehütung ist in den klein gewordenen Familien heute ein ständiges Risiko, dessen sich Eltern nicht immer bewusst sind. Mütter und Väter schütten ihr einziges Kind oft mit ihrer Liebe zu. Das kann auf Kosten der Selbständigkeit gehen.

Schon in der Kleinkindzeit werden die Fundamente für die Stärke der Persönlichkeit gelegt. Eltern müssen ihre Kinder ermuntern, ihre kleinen alltäglichen Probleme selbst zu lösen. Nur wenn die Kinder immer wieder die Erfahrung machen, dass ihnen das gelingt, wächst ihr Selbstbewusstsein. Erziehung soll die Selbständigkeit des Kindes immer wieder herausfordern. Dazu gehören alle Schritte, die Kinder in die Lage versetzen, selbst Entscheidungen zu treffen und ihr Leben jeden Tag ein Stückchen mehr in die eigenen Hände zu nehmen. Dazu gehört auch das Loslassen zum richtigen Zeitpunkt. Wer das nicht kann, macht sein Kind abhängig und hält es fest. Umgekehrt überfordern diejenigen Eltern ihre Kinder, die ihre eigenen Leistungsmaßstäbe auf sie projizieren. Das ist gar nicht gut für das Gefühl, von den Eltern so angenommen zu werden, wie man gerade ist. Auch hier kommt es auf die richtige Dosierung an.

Erziehung lebt von der ständigen gemeinsamen Absprache, vom Aushandeln von Umgangsformen und Regeln, angemessen begründet und erläutert für jedes Alter und jeden Entwicklungsstand. Ohne ein festes Familienritual ist kein gleichberechtigtes Familienleben möglich, in dem jeder seinen Platz gefunden hat und in dem seine Stimme zählt. Wer die Familienregeln verletzt, der muss die Folgen spüren. Aus Bequemlichkeit und Unsicherheit lassen viele Eltern Regelverletzungen der Kinder durchgehen. Sie trauen sich nicht, auf Konfliktkurs zu gehen und Regelverletzungen konsequent anzusprechen. Begründet Nein zu sagen, fällt den meisten Eltern heute ungeheuer schwer. Aber es ist so wichtig. Vater und Mutter müssen unbedingt den Bruch der Vereinbarung ansprechen. Nicht Strafen und Belohnungen, sondern persönliche Botschaften legen die eigene Situation als Erwachsener offen und versuchen zugleich, sich in die Lage des Kindes zu versetzen. Nicht: „Du nervst!" Sondern: „Ich fühle mich gestört!" Aus der Abwägung beider Bedürfnisse suchen Eltern und Kind eine geeignete, von beiden getragene Lösung. Autorität entsteht durch Beziehung und nicht durch Zucht oder einfaches Gewährenlassen.

Anerkennung aussprechen – aber richtig

Soeben hat Martin freudestrahlend sein gutes Zeugnis präsentiert. „Super. Nur Einsen", lobt sein Vater, „aber die Zwei hier in Religion", tippt er aufs Blatt, „muss das denn sein?" Eine Ohrfeige hätte nicht schlimmer wirken können. Man sieht förmlich, wie der Zehnjährige in sich zusammensinkt. Er hat sich unheimlich angestrengt. In der Klasse ist er einer der besten. Und zu Hause nicht gut genug. Der Vater hat es vielleicht gar nicht böse gemeint und sich die Bemerkung als eine Art von Ansporn gedacht. Lob kommt von ihm nie ohne entsprechenden Kommentar. „Gut, dass du beim 100-Meter-Lauf gewonnen hast. Warum nicht gleich so?"

Als Martin stolz sein erstes Diktatchen mit nach Hause brachte, redete sein Vater erst einmal über die Fehler – „in dieses A regnet es rein, das F hier ist viel zu weit runtergezogen, und das B kann man gar nicht lesen." Martin versprach, sich ab sofort noch mehr Mühe zu geben. Sein Vater denkt sich nichts Böses dabei, wenn er immer wieder sagt: „Mensch Junge, du bist so begabt. Wenn du nur mal richtig lernen würdest, wärst du doch spitze!" Auf allen Gebieten erwarten Martins Eltern hervorragende Leistungen. Er soll nicht nur der Schnellste beim Sportfest, sondern auch der pfiffigste Rechner der Klasse sein. In der Basketballmannschaft kann sich Martins Vater seinen Sohn nur als Shootingstar vorstellen und im Schulchor nur als Solist. Jede Note schlechter als Eins ist ein Unglück. Dann runzelt er die Stirn: „Ob aus dir wohl noch mal was Richtiges wird?" Solche Bemerkungen treffen ihn ins Mark. Er fühlt, dass er nur geliebt wird, wenn er bestimmte, hochgespannte Erwartungen erfüllt. Martin ist sicherlich ein außergewöhnliches Kind mit vielen Talenten. Aber er kaut dauernd an seinen Fingernägeln und hat einen unruhigen Schlaf.

Anerkennung und Bestätigung sollten nicht nur an gute Leistungen geknüpft sein. Kinder haben ein Recht auf Anerkennung und brauchen die Grunderfahrung, dass ihre Eltern viel von ihnen halten und sie ohne Vorbehalte anerkennen. Übergroße Erwartungen sind eine Form von Gewalt; sie zwingen das Kind immer wieder in die Rolle des Versagers und Verlierers, aus der es kaum ausbrechen kann.

Kinder blühen hingegen auf, wenn Eltern sie richtig fordern. Wenn Martins Vater merkt, wie gut sein Sohn in die Grundschule gestartet ist, dann hat der erst einmal ein dickes fettes Lob verdient. Nach einiger Zeit kann dann einmal scherzhaft über die schief geratenen As, Fs und Bs geplaudert werden. Scheinbar beiläufige Bemerkungen, die aber die Aufmerksamkeit des Kindes in die richtige Richtung lenken. Das Kind merkt zugleich, „Hey – der hat sich das ja alles genau angeguckt und interessiert sich dafür, was ich da in der Schule mache!" Eine geschickte und unterschwellige Form der Anregung ist das, die am Ende vielmehr bringt als die Holzhammermethode. So kann sich Martin auch bei kleinen Fehlern nicht als Versager fühlen, er spürt, die Zuwendung seines Vaters ist ihm sicher. Wenn's dann beim nächsten Mal schon etwas besser mit der Schrift aussieht, dann hebt das sein Selbstvertrauen. Der Vater hat ihm einen kleinen Schubs gegeben, der ihn genau richtig herausgefordert hat.

Solche kleinen Schubser – der gezielte Hinweis an der richtigen Stelle, immer verbunden mit der nie in Frage gestellten Anerkennung und Wertschätzung – sie sind es, die Schritt um Schritt das Kind selbstsicher und selbständig machen. Rückfälle sind dabei unvermeidlich. Natürlich wird Martin zwischendurch auch einmal absacken, und jetzt muss sein Vater einfach Geduld und Ruhe bewahren. Eine kleine Krise, die man am besten auch als solche benennt. Da kann Martin gleich lernen, wie man mit so etwas umgeht. Das Gefühl, der Vater steht weiter zu ihm, gibt ihm einen sicheren Rückhalt.

Mitbestimmung praktizieren – aber ehrlich

„Möchtest du vielleicht deine Zähne putzen gehen?" oder Warum die Beziehung zwischen Eltern und Kindern nicht immer demokratisch sein kann.

Das hingeschnodderte „Manno, ich will aber nicht", das entrüstete „Neiiinnn!" und das dreiste Überhören jeder noch so höflich als Frage getarnten Aufforderung dazu, jetzt endlich zu tun, was sie sollen, kann täuschen. Kinder wissen es durchaus zu schätzen, wenn sie gefragt werden – und manchmal geht das ja auch gut. Mit einem Fünfjährigen kann man sich zusammensetzen, ein ernstes Gesicht machen und sagen: „Also, wie machen wir das jetzt: Wir können heute Nachmittag kurz schwimmen gehen und danach einkaufen. Oder wir gehen gleich nach Hause und dafür gehen wir morgen den ganzen Tag ins Schwimmbad." Wenn das Kind dann verständnisvoll nickt, kurz abwägt und sich für den ausgedehnten Schwimmbadbesuch am nächsten Tag entscheidet, kann die Mutter aufatmen. Denn zu Hause wartet ein Berg Wäsche, die Küche sieht aus wie ein bewohnter Bombentrichter, im Kühlschrank herrscht gähnende Leere und abends werden Gäste erwartet...

Erziehung gibt immer vor, nur an den Bedürfnissen der Kinder orientiert zu sein. Manchmal – genaugenommen öfter als man zugeben möchte – stehen die Vorlieben und Abneigungen oder auch die Alltagszwänge und Bedürfnisse der Erwachsenen im Vordergrund. Das ist halb so schlimm wie es klingt. Im Gegenteil: Der Wunsch nach Ruhe und Bequemlichkeit, die unterschiedliche Tagesform, das enge Zeitbudget und eine notorisch knappe Haushaltskasse sind nun mal die Rahmenbedingungen für Erwachsene, die eine ganze Familie zu managen haben. Mit dem Kind partnerschaftlich umgehen zu wollen, ist ein hehres und sehr modernes Erziehungsziel, das von allen am wenigsten verdächtig ist, dem Eigennutz der Eltern zu dienen. Schließlich lässt man sich auf ein langwieriges, mitunter anstrengendes Verfahren ein: Das Mitspracherecht der Kinder bei allen Entscheidungen führt nicht zu schnellen Ergebnissen. Gleichberechtigung ist schön und gut, aber können Kinder da wirklich mithalten? Oder ist das Kind in der Rolle des Partners, dessen Meinungen zu wichtigen Familienentscheidungen gehört werden müssen, nicht von vornerein dazu verurteilt, hochfliegende Erwartungen zu enttäuschen?

Starke, selbstbewusste Kinder – ein Erziehungsziel ersten Ranges

Wenigstens über das Ziel ihrer erzieherischen Anstrengungen sind die meisten Eltern heute einig: Sie wollen starke kindliche Persönlichkeiten, Kinder die selbständig, selbstbewusst und entscheidungsfähig für ihre eigenen Belange eintreten können. Sie sollen belastbar, leistungsmotiviert, selbstdiszipliniert sein, im sozialen Bereich Kooperationsfähigkeit, Hilfsbereitschaft und Verantwortungsgefühl zeigen. Und auch sich selbst verlangen die Eltern viel ab: Das Einfühlungsvermögen soll groß, das Verständnis fürs Kind soll breit und die freudvoll miteinander verbrachte Zeit reichlich bemessen und auf der Basis gleichberechtigter Partnerschaft freundlich gestaltet sein.

Frühere Eltern beanspruchten selbstverständlich, ihrem Kind Vorschriften zu machen und auf deren Befolgung zu dringen. Wenn Menschen heute kleine Menschen großziehen, liegt der Akzent auf Partnerschaft. Der Wandel stellt deutlich höhere Anforderungen an die Fähigkeiten der Eltern, sich auf die Kinder einzustellen. Man soll den gleichberechtigten Diskussionsstil pflegen, Entscheidungen kindgemäß begründen, mit sanftem Nachdruck auf bestimmten Umgangsformen bestehen und ganz unaufdringlich Hilfestellung bei der Persönlichkeitsentwicklung leisten. Uneigennützigkeit und pädagogische Fachkenntnisse sind ein Muss in der zeitgemäßen Eltern-Kind-Beziehung. Manche Eltern vergessen dabei, dass sie Eltern sind. Manche Mütter und wenige Väter, besonders die, die alleine erziehen, legen Wert darauf, die besten Freunde ihrer Kinder zu sein. Sie sehnen sich nach einem anderen Erwachsenen, mit dem sie die Bürden der Elternschaft teilen können und landen damit dann bei ihrem Kind, dem sie dann zuviel Verantwortung aufladen, wenn sie in ihm den Partner sehen. Sie bitten um Verständnis, wo ihre eigenen Eltern vielleicht noch auf die Befolgung von Anordnungen gesetzt haben. Doch wenn es nicht immer wieder dabei enden soll, einen trotzigen Vierjährigen zu umschmeicheln, der sich nun mal vorgenommen hat, dem Schneesturm draußen im T-Shirt zu trotzen oder sich bei dem Siebenjährigen zu erkundigen, wann ungefähr er seine Hausaufgaben erledigen möchte, kommen Eltern nicht umhin, das Mitspracherecht der Kinder sorgsam abzuwägen. Es muss ja nicht so weit kommen, dass man fragt, „was meinst du, mein Schatz, sollte Mami einen Halbtagsjob annehmen?", wenn man im Grund weiß, dass einem sowieso keine andere Wahl bleibt. Manche Eltern fürchten, ein bisschen Familiendemokratie würde die Kinder verwöhnen, aber wenn man sie immer nur herumkommandiert, werden sie schon bald aufbegehren und jede Regel umgehen, wann immer sich die Gelegenheit bietet. Andere versuchen, das Kind früh bei Entscheidungen mitbestimmen zu lassen und übertragen den Kindern Stück für Stück etwas mehr Verantwortung. Das lohnt sich durchaus.

Kinder sind keine Partner

Denn es gibt sie ja durchaus, die schönen Momente, in denen es gelingt, ein willensstarkes Kind zum Einlenken zu bewegen – mit nichts als der Überzeugungskraft eines Arguments, einem sorgsam dosierten Gegenvorschlag, einem Appell an die vier-, fünf- oder sechsjährige Vernunft...

In diesen Sternstunden, wenn das Kind ein Einsehen hat, blitzt er wieder auf: der schöne Elterntraum von einer guten, liebevollen Beziehung, die wie eine gute Ehe oder Freundschaft funktioniert – eine Partnerschaft eben, in der die Bedürfnisse des Kindes ebenso wichtig sind wie die Bedürfnisse der Eltern. Kinder und Eltern als gleichberechtigte Partner im Familienunternehmen, wo Konflikte ausdiskutiert werden, so dass es weder Gewinner noch verlieren gibt – das hätten wir wohl gerne.

Was sich in der Theorie so gut anhört, gleicht in der Praxis der Aufgabe, eine Wandergruppe aus Spitzensportlern und Behinderten bei Nebel und ohne Kompass durch unwegsames Gelände in nordsüdlicher Richtung zu führen, und zwar so, dass alle bei bester Laune und möglichst gleichzeitig an einem Ziel ankommen. Anders gesagt: Alles aushandeln zu wollen, treibt selbst wohlmeinende Eltern in den Wahnsinn.

Das Kind kann nicht immer ein gleichberechtigter Partner sein – das lehrt die häusliche Erfahrung, und das sagen mittlerweile auch die Pädagogen. Natürlich muss man Kinder angemessen am Familiengeschehen beteiligen und Dinge, die alle angehen, auch gemeinsam bereden. Aber mal ehrlich: Die gefundenen Lösungen und Entscheidungen sind in den allermeisten Fällen doch das Ergebnis der erwachsenen Ansichten und Einsichten – und die Kinder müssen sich damit arrangieren.

Sie sind nämlich keine Partner. Von einem guten Partner darf man erwarten, dass er abends, nachdem er sich verabschiedet hat, auch ins Bett geht und nicht noch zehnmal wieder auftaucht, um ein Glas Wasser, eine Geschichte, einen Kuss und noch ein Gutenachtlied zu verlangen. Einem Partner darf man übelnehmen, wenn er einen mitten in der Nacht wachrüttelt, weil er aufs Klo muss und sich vor den Silberfischchen fürchtet oder weil ihm plötzlich eingefallen ist, dass er noch ein Gedicht auswendig lernen muss. Partner dürfen mit Recht voneinander erwarten, dass einer des anderen Bedürfnisse achtet und bei dem, was er tut, auch das Wohl des anderen mit bedenkt. Gute Partner sind im gleichen Interesse vereint – die von Eltern und Kindern gehen bisweilen auseinander. Paul möchte morgens sein Piratenschiff auftakeln, sein Vater möchte, dass er endlich seine Schuhe anzieht und zum Kindergarten geht. Denn Pauls Vater muss schleunigst zur Arbeit. Lisa will auf dem Spielplatz bleiben, ihre Mutter möchte unbedingt den Termin beim Kinderarzt einhalten. Marie will singen, ihr kleiner Bruder soll schlafen. Es hilft nichts: Eltern haben manchmal keine andere Wahl, als darauf zu bestehen, dass bestimmte Dinge stattfinden und andere unterbleiben. Doch in der Grauzone dazwischen darf munter diskutiert werden.

Gute Partner muss man nicht erst mit Nachdruck für die eigene Sicht der Dinge gewinnen. Kinder schon. Und es ist auch ihr gutes Recht, langsam und ihrem Entwicklungsstand entsprechend in das Dickicht von Notwendigkeiten und Verpflichtungen hineinzuwachsen. Demokratie und gleichberechtigtes Entscheiden – das erlernen Kinder schrittweise. Kinder mögen es, gefragt zu werden. Dadurch lernen sie, das Für und Wider einer Sache zu bedenken, die Wahl zwischen mehreren Möglichkeiten zu treffen, abzuwägen und Entscheidungen zu begründen. Und sie lernen, selbst Verantwortung zu übernehmen. Wie wichtig dieser Prozess ist, kann man überall da beobachten, wo er fehlt. Gibt es Erstaunlicheres als schuldbewusst zusammenzuckende Mütter, die von ihren acht- oder neunjährigen Kindern getadelt werden, weil sie vergessen haben, morgens an den Turnbeutel zu denken oder den Fahrradhelm zur Klassenfahrt mitzubringen? Die von ihren Kindern zusammengestaucht werden, weil sie versäumt haben, den Besuch bei der Oma am Nachmittag rechtzeitig anzukündigen? Eltern, die praktisch niemals vergessen, das Einverständnis des Kindes einzuholen – ganz gleich, ob es um die Wahl des Brotaufstrichs, des Ausflugsziels oder der weiterführenden Schule geht, legen einen Gehorsam an den Tag, der hauptsächlich dazu dient, Auseinandersetzungen mit dem Kind zu vermeiden.

Eltern können über die fixe Idee, man könne das Kind bei allem mitentscheiden lassen, ihr Kind gewaltsam zum Partner machen – und das sind die wirklich besorgniserregenden Momente: Wenn Eltern ihre Kinder ganz partnerschaftlich in Situationen bringen, die sie im Grunde gar nicht überschauen können. Man kann dem Kind die eigenen Sorgen aufladen („Wenn ich meinen Job verliere, kann ich kein Geld mehr verdienen und nichts mehr zu essen kaufen. Dann ist alles aus."), man kann es auf Enttäuschung über den anderen Elternteil zum Verrat anstiften und als Horchposten missbrauchen („Und wie war sie so, Papas neue Freundin? Haben sie über mich geredet?") oder als Vollzugshelfer der eigenen Pläne benutzen („Wenn du Opa das nächste Mal besuchst, dann erzählst du ihm, dass Mama und Papa große Sorgen wegen dem Geld haben. Aber du musst so tun, als ob wir nichts davon wissen dürften!").

Am besten hält man es mit den alten langweiligen Ratschlägen: Es gibt durchaus Dinge, die man von Kindern fernhalten muss, die Kinder nichts angehen und bei denen Kinder nicht mitentscheiden dürfen.

(Mit-)entscheiden will gelernt sein

Es hat nämlich keinen Sinn, einen Dreijährigen zu fragen, welches Auto seiner Meinung nach angeschafft werden soll oder wo die Familie den Jahresurlaub am besten verbringt. Fangen Sie also mit Entscheidungen an, die eher belanglos sind: Milchreis oder Würstchen zum Abendessen? Roter oder blauer Pullover? Steigern Sie langsam: Wollen wir am Wochenende ins Puppentheater oder in den Zirkus gehen? Schon kleine Kinder kann man veranlassen, das Für und Wider verschiedener Möglichkeiten zu überdenken und die Folgen dieser oder jener Entscheidung mit zu berücksichtigen. Der Alltag ist ein weites Übungsfeld für künftige Selbstentscheider, das Gelegenheiten in Hülle und Fülle liefert. Lassen Sie Ihre Kinder verschiedene Joghurtmarken probieren, den Preisunterschied errechnen und überlegen, was man mit dem eingesparten Geld anfangen kann. Stellen Sie anheim, den Bus zu nehmen oder den Weg zu Fuß zu gehen und mit dem Geld etwas anderes anzufangen.

Pläne zu schmieden, eine Wahl zwischen verschiedenen Möglichkeiten zu treffen und aus einem Dilemma das Beste zu machen – das ist eine gute Übung fürs Leben. Aber man geht es besser sachte an; Demokratie entsteht schrittweise. Diskussionen sind manchmal wenig hilfreich: Mit einem Kind, das sich weigert, sich im Auto anschnallen zu lassen, wird man sich kaum auf einen Disput über die vielfältigen

Risiken im Straßenverkehr einlassen. Ein dreijähriges fieberndes Kind, das sich weigert, den Löffel bittere Medizin zu schlucken, wird man mit medizinischen Erläuterungen genauso wenig umstimmen können wie mit flehentlichen Bitten. Wenn nichts mehr hilft, muss man es festhalten und zwingen, die Medizin zu schlucken. Ist es vier Jahre alt, kann man schon eher ein kleines Geschäft abschließen: „Liebchen, komm, das musst du jetzt nehmen, damit du schnell wieder gesund wirst, und danach lese ich dir eine Geschichte vor." Sind noch einmal vier Jahre vergangen, wird man vielleicht schon Pro und Kontra schulmedizinischer oder homöopathischer Behandlung mit dem Kind erörtern können. Und hinterher doch darauf bestehen müssen, dass eine bestimmte Medizin genommen wird.

Lassen wie unsere Kinder so oft es geht bei Entscheidungen mitreden, aber überfordern wir sie nicht. Und übertragen wir ihm nach jedem Geburtstag eine etwas größere Portion Verantwortung.

Doch, doch ein bisschen Familiendemokratie kann nicht schaden. Aber fangen Sie klein an und überfordern Sie es nicht, aber fangen Sie an. Je früher ein Kind damit beginnt, Entscheidungen zu treffen, deren Folgen es auch tragen kann, desto eher dämmert ihm eine schlichte Wahrheit aus dem Erwachsenenleben – wie man sich bettet, so liegt man.

Interesse für das Kind haben – aber wirklich

Laura kennt bei Süßigkeiten kein Halten mehr, Sven lügt und petzt und schwänzt die Schule. Kevin prügelt sich und Moritz macht neuerdings wieder ins Bett. Peter schläft nachts schlecht und kaut an den Fingernägeln. „Was mach ich bloß falsch?", fragen sich viele Mütter und Väter, wenn ihr Kind plötzlich merkwürdige Verhaltensweisen an den Tag legt. Freunde sagen dies, Psychologen das, und dann ist auch noch jedes Kind anders. Die eigene Mutter ist sowieso der Meinung, dass man seine Kinder maßlos verwöhnt.

Es zahlt sich immer aus, nicht nur in Krisenzeiten, sein Kind genau zu kennen. Ihm nahe zu sein, ohne es mit Affenliebe zu ersticken und nahe genug, um die Signale aufzufangen, die es aussendet. „Die wirklich wichtigen Dinge", lässt Antoine de Saint-Exupery seinen ‚kleinen Prinzen' sagen, „sieht man nur mit dem Herzen gut."

Hören Sie zu, wenn Ihr Kind mit Ihnen spricht. Das ist genauso wichtig wie Rechenaufgaben zu üben, die Zähne zu putzen und darauf zu achten, dass es genug Gemüse isst. Es ist auch wichtiger als die gute Note im Zeugnis, der tadellose Umgang mit Messer und Gabel oder die Siegerurkunde im Weitsprung, und es ist viel wichtiger als die Ballettstunde und der Aikido-Kurs. Wenn Eltern sich die Zeit nehmen und die innere Ruhe haben, ihr Kind wirklich zu sehen, zu hören, was es gerade beschäftigt und zu fühlen, wie es ihm geht, erfahren sie genau, was es braucht und was zu welchem Zeitpunkt richtig ist.

Feinfühliges Eingehen und emotionales Unterstützen sind starke Voraussetzungen, um Herausforderungen zu bewältigen. Es ist keine Schnüffelei, wenn sich Mutter oder Vater genau erkunden, wohin das Kind will, mit wem es dahin geht und was dort getan werden soll. Es ist ganz wichtig, Kinder auszufragen, wenn sie von ihrem Ausflug zurückgekommen sind. In der psychologischen Fachliteratur heißt dieses sorgende Elternverhalten: Informierendes Monitoring. Das machen Eltern, die genau wissen wollen, wo ihr Kind gerade was macht, ohne das Kind dabei zu überwachen, sondern nur um mitdenken und mitfühlen zu können.

Das grundsätzliche Interesse ihrer Eltern ist für die Entwicklung eines Kindes so nötig wie die Luft zum Atmen. Eltern haben eine Fülle von Gelegenheiten, ihr Kind zur Selbständigkeit zu ermutigen – sie sollten keine auslassen, auch wenn es manchmal schwer fällt, sich diesen berühmten kleinen Ruck zu geben. Der Drang ist ja von Anfang an da: Schon Zweijährige sind ganz wild darauf, alles alleine zu können. Sie können auch schon viel, wenn man sie lässt.

Eltern neigen stark dazu, die Fähigkeiten ihrer Kinder zu unterschätzen. Und wenn uns niemand darauf hinweist, werden wir noch dem 16-jährigen Sohn die Brote schmieren und zweifeln, ob eine Neunjährige wirklich schon alleine Milch holen gehen kann.

Die Gefahren übermäßigen Beschützens müssen Eltern sich bewusst machen. Enge Grenzen entmutigen „Selberkönner" schon früh: Um einen Teller zu retten, nehmen wir ihnen die Chance, ihre Geschicklichkeit beim Abwasch zu erproben. Ist ein Schnitt im Finger des Dreijährigen wirklich so schlimm, dass seine Mutter ihm mit einem Schrei das Küchenmesser aus der Hand reißt, das er sich gerade geholt hat, um ihr beim Bohnenschnippeln zu helfen? Ohne Ermutigung kann ein

Kind nicht wachsen, sich nicht entwickeln und keine Freude beim Tun entwickeln. Ermutigung spornt das Kind auf dem weiten Weg an, auf dem es ein Gefühl der Selbstachtung und der Leistungsfähigkeit erwirbt und auf seine Unabhängigkeit zusteuert – so lange, bis wir überflüssig sind. Halten wir sie nicht klein, nur um uns groß zu fühlen.

Bausteine für das Selbstvertrauen

Selbstachtung ist die entscheidende Kraft für das, was sich in einem Menschen abspielt: die Vorstellung vom eigenen Wert, die jeder mit sich herumträgt. Wissen, dass man etwas bedeutet und dass die Welt ein kleines Stückchen reicher ist, weil man da ist. Glauben an die eigenen Fähigkeiten. Fähig sein, andere um Hilfe zu bitten, aber an die eigene Entscheidungskraft zu glauben. Wer sich selber wertschätzt, kann auch den Wert seiner Mitmenschen wahrnehmen und achten. Nur aus der Erfahrung, Probleme selbst zu meistern, baut sich Vertrauen in die eigenen Fähigkeiten auf. Daraus wiederum entsteht Selbstsicherheit und wächst der Stolz auf die eigene Leistung – eben ein gutes Selbstwertgefühl.

Dazu gehört die Einsicht in die eigenen Grenzen und das Wissen darüber, was man leisten kann und was nicht. Eltern sind keine Heiligen und sind genauso wenig perfekt wie ihre Kinder. Unvollkommenheit ist eine gute Basis, wenn man sie nicht verleugnet. Unsichere Eltern können nicht über Nacht selbstsicher werden, aber sie können den Mechanismus, der in ihrer Familie wirkt, durchschauen lernen und erkennen, warum das Kind sich immer tyrannischer aufführt.

Alles, was Sie dazu tun müssen ist, hin und wieder innehalten, genau hinschauen und erkennen, warum sich das Kind so merkwürdig verhält. Zwischen Kindern und Eltern sind nicht nur starke Gefühle, sondern auch verschlungene Wechselwirkungen am Werk. Eltern, die bisher noch nicht gelernt haben, ihre Launen zu zügeln, können ihre Kinder nicht lehren, wie sie die ihren unter Kontrolle bringen können.

Erziehen ist schon deshalb schwer, weil man es immer mit zwei Kindern zu tun hat: dem Kind vor einem und dem Kind in einem. Je präsenter das innere Kind, desto mehr Wirkung hat es auf das äußere. Schmerz, Wut, Trauer, Verzweiflung sind nicht über Stellvertreter auszuleben, sondern müssen den direkten Weg nehmen. Was das innere

Kind vielleicht schmerzlich entbehrt hat, kann das äußere nicht wieder gut machen. Jede Mutter, die ihr kleines Pummelchen zur Ballettstunde oder zum Eislaufen anmeldet, jeder Vater, der seinen bebrillten kleinen Bücherwurm zum Fußballtraining schubst, mag zwar hoffen, dass der Funke überspringt. Eine Frage aber muss jede Mutter und jeder Vater sich selber stellen, bevor das Kind zu diesem oder jenem Kurs angemeldet wird: Ist es möglich, dass ich insgeheim wieder fünf Jahre alt bin und mir einen Kinderwunsch erfüllen will?

Die Vorstellungen von uns allen darüber, wie die Menschen sein sollten, was sie tun und lassen und wie sie miteinander umgehen sollten, wurzeln in dem, was wir zu Hause erlebt haben. Was man voneinander hält, spiegelt sich in dem Gespräch wider, das die Mitglieder einer Familie miteinander führen – in Gesten und Worten, bewusst und unbewusst. Was wir über Macht und Konflikte, Zusammenleben und starke Gefühle wissen, haben wir zuerst in der Familie gelernt. Gegenseitige Achtung ist der Anfang von allem; mit ihr steht und fällt das Selbstwertgefühl von Kindern und Eltern. Wer sein Kind achtet, fördert seine Selbstachtung, und das ist die wichtigste Voraussetzung für den Aufbau des Selbstwertgefühls, der positiven Wertschätzung der eigenen Person; sie schützt vor solchen abweichenden und ausweichenden Bewältigungsmechanismen wie Aggressivität, Selbstaggressivität und Depressivität.

Autorität gewinnen Eltern nicht, wenn sie so tun, als hätten sie alle Antworten in der Schublade parat. Es gibt ihn nicht, den fertigen Plan, den Eltern für den Weg ihrer Kinder bereithalten könnten. Autorität können Eltern nur gewinnen, wenn sie sich selbst als Persönlichkeit verhalten und ihren Kindern gegenüber erkennbar machen. Sie müssen sich vorbildlich verhalten, sie müssen ein soziales Modell für das Verhalten der Kinder abgeben. Sie müssen zugleich ein offenes Ohr für die Sorgen und Nöte ihrer Kinder haben und Hilfestellung bei der Selbstentwicklung leisten. Sie müssen mitdenken und mitfühlen und doch Distanz halten.

Vom Verbotsschild zum Wegweiser: Grenzen orientieren

Philipp liegt abends im Bett und schiebt sich ein Bonbon nach dem anderen in den Mund. „Aber Schatz, du sollst doch nach dem Zähneputzen nichts Süßes mehr essen", mahnt Mama milde, „du weißt doch, dass du davon ganz schlechte Zähne kriegst." Philipp nimmt die Worte seiner Mutter weiterlutschend zur Kenntnis. Kopfschüttelnd verlässt sie nach dem Gutenachtkuss das Zimmer. Dann Papa: „Schlaf schön. Sag mal, muss das denn sein mit diesem ewigen Süßkram?" – Ist es die Sorge, er könnte wieder Theater machen vor dem Einschlafen, dass seine Eltern sich nicht zu mehr als einem ärgerlichen Appell aufraffen können?

Die Familie sitzt im Wohnzimmer bei Kaffee und Kuchen, alte Freunde sind zu Besuch. Anselm und seine Schwester Marie betreten das Zimmer und steuern zielsicher auf den Schreibtisch in der Ecke zu und holen sich Klebeband und Schere. Das etwas aufgesetzt klingende Räuspern ihrer Mutter wird geflissentlich überhört. Bevor die beiden wieder gehen, sagt sie: „Also ihr zwei, ich hab das nicht so gern, wenn ihr auf meinem Schreibtisch einfach etwas wegnehmt." Gemurmel bei den Kindern. Und in halb gespielter, halb echter Empörung zu den Gästen: „Die sind furchtbar, die beiden. An alles gehen sie mir 'ran, wirklich, nichts ist vor ihnen sicher." Ist es die Furcht, sich vor den Gästen in die Wolle zu kriegen und den schönen Nachmittag mit Kindergeschrei zu verderben, das diese Mutter das unannehmbare Verhalten ihrer Kinder hinnehmen lässt?

Ohne zu fragen, schaltet Sebastian den Fernseher an und hockt sich davor – egal was läuft. Aus der Küche ruft seine Mutter „Was machst du denn da, bist du überhaupt schon fertig mit deinen Hausaufgaben?" Sebastian murmelt irgend etwas Unverständliches. „Wir haben doch besprochen, dass es kein Fernsehen gibt, bevor nicht die Hausaufgaben erledigt sind." Sebastian rollt stumm mit den Augen. Morgen erzählt er seinem Freund Marko, wie seine Mutter ihn wieder zugetextet habe wegen der Hausaufgaben und dann aber, als er auf Durchzug geschaltet habe, so getan hat, als hätte sie nichts gesagt. – Warum hat Sebastians Mutter die Sache auf sich beruhen lassen? Es gibt doch die klare Regel: Fernsehen erst dann, wenn alle Hausaufgaben gemacht sind.

Erziehen heißt konsequent sein

Für Eltern, die neben der Erziehung ihrer Kinder auch noch etwas Anderes zu tun haben – also für alle Eltern – ist die Versuchung groß, einem sich anbahnenden Konflikt aus dem Weg zu gehen. Man drückt schon mal beide Augen zu und schluckt den Ärger hinunter, wenn Kinder gegen Regeln verstoßen, oder stellt sich taub, wenn freche Antworten kommen, die man eigentlich angemessen quittieren müsste. Man gibt auch mal achselzuckend nach, um nicht schon wieder das Gequengel oder nervtötendes Gebrüll hören zu müssen. Es kommt eben auch auf die Tagesform an. Kein Vater, keine Mutter bringt immer die Kraft auf, konsequent zu sein. Hat man gute Laune, freut man sich an dem fröhlich hopsenden Kind auf dem Sofa. Ist man schlechter Laune, schimpft man, wenn es da herumturnt.

Nach einem langen Arbeitstag, kurz vor Ladenschluss in der Schlange vor der Kasse, hat das Kind gute Chancen, Bonbons abzustauben, weil die Eltern überhaupt keine Nerven mehr haben, sich groß rumzustreiten. Sitzen die Eltern mal einen kleinen Moment ohne die Kinder („Wie lange hatten wir das nicht mehr?") am Küchentisch und wechseln in Ruhe ein paar Worte, lassen sie den unerlaubten Knopfdruck am Fernsehgerät durchgehen. Ganz schwierig wird es, wenn man Ehekrach hat und eine Riesenwut auf den Anderen schiebt, der Verlockung zum Paktieren zu widerstehen: „Was, die Mama hat gesagt, Pommes frites sind ungesund? Ach, lass die doch. Die hat aber auch an allem was auszusetzen. Los, komm her, wir gehen jetzt mal zur Imbissbude. Willst du mit Ketchup oder Mayo? Ach, beides! Na gut, Bleibt aber'n Geheimnis, unter uns Männern", sagt Papa mit Verschwörerblick.

Wer sich gesund, innerlich tatkräftig und wohl fühlt, kann viel leichter mit freundlicher Festigkeit darauf dringen, dass bestimmte Dinge stattfinden und andere unterbleiben. Ist man müde, erschöpft und schlechtgelaunt, hat man Schulden oder den Kopf voll mit anderen Problemen, verschiebt sich die Toleranzschwelle – ob nach oben oder unten, hängt auch vom Ort des Geschehens ab: Haben Sie etwa noch nie im Restaurant Ihr Kind in Hörweite des Kellners extra laut ermahnt, um kundzutun, dass Sie sehr viel Wert auf Tischmanieren legen; und zu Hause lassen Sie Ihrem Kind die Manscherei meist durchgehen?

Ob nun ein Familienklima konservativ streng oder liberal locker ist – mangelnde Konsequenz kommt in allen Familien vor. Es kommt auch gar nicht so sehr auf Strenge an, sondern auf die Zuverlässigkeit, mit der man bestimmte Linien durchhält. Inkonsequenz verunsichert.

Solche Wechselbäder sind nicht gut für Kinder. Was heute erlaubt ist, darf doch nicht morgen verboten sein. Kinder ziehen daraus den Schluss: „Egal, wie ich mich verhalte, ich kann die Reaktion sowieso nicht kalkulieren." Kinder müssen genau wissen, woran sie sind, damit sie ihren Spielraum nicht täglich und sogar stündlich neu vermessen müssen. Unbeständigkeit macht orientierungslos, weil die Kinder keine logische Verbindung zwischen ihrem Verhalten und der Art, wie sie behandelt werden, erleben.

„Ich will ein Eis", verlangt Leon. Seine Mutter überhört den drohenden Unterton und plappert munter weiter: „Ach sieh mal, Liebchen, der Himmel da oben ist ganz dunkel. Gleich wird es regnen. Es ist viel zu kalt für Eis." Leon ist unbeeindruckt: „Ich will aber", tönt er, jetzt schon eine Tonlage höher. „Du kriegst einen kalten Bauch und könntest krank werden", seine Mutter hofft auf Einsicht. „Dann werd ich eben krank", kommt es trotzig. Vielleicht kriegt sie die Kurve. Er scheint sich abzufinden. Da schiebt Leons Mutter hinterher: „Und außerdem hab ich gar kein Geld dabei." Was soll das jetzt? Zu kalt? Kein Geld? Gestern musste die Sorge um Leons Zähne für ein „Nein" herhalten, allerdings nur für ein vorläufiges Nein. Gestern hat sich der große Leon mit seinen sechs Jahren auf den Boden geworfen und ein mörderisches Gebrüll ausgestoßen. Das war Mama so peinlich, dass sie wie von selbst die Geldbörse zückte: „Jaja, schon gut, was für eine Sorte möchtest du denn. Hör doch mal auf zu schreien. Aber nur eine Kugel, hörst du?" Gestern hat es also geklappt, denkt sich Leon. Warum sollte es heute nicht gelingen? Schon holt er tief Luft ...

Bei näherem Hinsehen ergibt sich für nahezu alle Brennpunkte des Geschehens zwischen Eltern und Kindern dieses Grundmuster. Quengeln im Supermarkt, ausgefallene Speisewünsche und immer spätere Schlafenszeiten sind die üblichen Trainingsstätten für elterliche Inkonsequenz und kindliche Beharrlichkeit.

Regeln und Routinen erleichtern den Alltag

Kinder brauchen überschaubare Regeln und Rituale, wiederkehrende Rhythmen und Routinen, um sich – fraglos und klaglos und ohne zu feilschen – zurechtzufinden. Das sind die Grenzen, die Kindern Sicherheit, Orientierung und Halt bieten. Innerhalb dieser Grenzen entstehen die Freiräume, die Kinder brauchen, um sich zu entwickeln. Grenzen bedeuten auch Berührung und Kontakt.

Viele Eltern befürchten, wenn sie ihren Kindern Grenzen setzen, dämpfen sie ihre Neugier und hindern sie an ihrer Selbstentfaltung. Manche sind besorgt, dass sie die Liebe ihrer Kinder verlieren könnten, wenn sie ihr Verhalten beschränken. Das Gegenteil ist der Fall: Eine liebevolle, sorgende Umgebung darf nicht regellos sein. Je mehr Grenzen und Regeln Zuverlässigkeit bieten, umso besser halten Kinder ihren Krisen stand. Für kleine Kinder sind Grenzen nicht nur die Gitterstäbe des Käfigs, an denen sie voller Wut rütteln. Sie sind auch Wegweiser, die sagen: „Da geht's lang!" Eltern, die immer nachgeben, die jeden Ärger hinunterschlucken und jedes Verbot als zarte Bitte formulieren und höchstens zum weinerlichen Appell steigern, wenn ihre Wünsche übergangen werden, tun weder sich noch ihren Kindern einen Gefallen.

Eltern wissen genau, wo ihre eigene, ganz persönliche Grenze verläuft. Dazu können sie auch stehen! Denn nur so spüren sie rechtzeitig, wann das Verhalten ihres Kindes unannehmbar wird und ihre Kräfte übersteigt. Es hat wenig Sinn, mit gequältem Gesicht Begeisterung zu heucheln, wenn der kleine Schatz im Essen manscht und man genau das auf den Tod nicht ausstehen kann. Oder sich schnell und lieblos durch das Märchen von Hänsel und Gretel zu haspeln, weil man gerade heute nicht erwarten kann, bis die kleinen Quälgeister endlich in ihren Betten verschwunden sind, weil man keinesfalls den Anfang vom Spätfilm, auf den man sich den ganzen Tag gefreut hat, verpassen will.

Kindern kann man da wenig vormachen – sie haben eine ungeheuerliche Fähigkeit, wortlose Botschaften zu verstehen und richtig zu deuten. Für die Gefühlswelt ihrer Eltern haben die Kinder sehr feine Antennen. Wenn sich da ein Widerspruch auftut zwischen dem, was Mama tut und dem, was Mama ausstrahlt, muss man dem nachgehen – und wenig nervt mehr, als wenn Kinder testen, wie weit sie jetzt gehen können. Deswegen fällt ihnen zu guter Letzt dann immer noch das Glas Wasser ins Bett, ganz aus Versehen, versteht sich. Und schon eilt Mama mit frischer Bettwäsche heran. Spätfilm hin oder her.

Gibt man immer zuviel, führt das leicht dazu, dass man einfach ausflippt und einem schließlich doch noch die Hand ausrutscht, weil man sich ausgenutzt und missachtet fühlt. Spätabends, wenn alle Nervensägen schlafen, schleichen ihre Mütter und Väter dann mit abgrundtief schlechtem Gewissen ans Kinderbett. Schuldgefühle wiegen schwer: „Ich habe als Vater total versagt!" oder „Was bin ich eigentlich für eine Rabenmutter?" Sie nehmen sich vor, morgen noch geduldiger, liebevoller und nachgiebiger zu sein und überfordern sich damit aufs Neue.

Wer oft zwischen Anschreien und reuiger Wiedergutmachung schwankt, wer sich oft ohnmächtig und unzulänglich fühlt, hat wahrscheinlich zuwenig Absprachen mit seinen Kindern getroffen, die den Alltag regeln und kritische Momente abpuffern. „Was sind das für Situationen, in denen es immer wieder Krach gibt?" „Weiß mein Kind eigentlich, worum es mir in diesem Moment geht?" „Welche Absprachen könnten wir treffen?" „Gibt es klar abgesprochene Folgen, wenn das Kind eine Regel verletzt?"

5. Kapitel
Streiten will gelernt sein

Immer dasselbe: In vielen Familien beginnt der Kampf schon morgens, wenn die Eltern ihre Kinder nicht rechtzeitig aus den Betten kriegen. „Philipp! Wann stehst du endlich auf!" Ungerührt lässt Philipp seine Mutter vor sich hinschimpfen. „Jaja", knurrt er unter seiner Decke hervor, „lass mich in Ruhe. Ich will schlafen." Seine jüngere Schwester zieht ihm kichernd die Decke weg. Mit geballten Fäusten stürzt er sich auf sie. Kreischend rennt sie aus dem Zimmer, stolpert im Flur über ihre Schuhe. Das Geheul ist ohrenbetäubend. Kein Wunder, dass das Baby jetzt wachgeworden ist und weint. „Wenn du dich nicht beeilst, kommst du zu spät zur Schule. Los jetzt, steh bitte auf", tönt es zwischen Tellerklappern aus der Küche. Wenige Minuten später fegt seine Mutter ins Kinderzimmer: „Wo bleibst du denn? Wie oft soll ich dir noch sagen, dass du dich jetzt anziehen sollst?" Philipp hockt im Schlafanzug auf dem Boden, Legoteile um sich herum verstreut und gähnt: „Gar nicht mehr. Ich hab heute keinen Bock auf die Schule." Die Stimme seiner Mutter wird schriller: „Was denkst du dir eigentlich. Und überhaupt, nicht in diesem Ton, klar?" Wenn er nicht in zehn Minuten aus dem Haus geht, wird er zu spät kommen. Es ist zum Verrücktwerden! „Jaaaaa", erhebt er sich betont langsam und trottet zum Schrank. „Wo ist meine Hose?" Jeden Morgen dasselbe.

Wer kennt das nicht? Im Alltag von Familien gibt es jede Menge Ärger, Reibereien und Streit. Eine Reihe von häuslichen Situationen scheint sich für Konflikte zwischen gereizten Eltern und widerborstigen Kindern geradezu anzubieten: dass die Kinder morgens aus dem Bett kommen und sich anziehen, dass sie essen und sich bei Tisch ordentlich zu benehmen wissen, dass sie nicht dauernd mit ihren Geschwistern streiten, dass sie ihr Zimmer aufräumen und ihre Hausaufgaben machen, dass sie bestimmte Haushaltspflichten erledigen und sich an Absprachen halten, dass sie sich in der Öffentlichkeit gut benehmen und auf Fragen antworten, dass sie grüßen, wenn sie gegrüßt werden und abends rechtzeitig nach Hause kommen, dass sie beizeiten ins Bett gehen und nachts nicht dauernd angedackelt kommen ... Schier endlos ließe die Reihe sich fortsetzen.

Der Machtkampf zwischen Eltern und Kindern

Die Gründe, die zu Reibereien und Streit zwischen Eltern und Kindern führen, sind vielfältig. Ist jedoch das Verhältnis ohnehin gespannt, suchen Kinder den Konflikt meistens genau dort, wo sie die Verletzlichkeit ihrer Eltern spüren – oft nicht bewusst und mit Absicht, aber auch nicht ganz ohne: Sobald ein Kind bemerkt, dass seine Eltern auf bestimmte Verhaltensweisen besonders empfindlich reagieren, wird es sich häufig gerade so benehmen, wie seine Eltern das nicht hinnehmen wollen. Ein Kind, das sich vor aller Augen unmöglich aufführt und selbst bei freundlichen Begrüßungen stumm wie ein Fisch und stocksteif dasteht, tut das vielleicht, weil seine Eltern sehr viel Wert auf gutes Benehmen legen. Nicht selten betragen sich Kinder gerade in der Öffentlichkeit schlecht; sie spüren die Verletzlichkeit ihrer Eltern, die eine peinliche Situation fürchten oder Angst haben, sich vor aller Augen mit ihren Kindern zu blamieren.

Philipp steht nicht pünktlich auf, weil er weiß, dass er damit seine Mutter auf die Palme bringt. Sie muss nämlich pünktlich um neun Uhr im Büro sein, und bis dahin muss alles wie am Schnürchen laufen. Es stört ihn maßlos, dass morgens keine Zeit mehr zum Kuscheln ist und er nicht mehr wie früher, als er noch nicht in die Schule ging und seine Mutter noch nicht ins Büro musste, erst einmal gemütlich erzählen kann, was er nachts geträumt hat.

Jedes Kind in der Familie stellt sich anders auf einen wunden Punkt seiner Eltern ein. Manche wollen morgens nicht aufstehen, andere erwachen in aller Herrgottsfrühe und stöbern die Geschwister auf. Die einen weigern sich zu essen, andere essen plötzlich zu viel. Einige Kinder widersetzen sich offen, und andere ziehen passives Verhalten vor.

Erkennen die Eltern nicht, warum ihr Kind sich so verhält, können sie die Absichten und das störende Verhalten ihres Kindes ungewollt verstärken. Ehe sie sich versehen, sind sie in einen Machtkampf verwickelt und tragen mit ihrem Kind einen Wettstreit um Sieg oder Niederlage aus. Der spielt sich gewöhnlich so ab, dass zuerst gestritten und dann nachgegeben wird. Zuerst gewinnt das Kind, weil es nicht aufstehen oder essen oder lernen will, dann gibt es Streit, zuletzt gibt das Kind klein bei und die Eltern gewinnen, oder die Eltern resignieren und das Kind gewinnt.

Anfangs verlegen sich viele Eltern noch aufs Erinnern oder Überreden; sie schmeicheln, bitten und mahnen. Schließlich sprechen sie ein Machtwort: „Du gehst jetzt sofort ins Bett." Oder drohen: „Wenn du nicht auf der Stelle deine Hausaufgaben machst, fällt der Zoobesuch für dich aus." Nicht wenigen Müttern und Vätern rutscht dann auch schon mal die Hand aus. Es ist ein Dilemma: Eltern, die das Kind zum Nachgeben zwingen, verletzen die Achtung vor dem Kind. Wenn sie beide Augen zudrücken und um des lieben Friedens willen immer nachgeben, verletzen sie die Achtung vor sich selbst.

Für die Beziehung zwischen Eltern und Kindern ist mit dem Nachgeben nichts gewonnen. Im Gegenteil – empfindet sich ein Kind im Zweifelsfall als der stärkere Part, verliert es die Aussicht, Geborgenheit und Halt zu empfinden. Um sich selbst sicher zu fühlen, bleibt ihm nichts Anderes, als die schwächeren, manipulierbar erlebten Eltern selbst zu beherrschen. Auf der anderen Seite erreichen Eltern, die auf ihre Macht pochen, vielleicht Gehorsam. Aber jedes Mal, wenn sie ihr Kind zu etwas zwingen, versagen sie ihm eine Gelegenheit, Selbstverantwortung zu üben und in Auseinandersetzungen zu erträglichen Lösungen zu finden.

Genau so wenig kann ein Kind lernen, wenn es nie ein richtiges Gegenüber spürt. Wut und Ärger zu äußern, ohne den Anderen zu verletzen, die eigenen Interessen und Wünsche zu vertreten, Phantasie für Kompromisse zu entwickeln und auch einmal eine Niederlage einstecken zu können – das alles sind die Fähigkeiten fürs Leben, die Kinder im Zusammensein mit ihren Eltern erwerben können. Es geht darum, Lösungen für Konflikte zu finden, die für beide Seiten annehmbar sind.

Machtspiele ins Leere laufen lassen

Bevor die fünfjährige Klara mit ihrem Vater den Kindergarten verlässt, bringen die beiden ein unangenehmes Ritual hinter sich. Klara zieht sich hartnäckig ihre Schuhe verkehrt herum an. Das ärgert ihren Vater.

„Entenfuß", sagt er und runzelt die Stirn, „so kannst du nicht mitkommen." Klara rennt weg, ruft „Fang mich doch, du Eierloch." Irgendwann wird sie lauter: „Du sollst mir die Schuhe anziehen." Hin- und hergerissen zwischen der selbstverständlichen Handreichung für sein kleines Kind, seiner Unsicherheit darüber, ob sie vielleicht wirklich nicht weiß, wie herum die Schuhe gehören oder zu müde ist und seinem wachsenden Ärger über die Szene, wird der Vater immer ungeduldiger. „Nein", beharrt er, „erst ziehst du die Schuhe richtig herum an. Und zwar alleine." Die anderen Eltern kommen, holen ihre Kinder ab. Klaras Vater fühlt sich beobachtet – hat da nicht eine Mutter schadenfroh gegrinst? Da gibt er nach: Mit einem resignierten Seufzen kniet er sich hin und zieht seiner Tochter die Schuhe richtig herum an. Später wird er sich bei seiner Frau beklagen, dass Klara heute wieder so ein Theater gemacht hat.

Klara probiert aus, wie weit sie gehen kann: Wenn ihr Vater die Versuchsanordnung seiner Tochter beizeiten erkannt hätte, wäre es ihm leichter gefallen, gegenzusteuern. Sie hat ihn in ein Machtspielchen verwickelt. Er ist drauf und dran, seiner Frau zu sagen, dass er Klara nachmittags nicht mehr abholen will, weil ihm das Theater auf die Nerven geht.

Gelingt es Kindern, ihre Mütter und Väter in die Arena zu zerren und mit ihnen darum zu ringen, wer hier der Stärkere ist, führt das häufig zum wütenden Stillstand: Keiner kann mehr zurück, jeder hat ein Gesicht zu verlieren, und es ist keine Lösung in Sicht, die einen ehrenvollen Rückzug erlaubt. „Du oder ich", scheint die Alternative zu heißen, und der vermeintliche Ausweg lässt nur Sieger und Besiegte zu. Triumphiert das Kind, nimmt die Beziehung genauso Schaden wie ein Sieg der Eltern.

Gut beraten sind Eltern, die es erst gar nicht so weit kommen lassen. Mütter und Väter können sich zurückziehen und sich weigern, sich in einen Streit verwickeln zu lassen. Bildlich gesprochen: Sie können nicht verhindern, dass Ihr Kind Wind macht, aber Sie können Ihr Segel aus seinem Wind nehmen. Niemand muss mit einem Kind streiten, wenn er es nicht will. So lange Klaras Vater mehr als sie selbst daran interessiert ist, seine Tochter schnell und vollständig angezogen aus dem Kindergarten zu kriegen, wird sie das ausnutzen. Ändert er sein Verhalten, läuft Klaras Machtspielchen ins Leere.

Um Kampf und Nachgeben zu vermeiden, müssen Eltern sich aus Konfliktsituationen zurückziehen und den Kernpunkt der Auseinandersetzung erfassen. Wenn sie sich weigern, ihre Rolle weiterzuspielen, muss das Kind entscheiden, ob es mit verkehrt herum angezogenen Schuhen nach Hause gehen, ob es aufstehen oder zu spät in die Schule kommen will. Offensichtlich ist Unpünktlichkeit die Konsequenz, wenn man zu spät aufsteht. Sie tritt ein, sobald die Eltern den Zankapfel fallen lassen und nichts anderes als den Druck der Wirklichkeit weitergeben. Es macht einen Riesenunterschied in puncto Eigenverantwortlichkeit, ob man rechtzeitig aufsteht, weil die Eltern das verlangen oder weil man nicht unpünktlich zur Schule kommen will.

Klaras Vater kann sein Segel aus dem Wind nehmen, den seine Tochter macht: Die offensichtliche Folge fehlender und falsch herum angezogener Schuhe ist, dass man nicht auf die Straße hinaus kann. Das kann Klara verstehen, wenn ihr Papa das einmal erklärt und dann mit ein bisschen Geduld abwartet, bis sie ihre Schuhe angezogen hat. Es ändert leicht den Blickwinkel auf die ganze Beziehung, wenn die Eltern nicht mehr mitspielen.

Kinder müssen die Gelegenheit haben, für sich selbst zu sorgen, Verantwortung zu übernehmen. In vielen Fällen ist das der erste Schritt. Es ist die wohlwollende Beiläufigkeit der Haltung: „Das ist dein Problem. Du wirst es lösen, wenn du soweit bist." Wenn die Befriedigung für das Kind durch besondere Aufmerksamkeit der Mutter oder des Vaters ausbleibt, wenn die Chance auf den Sieg verbaut ist, weil sich die Gegenpartei nicht auf den Kampf einlässt, kann das Kind sich entscheiden, das unangenehme Verhalten aufzugeben.

Der Ton macht die Musik

Oft weiß man vorher, dass der Sohn sich weigern wird, abends unter die Dusche zu steigen oder fürs Diktat zu üben und die Tochter Widerworte finden wird, wenn man ihr die Fingernägel schneiden will oder sie bittet, den Mülleimer hinunterzutragen. Ohne es zu wollen, neigen Mütter und Väter schon im Vorfeld dazu, die Stimme zu erheben und fordern dadurch Widerstand erst recht heraus. „Marie, nimm den Mülleimer mit hinunter", befiehlt ihre Mutter. „Och, Mama, warum immer ich", mault die Achtjährige. „Hör auf zu motzen und tu, was ich dir sage!" Marie zockelt mit dem vollen Mülleimer los, hinter dem Rücken ihrer Mutter schneidet sie Fratzen. Einen Moment später hört man aus dem Treppenhaus einen gewaltigen Lärm. Leider ist der Kleinen alles aus der Hand gefallen, aus Versehen natürlich.

Hätte die Mutter nur einen Moment überlegt, wäre ihr aufgefallen, in welchem Ton sie mit ihrer Tochter gesprochen hat. Sie hätte sich selbst auch geweigert, wenn ihr Mann ihr so befehlen wollte. Der Ton unserer Stimme und die Art, etwas zu sagen, entscheiden mit darüber, ob es gelingt, Kinder zur Mitarbeit zu gewinnen oder nicht. Höflichkeit allein bringt es oft fertig, Verständnis für das Kind zu zeigen: „Ich weiß, dass du es nicht gern tust, aber es würde mir viel helfen, wenn du mal eben den Mülleimer ausleeren könntest." Oder auch „Ich würde es sehr zu schätzen wissen, wenn du heute Abend noch duschen würdest."

Solche Sätze helfen, Streit zu vermeiden, Widerstand zu überwinden und die Mitwirkung der Kinder zu gewinnen. Sie signalisieren dem Kind, dass seine Gründe und Rechte verstanden, anerkannt und geschätzt werden und lassen das Gefühl, gezwungen zu werden, erst gar nicht aufkommen, und versetzen Kinder in die Lage zu erkennen, was in der Situation geboten ist.

Jede Kommunikation zwischen Menschen transportiert mehr als Worte von einem Ohr zum anderen. Es geht nicht nur um das Thema des Gesprächs, die Sache über die man redet, sondern die Sprechenden verleihen auch ihrer Wertschätzung für den Anderen Ausdruck – hier schlägt sich die Beziehung zwischen den Gesprächspartnern nieder. Welche Gefühle man sich in diesem Moment entgegenbringt und was man sich durch Gesten, Mimik und Tonfall noch außerhalb der Worte mitteilt, das wird von Jedem registriert. Gesprächspartner spiegeln sich in der Art, wie sie miteinander reden, was sie voneinander halten. Kinder spüren genau, ob Achtung und Respekt das Gesagte tragen.

Viele Konflikte lassen sich vermeiden, wenn man eine Sprache der Ehrlichkeit, der Gleichberechtigung und des Respekts wählt: Nicht „Geh jetzt spielen!" sondern „Ich möchte gerne ein bisschen in Ruhe lesen. Was möchtest du machen?" Statt „Halt jetzt den Mund!" kommt es viel besser an zu sagen: „Einen Moment bitte noch. Ich möchte gerne mit deinem Vater diese Sache zu Ende besprechen."

Durch Fragen die Motive erkunden

Leon hat ausgeholt und seinen Bruder Oliver mit einem Faustschlag zu Boden gestreckt. „Warum hast du das gemacht?", fragt der Vater wütend. „Der hat angefangen!", bekommt er zur Antwort. Lilith quetscht immer wieder abends die Zahnpastatube im Waschbecken aus, wirft die leere Tube anschließend auf den Boden. „Was soll das? Warum machst du das?", will ihre Mutter wissen. „Darum!"

Fragen nach dem Warum helfen nicht, die Motive für Provokationen von Kindern aufzudecken, geschweige denn können sie Kinder dazu bewegen, ihr Verhalten zu ändern. Das ist noch nicht einmal böser Wille. Bis weit in die Grundschulzeit hinein sind Kinder überfordert, wenn sie über ihre Beweggründe reden sollen. Sie geben „dumme Antworten" oder erzählen langatmige Geschichten, bei denen man vergebens auf die Pointe wartet, die alles erklären soll. Fragen nach dem Warum sind rückwärts gerichtet, suchen nach Gründen und Ursachen und führen eher zur Selbstanklage oder gegenseitigen Beschuldigung der Kontrahenten als dazu, Veränderungen anzuregen. Das liegt daran, dass Kinder über störendes Verhalten ein bestimmtes Ziel erreichen wollen – entweder die Aufmerksamkeit auf sich zu lenken, seine Überlegenheit zu beweisen, sich zu rächen oder den anderen in Hilfsigkeit zu verwickeln.

Durch geschicktere Fragen können Erwachsene herausfinden, welche Ziele das Kind verfolgt: „Könnte es sein, dass du möchtest, dass ich mich mehr mit dir beschäftige?", wäre die richtige Frage, wenn man vermutet, dass das Kind mit seinem Verhalten die Aufmerksamkeit seiner Eltern fesseln will. „Könnte es sein, dass du mir zeigen willst, dass du machen kannst, was du willst?" kann in Machtkämpfen entlarven. „Könnte es sein, dass du mich bestrafen willst?" bringt Rachegelüste an den Tag. Und „Könnte es sein, dass du deine Ruhe haben willst, weil du etwas nicht kannst?" durchbricht den Bann gespielter Hilflosigkeit schnell.

Jede Frage, die mit „Könnte es sein, dass ...?" beginnt, zeigt dem Kind, das seine Eltern nicht alles wissen und nur es selbst weiß, wann die richtige Antwort zur Auswahl gestellt ist. In der Frage ist keine verdeckte Anklage enthalten, deshalb muss das Kind sich auch nicht zur Wehr setzen, im Gegenteil: Schon in der Frage sieht das Kind die Antwort erraten und fühlt sich verstanden. Kleine Störenfriede müssen so weder ihre Unschuld beteuern noch andere beschuldigen. Mit einem Kopfschütteln können sie die Frage als falsch zurückweisen. Aber wenn die Eltern den richtigen Beweggrund erraten haben, ist es dem Kind ein Leichtes, das zu erkennen zu geben. Es kann leicht seinen Widerstand ablegen und wird, ohne das Gesicht zu verlieren, viel eher dazu bereit sein, sich anders zu verhalten.

Durch Zuhören verstehen

Alles Verständnis und Verstehen beginnt mit dem Zuhören. Viele Konflikte zwischen Eltern und Kindern rühren aus bloßen Missverständnissen. Patrick kommt aus der Schule nach Hause, wirft den Ranzen in die Ecke und stöhnt: „Ich hasse diese verdammte Schule." Sein Vater riecht sofort Lunte: „Was hast du wieder angestellt?" Wortlos verschwindet Patrick in seinem Zimmer. „Sei nicht gleich beleidigt", ruft sein Vater hinterher, und „Sag mir lieber gleich, was los ist, ich kriege es ja doch raus." Mit seinen Bemerkungen hat er voll daneben gelangt. Bevor er richtig zugehört und überhaupt weiß, was sein Sohn heute erlebt hat, winkt er innerlich schon ab und meint trotzdem, Bescheid zu wissen.

Wer zu schnell bei der Hand ist mit den Kommentaren, kann nicht sehen, worum es eigentlich geht. Pauschalerklärungen wie „jetzt ist er wieder bockig" oder „sie ist so eifersüchtig und aggressiv, seit das Baby da ist" sind oft nur stereotype Deutungen, die über das, was das Kind eigentlich bedrückt, nichts aussagen. Und sie verschließen dem Kind, das etwas auf dem Herzen hat, den Mund. „Wird schon nicht so schlimm sein", oder „Ich wäre froh, wenn ich noch mal zur Schule gehen könnte, das ist die schönste Zeit im Leben", sind Bemerkungen, die sich Kinder häufig anhören müssen, wenn sie wie Patrick mal über die Schule schimpfen. Die Versuchung ist groß für Eltern, dem Kind vorschnell zu sagen, was es tun soll. Rat und gute Vorschläge sind zwar gut gemeint, bewirken aber, dass die Kinder sich nicht verstanden fühlen dürfen – und mit ihrem Problem allein bleiben.

Malte hat mehr Glück als Patrick. Dass er nicht mehr in die Schule gehen würde, hat er seinem Vater neulich mitgeteilt, und sein Gesichtsausdruck ließ keinen Zweifel daran, dass es ihm ernst war. Sein Vater hielt sich zurück. „Hm, also du gehst nie wieder zur Schule", wiederholte er. Fürs Erste verkniff er sich alle Fragen, die seinem Sohn den Eindruck nahelegen könnten, er solle belehrt, kritisiert, bemitleidet oder beschwichtigt werden. „Na ja, diese Woche nicht mehr", ergänzte Malte. „Dann sind Herbstferien und danach sehen wir weiter." Sein Vater blieb ganz ruhig: „Du brauchst mal ne Pause." Das geht eine ganze Weile so weiter. Das Kind kann seinen Gefühlen freien Lauf lassen, und sein Vater tut nichts Anderes, als in seinen eigenen Worten wiederzugeben, was das Kind sagt, wie er es verstanden hat.

Maltes Vater belässt es bei der bloßen Rückmeldung des Gehörten, er enthält sich eines Kommentars. Damit bleibt auch das Problem bei dem, der es hat – bei Malte. Der fühlt sich wiederum verstanden und angenommen und hat schon angefangen, selbst weiterzudenken. „Also wegen dieser Arbeit morgen, einen Vokabeltest nur einen Tag vorher anzukündigen", empört er sich, „das ist doch eine Sauerei." Aber seine Wut ist verraucht. Er hat gemerkt, dass sein Vater ihn verstanden hat, und das ist ihm das Allerwichtigste.

Wer sich mal Luft machen kann, ohne gleich gemaßregelt zu werden, sieht bald wieder klar. Und ist der Lösung seines Problems schon ein Stück näher gekommen. Das kennt man doch von sich selbst. Da kommt man wutschnaubend nach Hause, weil einen der Kollege Müller, der so viel unbegabter als man selber ist, beim Chef angeschwärzt hat. „Ich könnte ihn umbringen, diesen Arsch", sagt man noch so dahin, und dann versucht einem der beste Freund, die eigene Mutter oder der Ehemann, die Wut auszureden. „Er wird schon einen Grund haben, auf dich so sauer zu sein", oder „Wie kannst du so böse über diesen reizenden Menschen reden" oder ein sanftes „Na, so schlimm wird es doch wohl nicht sein", sind Bemerkungen, die einen doch gleich noch viel höher auf die Palme treiben und die Wut gleich noch auf den Menschen ausdehnen, der einen da so beschwichtigen will. Sagt das Gegenüber jedoch: „Das kann ich gut verstehen, dieser Müller macht dir schon länger Probleme" ... wird es dem Aufgebrachten gut tun. Bleibt das Echo noch ein Weilchen geduldig, steigt man vermutlich auch wieder runter von der Palme, und es kommt der Moment, an dem man tief durchatmet und feststellt, „Na gut, es gibt Schlimmeres", oder „egal, jetzt essen wir erst mal was Schönes", und sich angenehmeren Dingen zuwendet.

Eltern, die genau zuhören und sich darauf beschränken, die negativen Gefühle sachlich rückzukoppeln, vermitteln ihrem Kind: „Ich akzeptiere, was du empfindest, egal was es ist." Sie sind dabei, wenn sich ihr Kind mit einer Schwierigkeit plagt, ohne jedoch stellvertretend für ihr Kind zu denken oder zu handeln. Genau darin liegt der Gewinn für beide Seiten. Wer Kindern zuhört, ohne sich einzumischen, nimmt ihnen ihre Schwierigkeiten nicht ab, aber er traut ihnen zu, ihre Probleme selbst zu lösen – so kann die Selbständigkeit und das Verantwortungsgefühl wachsen.

Durch Ich-Botschaften Konfrontation vermeiden

Kinder sind anspruchsvoll und fordern rücksichtslos, auch wenn man selbst schon lange meint, gar nichts mehr geben zu können. Sie halten einen auf, wenn man in Eile ist und bekleckern einen mit Kakao, wenn man ein neues Kleid trägt. Sie quasseln pausenlos, wenn man einen Moment Ruhe braucht. Viele Kinder verlangen lautstark, dass ihre Bedürfnisse erfüllt werden und sind gegenüber den Bedürfnissen ihrer Eltern taub und blind.

Eltern, deren Grenzen durch das Kind verletzt werden, gehen oft unüberlegt auf Konfliktkurs. Sie sprechen das störende Verhalten an, indem sie dem Kind sagen, wie ungeschickt es ist und was es tun sollte: „Musst du denn immer alles kaputtmachen. Finger weg." „Du störst mich jetzt. Wie oft soll ich dir noch sagen, dass du mich nicht unterbrechen sollst." „Du hast das schon wieder falsch gemacht. Hör doch mal zu!" – Sicher müssen Eltern Regelverletzungen ansprechen und darauf dringen, dass ihre Bedürfnisse geachtet werden. Nur wie? Sie sollten es nicht durch Vorwürfe tun. „Immer wieder schreist Du hier herum. Du bist eine furchtbare Nervensäge", ist keine Bemerkung, die die Bereitschaft steigert, sich anders zu benehmen.

Besser geht es mit Ich-Botschaften. Sätze, die mit „Ich" beginnen und beschreiben, wie den Eltern bei Regelverstößen zumute ist, sind aufrichtig. Ich-Botschaften helfen dem Kind, Verantwortung für sein Verhalten zu übernehmen, gerade weil sie ihm nicht vorschreiben, was es tun soll. Vorwürfe sind wenig hilfreich; sie greifen seine Selbstachtung an und betonen seine Unzulänglichkeit. Wer hat schon Lust, sein

Benehmen zu ändern, wenn er beschimpft oder ständig mit Vorwürfen überhäuft wird?

Ich-Botschaften springen über: Sie beeinflussen das Kind, sich ähnlich zu äußern und seinerseits mit Ich-Botschaften seine Empfindungen zu beschreiben. Sätze, die mit Ich beginnen, verzichten darauf, den Anderen zu beschuldigen. Der Sender einer aufrichtigen Ich-Botschaft offenbart dem Anderen seine Empfindungen, nämlich durch dessen Verhalten verletzt, enttäuscht, in Verlegenheit gebracht, ärgerlich oder entmutigt zu sein. Aufrichtigkeit und Offenheit lassen Vertrautheit zwischen Menschen entstehen. Das Gegenteil geschieht, wenn Eltern eine Konfrontation mit einer Du-Botschaft beginnen, die sich ganz schnell zu einem handfesten Streit hochschaukelt, in dem beide Seiten sich nun abwechselnd angreifen und verteidigen.

Die fünfjährige Pia stürzt sich jeden Abend, wenn die Haustür aufgeht, sogleich auf ihren Papa. Sofort ist sie mit Vorschlägen zur Stelle: mit der Kugelbahn spielen, Memory-Karten legen, ein Buch vorlesen. Einen Packen neuer Bilder, „alles für dich gemalt", hält sie ihm unter die Nase. Und jetzt will sie sofort auf Papas Schoß sitzen. Der ist aber ziemlich müde und möchte sich am liebsten erst einmal in den Sessel fallen lassen und die Zeitung lesen. Der macht das allein Richtige und erklärt seiner Tochter das Problem aus seiner Sicht und ermuntert sie, sich eine Lösung auszudenken: „Ich bin so müde, wenn ich abends nach Hause komme. Du willst, dass ich mit dir spiele. Aber ich brauche erst mal eine Verschnaufpause. Was machen wir denn da?" Von Pia kam der Vorschlag, ihm eine Ruhepause zu lassen. „Aber wenn der große Zeiger oben ist, spielst du mit mir." Beide halten sich an ihre Abmachung, und Pia achtet streng darauf, dass niemand, auch ihre Mutter nicht, ihren Papa beim Zeitungslesen stört.

Kein Wunder, dass Pia sich anstrengt, ihren Teil der Vereinbarung zu erfüllen. Sie hat schließlich an der Lösung mitgewirkt. Viele Kinder trauen sich so wenig zu, weil ihre Eltern ihnen nichts zutrauen. Kinder sind erfinderisch, weil ihr Bedürfnis zu tun, was sie gerne wollen, so ausgeprägt ist. Man kann es fast in ihren kleinen Köpfen arbeiten sehen, wenn sie nach einer Lösung suchen, die einerseits die Wünsche der Eltern berücksichtigt und sie andererseits nicht von ihrem Vorhaben abhält. Sie brauchen nur eine Chance, um ihre Fähigkeiten unter Beweis zu stellen.

Miriam und Lars wollen ihre Märchenkassette hören. Gerade hat ihre Mutter die ganze Anlage blankgeputzt. „Lasst mich die CD einlegen, ihr macht wieder Fingerabdrücke überall hin", wollte sie eigentlich sagen. Aber sie überlegt und sagt dann: „Wenn ihr den Deckel anfasst, sieht man nachher Streifen, und ich muss noch mal alles abwischen." Ohne ein Wort fällt Lars die Lösung ein: Sorgsam zieht er seinen Pulloverärmel über die Hände und öffnet den CD-Player, ohne Fingerabdrücke zu hinterlassen. Eltern, die ihre Kinder mit überlegen lassen, werden schnell spüren, wie sie einander näher kommen. Feindseligkeit und Unmut weichen einer Atmosphäre der Zuneigung. Streiten verbindet, wenn man es richtig macht.

Spielregeln für Partner

Kinder sind verschieden, und Eltern sind es auch. Was in der einen Familie heftigen Streit auslöst und tagelang für dicke Luft sorgt, ist in der anderen kein Thema. Es gibt kein Patentrezept, wie man Konflikte aus der Welt schafft. Verschiedene Familien können zu verschiedenen Lösungen des gleichen Problems finden. Hilfreich ist es, eine Routine zu entwickeln, einen Ablauf, der hilft, Auswege aus Konflikten zu finden. Wenn bei Ihnen das nächste Mal der eine dies, der andere jenes will, lassen Sie es doch mal auf einen Versuch ankommen.

Dieses könnten zum Beispiel die Spielregeln sein, die Sie in Ihrer Familie vereinbaren:

- Jedes Familienmitglied sagt, was es möchte.
- Alle machen Lösungsvorschläge.
- Gibt es eine Idee, auf die sich alle einigen können?
- Was machen wir, wenn sich Einer nicht an die Abmachung hält?

Nach einer Weile müssen dann alle wieder zusammen kommen, zum Reden: Taugt die Lösung noch? Was wollen wir anders machen?

Mit solchen Lösungsschritten können Sie einen Ausweg zeigen und ein Verfahren einrichten, Konflikte immer so aufzulösen, dass niemand verliert. Streiten nach Regeln geht leichter, als man manchmal, wenn man schon auf hundertachtzig ist, wahrhaben will. Erwachsene geben durch ihr Handeln ein Vorbild dafür ab, wie man miteinander umgeht. Wenn Eltern ihre Kinder immer wieder ermahnen: „Haut euch nicht, sondern vertragt euch endlich", selbst aber, wenn es ihnen zu bunt wird, mit einem Machtwort alles unterbinden, dann ist das Machtwort wirksam und nicht die sanfte Ermahnung, sich doch zu vertragen.

Nicht immer ist Zeit für lange Debatten, manchmal muss schnell entschieden werden, nicht immer ist ein Kompromiss möglich. Und fraglos gibt es Dinge, die keine Debatten brauchen: Zähneputzen nach dem Essen, Anschnallen im Auto – die Erfahrung zeigt, dass die Dinge, die Eltern wichtig sind, auch stattfinden, wenn Eltern darauf bestehen. Aber Eltern sind keine Heiligen! Der dickste Geduldsfaden kann reißen, und kein Kind nimmt Schaden, wenn mal ein lautes Wort fällt oder ein Hausschuh durch die Luft fliegt. Aus Fehlern kann man viel lernen – wenn man sie einsieht. Wer eine Niederlage einstecken musste, verdient Trost. Wer einen Kompromiss eingeht, verdient Anerkennung und die Versicherung: Beim nächsten Mal darfst du bestimmen. Versöhnung ist wichtig. Eltern können sich jederzeit entschuldigen, wenn sie ihr Kind angebrüllt oder sogar geohrfeigt haben, ohne dass ihnen ein Zacken aus der Krone bricht. Woher sonst sollte ein Kind lernen, es ebenso zu machen?

Bei allem, was wir können, hat Übung den Meister gemacht. Streiten ist da keine Ausnahme. Selbst die ungeduldigsten Eltern werden das leicht einsehen, wenn sie sich daran erinnern, wie lange ihr Kind üben musste, um Schleifen zu binden oder Fahrrad zu fahren. Es fällt uns schwer zu begreifen, dass die Fertigkeit, eine bestimmte Verhaltensweise zu lernen, genau wie einen Streit zu beenden, ebenso probiert und trainiert werden muss. Mit einer Konfliktlösung durch gemeinsam erzielte Abmachungen gewinnen Kinder wie Eltern, weil sie erfahren, wie man Meinungsverschiedenheiten nicht durch Kämpfe, sondern durch Verständnis und mit Phantasie löst, eben indem man verhandelt und konstruktiv streitet. Beginnen Sie in Ihrer Familie, solange die Kinder noch klein sind. Beginnen Sie heute, vielleicht am Wochenende, nach dem Frühstück, wenn ein bisschen mehr Zeit zum Reden ist.

Regeln schaffen einen geschützten Raum

Miteinander zu verhandeln ist ein guter Weg, das Prinzip gegenseitiger Achtung zu beleben. Die Wünsche eines Anderen kann aber nur achten, wer selbst Achtung erfährt. Über Regeln und Rituale in der Familie gemeinsam zu entscheiden, vermeidet nicht nur viele Konflikte, es gibt auch jedem die Sicherheit, dass seine Bedürfnisse berücksichtigt werden.

Regeln sind notwendig für das Zusammenleben in einer Familie, einer Gesellschaft und zur Sicherheit des Einzelnen. Regeln als Grenzen annehmen zu können, heißt aber auch, einen geschützten Raum zu betreten, in dem man sich ausprobieren kann. Wie im Straßenverkehr – 50 Stundenkilometer beträgt die Geschwindigkeitsgrenze in der Stadt. Aber jedem steht frei, langsamer zu fahren: Regeln schaffen Spielräume. Kinder brauchen diese Räume, wie Erwachsene auch, weil sie dort etwas Wichtiges über sich selbst erfahren können. Sie erleben sich als Verursacher, wenn ihre Handlungen Reaktionen hervorrufen, und können ihr Verhalten überdenken.

Ärger, Zorn und Schmerz sind Gefühle, die jeder hat. Sich dafür nicht schämen zu müssen und offen seine Empfindungen ausdrücken zu dürfen, hat jeder Mensch das Recht. Besonders die kleinen Streit-Lernlinge brauchen den Raum und die Zeit, ihre Konflikte offen, fair, laut und mit ihren Körpern auszutragen und sich abzureagieren. Die Phantasie für schöpferische Lösungen gedeiht in dieser Freiheit.

Familienregeln sind der kleinste gemeinsame Nenner. Eltern dürfen sie nicht den Kindern einseitig aufzwingen, sondern müssen sich selbst daran halten. Es freut Kinder nicht nur ungemein, darauf zu bestehen, dass Papa noch einmal vom Tisch aufstehen muss, weil er vergessen hat, sich vor dem Essen die Hände zu waschen, oder Mama zu tadeln, weil sie das Wasser aus der Flasche getrunken hat und zu faul war, sich ein Glas zu holen. So ganz nebenbei und ohne viel Gerede erleben die Kinder einen wichtigen Grundsatz der Demokratie: Autoritätspersonen dürfen schwächere Mitglieder der Gesellschaft nicht zu sozialem Verhalten zwingen, sondern man erreicht es mittels einer Übereinkunft innerhalb der Gemeinschaft.

Eine Familie, in der sich alle mal zusammensetzen und versuchen, ihre mitunter auch unausgesprochenen Regeln zu ergründen, kann etwas Wertvolles über sich erfahren. Plötzlich werden Konfliktlinien oder empfindliche Punkte, an denen sich immer wieder Streit entzündet, sichtbar. Da stellt sich vielleicht heraus, dass der zehnjährige Sohn es für eine Regel hält, dass er nur dann das Geschirr abwaschen muss, wenn seine ältere Schwester nicht zu Hause ist. Die wiederum glaubt, dass sie nur spülen muss, wenn ihre Mutter sie ausdrücklich darum bittet. Oder der Vater ist insgeheim der Meinung, dass seine schmutzigen Socken ihn eigentlich nichts angehen ...

Welche Regeln gelten bei uns? Wer hat sie aufgestellt? Was bewirken sie? Was passiert, wenn sie nicht eingehalten werden? Routinen können Familien dabei helfen, Krisen zu überbrücken, weil sie Sicherheit geben. Regeln können Rituale sichern. Wiederkehrende Zeiten und Handlungen geben Gewissheiten und Selbstvertrauen. Die Geschichte vorm Schlafengehen gehört ebenso dazu wie das Kuscheln am Sonntagmorgen. Alle Beteiligten wissen, woran sie sind. Rituale geben die Möglichkeit, sich auf vorher vereinbarte Absprachen zu berufen und nicht ständig von neuem streiten zu müssen. Kinder gewinnen durch solche Rituale. Gewohnheiten bilden Fertigkeiten aus und versetzen Kinder in die Lage, mit unterschiedlichen Situationen fertig zu werden.

Rituale schützen den Freiraum des Einzelnen. Wenn es zum Bestandteil der Absprache gehört, dass die Kinder abends nach dem Gutenachtkuss im Wohnzimmer nichts mehr zu suchen haben, schützt das die eigene Zeit, die Eltern für sich brauchen. Natürlich stehen die Kinder dann doch wieder auf und haben jede Menge Verlängerungstricks: „Da ist ein Tiger", „Ich habe noch Hunger", „Ich kann nicht einschlafen". Aber Eltern können freundlich und gelassen auf die Regel hinweisen und darauf bestehen, dass sie eingehalten wird. Nichts fördert die Einsicht in die Notwendigkeit, sich an Absprachen zu halten, mehr als strikte Gegenseitigkeit. Eltern müssen dann auch den Anspruch ihrer Kinder auf eigene, nach Lust und Laune verbrachte, ungestörte Zeit am Nachmittag respektieren, ohne zu meckern.

Würde und gegenseitigen Respekt müssen auch Eltern lernen

Erwachsene neigen dazu, die Gefühle von Kindern zu übergehen und als Belanglosigkeit abzutun – „Nun stell dich nicht so an", heißt es schnell, wenn es einem Kind zu peinlich ist, das verschimmelte Gemüse zum Laden zurückzubringen und umzutauschen. „Der tut doch nichts", muss noch jedes Kind sich anhören, wenn es angesichts des Hundes, der mit gebleckten Zähnen angerannt kommt, sich ans Bein seines Vaters klammert. „Das ist doch nicht so schlimm", sagen wir gerne, wenn die Kinder vor Schulbeginn über fürchterliche Bauchschmerzen klagen – und vergessen, wie flau uns manchmal ist, wenn wir uns vor Bürobeginn ausmalen, was die Kollegen wohl heute wieder an Klatsch und Tratsch, Hohn und Spott für uns bereithalten.

Für Kinder sind Gefühle genauso bedeutend wie für Erwachsene, vielleicht sogar noch mehr. Es gibt keinen Grund dafür, den Gefühlen von Kindern nicht mit der gleichen Achtung gegenüberzutreten wie denen von Erwachsenen, auch wenn die Konsequenzen in unseren Augen lächerlich erscheinen. Ein Vierjähriger, der sein Feuerwehrauto verliert, spürt dieselbe Verzweiflung wie sein Vater, der entlassen wird. Die Enttäuschung einer Siebenjährigen, die ihr Puzzle nicht zusammensetzen kann, fühlt sich für sie genauso an wie die ihrer Mutter, die den verstopften Abfluss nicht wieder frei kriegt. „Ich will siebzehn Eiskugeln", sagt ein Sechsjähriger aus tiefster Überzeugung. „So große Lust auf Eis hast du also?" oder „Du spinnst doch. Kommt ja gar nicht in Frage!" – Entscheiden Sie selbst: Welche Antwort transportiert das Quäntchen Achtung, das wir alle brauchen, deutlicher. Wir sagen doch auch solche Sachen wie „Ich brauche ein Jahr Ferien auf Mallorca"…

In Auseinandersetzungen wird meist zuerst die Würde des Anderen mit Füßen getreten. Jedem gewalttätigen Handeln geht die Entwertung des Opfers durch Beschimpfungen, Demütigungen und Herabsetzungen voraus. Konflikte zwischen Eltern und Kindern sind ein gutes Übungsfeld für Auseinandersetzungen, die ohne Verachtung für den Anderen ausgetragen werden können. Kinder haben ein Recht auf Takt und ein beträchtliches Gespür für Würde, dem ihre Erwachsenen den gleichen Respekt zollen müssen, wie sie es für sich selbst gerne in Anspruch nehmen.

Respekt, Toleranz und, ja, ein gewisses Taktgefühl stehen jedem Menschen zu – und gut an. Aus Gedankenlosigkeiten werden schnell Respektlosigkeit, und selbst in den besten Absichten von erziehenden Menschen wimmelt es häufig nur so von Taktlosigkeiten. „Musst du mal pullern???", kreischt es im Puppentheater über drei Reihen hinweg. Einem Baby mag es noch egal sein, wenn seine Mütter mit anderen Müttern die Beschaffenheit seines Stuhlgangs erörtert. Aber wenig ist großen Kindern so unangenehm, wie die Erörterung ihrer pubertätsbedingten Schwachstellen, während sie gesenkten Kopfes daneben stehen. Erst recht sind in kritischen Momenten die besten Vorsätze dahin, wir reagieren in Bausch und Bogen schon auf kleine Missgeschicke. Vermitteln wir dem Kind doch lieber, dass man es selbst als Mensch mit allen guten und schlechten Seiten annimmt, sein Verhalten in einer bestimmten Situation aber nicht hinnehmen will!

Wenn ein sechsjähriges Mädchen seinen Apfelsaft umkippt, kann das für sie zu einer ziemlich unterschiedlichen Erfahrung werden, je nachdem, in was für einer Familie sie lebt und wie man dort mit Fehlern, Missgriffen und Ungeschick umgeht. „Hoppla, wohl ein bisschen viel Schwung heute. Lass uns mal schnell einen Lappen holen und die Bescherung aufwischen, bevor der ganze Saft noch auf den Teppich läuft." Oder: „Ach du meine Güte. Das passiert mir auch manchmal. Ich fühle mich dann immer ziemlich dämlich." Darauf steht es einem Kind völlig frei einzugestehen, ohne das Gesicht zu verlieren: „Ich fühl mich jetzt auch blöd. Ich hab's nicht mit Absicht getan."

Eine andere Mutter herrscht ihre Tochter vielleicht an und schickt sie weg vom Tisch. Noch während sie hinaus schleicht, sagt die Mutter zu ihrem Mann: „Ich weiß nicht, was ich mit diesem Kind noch machen soll. Sie ist ein solches Trampeltier." Die nächsten Eltern reagieren noch härter: Während der Saft über den Tisch läuft, blickt der Vater zur Mutter, zieht die Augenbrauen hoch und isst weiter. Eisiges Schweigen. Die Mutter holt wortlos, aber mit einem geplagten Seufzer, einen Schwamm und wischt den Saft auf, während sie ihrem Kind missbilligende Blicke zuwirft.

Überlegen Sie selbst: Welche Variante lässt die meiste Achtung und Wärme zwischen den Familienmitgliedern spüren? Welche Familie wird dem Kind am ehesten vermitteln, dass seine Ungeschicklichkeit vorübergeht? Welche ist wohl am ehesten geeignet, einem Kind klar vor Augen zu führen, dass zwischen Kritik an der Sache und Kritik an der Person ein himmelweiter Unterschied besteht?

Strafen ohne zu demütigen

Zum Schluss dieses Kapitels wollen wir auf das unangenehme Thema Strafen zu sprechen kommen. Wir erinnern uns: Bei Familie Habacht, wo der autoritäre Erziehungsstil vorherrschte, wurde viel gestraft, durchaus auch handfest. Die körperliche Züchtigung ist nach dem Strafgesetzbuch in Deutschland seit einigen Jahren strikt verboten, aber immer noch halten sich viele Eltern nicht daran. Die Art und Weise, wie die Habacht-Eltern strafen, brachte aber gar nicht das, was sie eigentlich wollten. Die Kinder wurden aggressiv und bauten kein gutes Selbstvertrauen auf. Aber auch bei Familie Lässig, wo Strafen verpönt waren, wo nur auf Einsicht und stundenlange Diskussion und schließlich Nachsicht der Eltern gesetzt wurde, gediehen die Kinder nicht so, wie sich das Mutter und Vater wünschten.

Müssen Strafen wirklich sein? Psychologisch gesehen handelt es sich dabei entweder um die Anwendung eines unangenehmen Reizes, indem man dem Kind etwas zugefügt, was es als sehr unangenehm empfindet, oder um das Entziehen eines positiven Reizes, weil man dem Kind etwas wegnimmt, was es sehr genießt und schön findet. Dazu kann auch gehören, dass ein Kind gezwungen wird, eine Auszeit zu nehmen oder ihm verboten wird, an einer geliebten Familienaktivität teilzunehmen.

Ganz ohne Strafe in diesem psychologischen Sinne kommen Eltern bei der Erziehung ihrer Kinder nicht zurecht. Wenn Kinder Regeln verletzen und Grenzen übertreten, die vorher klar und fair mit ihnen abgemacht wurden, dann müssen Mutter und Vater reagieren – mit irgendeiner Form der Sanktion, denn sonst stellen sie ja die vereinbarten Spielregeln selbst in Frage. Die Spielregeln können dann unterlaufen und ausgehebelt werden.

Ohne Strafen im Sinne von sanktionierenden Signalen, dass ein Regelbruch begangen wurde und man das als Vater und Mutter so nicht hinnimmt, geht es nicht. Entscheidend aber ist, wie gestraft wird. Wenn Strafe wie eine Machtausübung oder eine Rache der Eltern daherkommt, dann kann sie schnell dazu führen, das Kind nur in eine Trotzhaltung und einen Machtkampf zu verwickeln. Wenn die Strafe mal so und mal so ausfällt, dann muss sie von den Kindern als willkürlich verstanden und als ungerecht empfunden werden. Wenn Strafe mit körperlicher Züchtigung oder psychischer Erniedrigung verbunden ist, dann ist sie eine Demütigung, dann kann sie nicht die Wirkung haben, das Kind an die verletzte Regel zu erinnern. Harte und für das Kind gar nicht nachvollziehbare Strafen können Aggressionen auslösen, weil das Kind sich einfach wehrt. Wenn Strafen mit einem Liebesentzug verbunden sind, in dem kaum noch mit dem Kind gesprochen wird, es nicht mehr angesehen, zurückgewiesen oder auch lächerlich gemacht wird, dann kann das zu einer tiefen Kränkung führen, die die Beziehung zwischen Eltern und Kind auf lange Zeit belastet. Das alles sind falsche Formen des Strafens, die am Ziel vorbei gehen.

Die richtigen Formen sind gerechte Strafen, die vom Kind als Konsequenz aus seinem falschen Verhalten verstanden werden können. Die Strafe macht Sinn, weil sie das Kind daran erinnert, wie eigentlich die Vereinbarung war, wie die gemeinsam ausgehandelte Spielregel aussieht. Wenn eine Strafe bewirkt, dass das Kind über sein Fehlverhalten nachdenkt, dann ist sie hilfreich.

Eine gerechte Strafe sichert die Regeln

Am besten ist, wenn das Kind durch die Strafe lernt, die vereinbarte Regel zu verinnerlichen, sodass es sie künftig nicht aus Angst vor der Strafe, sondern aus Einsicht und Überzeugung einhält. Eine gerechte Strafe muss deswegen immer etwas mit dem falschen Verhalten – dem Regelbruch und der Grenzverletzung – zu tun haben. Sie muss eben logisch sein. Das heißt, sie muss in einem Zusammenhang mit dem Regelbruch stehen. Hat das Kind die Spielregel beim gemeinsamen Abendessen verletzt, ist es dabei aggressiv geworden, dann wird es auf sein Zimmer geschickt und muss dort allein zu Ende essen. Die Eltern können androhen, das auch an den folgenden Tagen zu machen, wenn das schlechte Benehmen des Kindes bleibt. Die Eltern können noch einen drauf setzen und dem Kind verbieten, seine Freunde einzuladen, weil sein Benehmen ja so schlecht ist.

Eine solche konsequente gerechte und logische Strafe ist viel besser als das verbreitete Fernsehverbot, denn das hat mit den schlechten Manieren und der Herumpöbelei am Abendbrottisch gar nichts zu tun. Die Strafe soll dem Kind zeigen, welche für das Familienleben wichtige Regel verletzt wurde – nämlich die, nach einem festen Ritual zusammen zu Abend zu essen und sich dabei auszutauschen – und dem Kind die Chance geben, das Verhalten selbst zu korrigieren.

Wichtig ist, eine Strafe schnell und unmittelbar auf das Fehlverhalten folgen zu lassen. Die Strafe darf keine Machtdemonstration sein. Sie muss immer in einem Verhältnis zu dem Regelbruch stehen. Eine kleine Regelverletzung darf auch nur zu einer milden Strafe führen. Eltern brauchen eine abgestufte Dosierung von Strafen, damit sie auf unterschiedliche Schärfegrade der Regelverletzung eingehen können. Halten sich beispielsweise Teenager nicht an die vereinbarten Heimkehrzeiten, kann ein Zeitkonto helfen – besser als ein halbes Jahr Ausgangssperre: Wer heute eine Stunde zu spät kommt, muss morgen eine Stunde früher zu Hause sein.

Das ist alles ganz schön schwierig. Strafen will ebenso wie streiten gelernt sein. Nicht immer fällt Mutter und Vater in einer angespannten Situation eine wirklich gerechte und konsequente Strafe ein. Das alles Entscheidende aber ist, dass die Botschaft beim Kind ankommt. Und die Botschaft muss lauten: „Mein Kind, Du hast unsere gemeinsame Vereinbarung gebrochen, Du hast die Regel verletzt. Darauf reagieren wir. Jetzt bemühe Dich, es beim nächsten Mal besser zu machen." Pädagogen und Psychologen betonen immer wieder, wie wichtig es ist, mit einem solchen Vorgehen die Tat, also den Regelbruch zu bestrafen, und nicht etwa den Täter, also das Kind. Die falsche Strafe wäre es, das Kind als dumm und ungezogen zu bezeichnen – das wäre eine Verallgemeinerung, die mit dem schlechten Benehmen am Abendbrottisch nichts zu tun hat und das Kind ganz allgemein demütigt. Es kränkt das Kind in seiner Selbstachtung. Damit haben die Eltern aber nichts erreicht. Denn wie soll es daraufhin auf die Idee kommen, sich zusammen zu nehmen und beim nächsten Mal wieder höflich am Abendbrottisch zu sitzen und die Spielregeln einzuhalten?

Konsequentes und gerechtes Strafen ist nicht leicht. Sehr knifflig noch ist es, die höchste Dosis der Strafe festzulegen, also die letzte Stufe in der Kaskade von Sanktionen, die man als Vater und Mutter immer bereithalten muss. Soll es wirklich die Ohrfeige oder bei dem kleineren Kind der Klaps sein oder komme ich auch mit anderen klaren Konsequenzen in meinem Verhalten zurecht? Diese Entscheidung muss jede Mutter, muss jeder Vater immer wieder treffen.

Weil Körperstrafen einen so heftigen Eingriff in die Würde des Kindes darstellen, sollte sie vermieden werden. Also lieber als schlimmste Stufe der Strafe dann einmal aus der Haut fahren und das Kind anschreien, die Wut deutlich herauslassen – aber nicht zur Körperstrafe greifen. Jedes Kind hat das Recht auf eine gewaltfreie Erziehung, und

Ohrfeigen und Schläge, die sind nun einmal Gewalt. Entscheiden sich Mutter und Vater dafür, das Aus-der-Haut-Fahren und Wütend-Werden als schwerste Stufe einer Strafe im Programm zu haben – selbst dann müssen sie aufpassen, dass daraus nicht eine Beleidigung und Demütigung des Kindes wird. Denn das wäre auch eine Form der Gewalt, die mehr Schaden als Nutzen stiftet.

Streiten gehört zum Fordern und Fördern

Wenn Eltern es schaffen, gerecht und konsequent zu strafen, dann sind die Auswirkungen auf das Familienleben genau so gut wie beim richtigen Streiten. Streiten und Strafen, das gehört zusammen. Beides verlangt von Eltern Durchhaltevermögen und große Konsequenz. Schaffen sie das, können sie ihren Kindern gegenüber überzeugend demonstrieren, wie man in einer Familie zusammenleben kann. Streiten verbindet, und das gilt auch für das richtige und gerechte Strafen. Mit der Reaktion auf die Verletzung einer Regel und das Überschreiten einer Grenze zeigen Vater und Mutter dem Kind, wie ein gedeihliches Zusammenleben möglich ist – und wie nicht. Natürlich – wer hätte nicht gerne einen glatten, ungetrübten und reibungslosen Alltag, ohne Spannung und ohne Konflikte? Wer empfindet nicht Streitereien als störend, als Belastung für die Harmonie? Wer hat schon gerne Streit?

Aber im Austragen von Meinungsverschiedenheiten liegt nun einmal die Würze des Familienlebens. Kinder können das Gemeinschaftsleben hier am besten lernen. Das Bewältigen von Meinungsverschiedenheiten in einer geregelten und klaren Form, notfalls mit Strafen, ist bei genauem Hinsehen ein Beweis dafür, dass mir an dir etwas liegt. „Wenn ich Streit mit dir habe, werte ich dich nicht ab, sondern auf: das heißt, dass ich Interesse an dir habe." Oft ist auch nicht die fehlende Bereitschaft zu einer Auseinandersetzung das Problem, sondern die fehlende Zeit für einander. Sich miteinander abzustimmen, Konflikte zu regeln oder gemeinsame Normen, Werte und Regeln zu entwickeln, braucht viel Zeit. Befehle wie „Halt den Mund, davon verstehst du nichts" oder „Du gehst jetzt sofort ins Bett", mögen kurzfristig Gehorsam erzwingen, langfristig können Kinder aus Kommandos nichts als Gehorsam lernen, und das Familienklima leidet nachhaltig.

Wo Menschen zusammenleben, geraten ihre Interessen unvermeidlich in Konflikt. Gedanken und Wünsche sind eben verschieden. Es hilft schon, einfach zu akzeptieren, dass Probleme und Konflikte in der Familie normal sind, dass es nicht mit persönlichem Versagen der Eltern zu tun hat, wenn Geschwister aufeinander losgehen oder der Lärmpegel in den frühen Abendstunden unerträglich ansteigt, weil alle müde, gereizt und hungrig nach Hause kommen. Und es hilft ebenso wenig, Streitgründe unter den Teppich zu kehren, weil man sich insgeheim mit der Familie aus der Margarinewerbung vergleicht.

Viel vermeidbares Leiden entsteht in Familien dadurch, dass Konflikte nicht ausgetragen, sondern hinuntergeschluckt, verdrängt, verschwiegen oder umgeleitet werden. Besser, man lernt beizeiten, richtig zu streiten, statt unterschiedliche Auffassungen, Wünsche und Träume aus falscher Rücksicht und Scham voreinander abzuwürgen. Hat man erst einmal etwas Mut zur Unvollkommenheit gefasst, muss man auch gar nicht mehr versuchen, die Anlässe für Konflikte fernzuhalten, sondern kann Kinder mit Konflikten konfrontieren und ihnen dazu verhelfen, diese auch zu ertragen – und gemeinsam nach Lösungen suchen.

6. Kapitel
Kinder brauchen Kinder

Das knapp einjährige Krabbelkind freut sich ohne Wenn und Aber über jedes andere, das seine Eltern ihm auf die Decke setzen. Kindergartenkinder sind da schon wählerischer: Wenn Lilith genauso hingebungsvoll wie Pia mit dem Stoffhasen spielt, wird Freundschaft geschlossen. Philipp und Paul haben seinerzeit, kaum dass sie laufen konnten, ihr Herz füreinander beim Bauen mit Legosteinen entdeckt. Die Leidenschaft für komplizierte Weltraumfahrzeuge mit blinkenden Lämpchen, eine gewisse Kompetenz beim Bau von Ozeanriesen und die Hingabe ans Bauen von Verladestationen weiß einer am anderen wohl zu schätzen. „Philipp ist mein bester Freund", sagt Paul. „Und wenn Philipp verreist, dann ist Samuel mein bester Freund." Kinder im Vorschulalter suchen ihre Freunde danach aus, ob sie auf ihre Wünsche beim Spielen eingehen und ob sie in greifbarer Nähe wohnen.

Mit dem ersten Schultag beginnen dann richtige Kinderfreundschaften. Weil der Kreis der Kinder größer wird, ist jetzt auch noch stärker die Fähigkeit, Konflikte auszutragen, gefragt. Hier, mitten unter den anderen Jungen und Mädchen, muss sich das Kind behaupten und arrangieren. Freunde finden und Freundschaften zu pflegen ist eine der wichtigsten Herausforderungen für die Kinder, denn allein kann ein Mensch im Leben fast nichts erreichen.

Spielkameraden wissen das: „Was wollen wir spielen?", heißt es, und schon geht es los. Da wird jedes Ansinnen geprüft, zurückgefragt, Bedingungen gestellt, auf Gegenseitigkeit gedrängt. Vergangene Ereignisse werden gegen jetzige aufgerechnet, überzogene Forderungen zurückgewiesen und unhaltbare Drohungen probiert. Sie begegnen sich von gleich zu gleich. Von Spielgefährten und Freunden sind sie nicht abhängig, und alle haben gleich viel Entscheidungsmacht, jedenfalls nicht mehr als man selbst. Sie kennen die Welt ebenso wenig und haben mit denselben alltäglichen Schwierigkeiten zu kämpfen. Umso hartnäckiger pochen Kinder darauf, dass keinem ein besonderes Vorrecht zugestanden wird. Zur Debatte steht alles, zur Verhandlungsmasse zählt viel. Unzählige Male am Tag stecken Kinder in Situationen, aus denen sie nur durch Verhandlungen von gleich zu gleich wieder herauskommen.

Das ist manchmal mühselig. Kommt eine Vereinbarung zustande, gibt es Spaß und vergnügtes Spiel. Was aber wenn nicht? Beleidigt geht der Freund nach Hause, und alles erscheint öde. Manche Kinder meiden solche Situationen, ziehen sich zurück. Einige versuchen, sich andere durch Bestechung gefügig zu machen. Andere setzen auf Drohungen und haben damit kurzfristig Erfolg. Stabile und gute Beziehungen sind so allerdings nicht zu schaffen. Die wirkliche Lösung besteht darin, das Aushandeln zu lernen. Das geht am besten in Freundschaften.

Die Kindergemeinschaft bildet die nächste Generation

Eltern müssen sich klarmachen: Was das Kind mit anderen Kindern unternimmt, ist etwas unerhört Wichtiges: Es orientiert sich auf eigene Faust und auf breiter Basis über seine Alters-genossen. Es sucht die Begegnung mit denen, die es ein Leben lang begleiten werden, als Mitschüler, Mitlerner und später als Arbeitskollegen, Liebhaber, Nachbarn, Bekannte und Vorgesetzte, als Objekte leidenschaftlicher Gefühle und als Partner. Der Austausch und das eifrige Gerede über bestimmte Comicfiguren, Barbiepuppen, Markenturnschuhe, über gute Kumpels und beste Freundinnen, darüber, was cool ist und was voll blöd, ist der Anfang einer lebenslänglichen Auseinandersetzung mit der eigenen Generation, mit den Menschen, die dem Kind über alle Unterschiede hinweg auf eine bestimmte Art immer näher sein werden als andere.

Eltern können kaum etwas Besseres für ihre Kinder tun, als sie zu ermuntern herauszufinden, mit wem sie es jetzt und später einmal zu tun haben werden. Und auch, welche Rolle sie spielen können und wollen in einer Gemeinschaft außerhalb der Familie. Denn die Familienmitglieder kennen einen doch nur allzu gut: Tricks ziehen nicht, und viele Ansätze zur Verhaltensänderung bleiben unbemerkt, Talente unentdeckt. Kinder brauchen auch die Wertschätzung außerhalb der Familie: Ein Kind, dem es gelingt, einen anderen Menschen, der ihm nicht

verpflichtet ist, für sich zu gewinnen, hat eine wirkliche Leistung voll-
bracht. Sie ist zugleich der erste Schritt in die vielfältigen Sozialformen,
in denen sich die Leben der Menschen miteinander verknüpfen.

Kinder bieten sich gegenseitig Anregungen, fordern Fähigkeiten heraus und tun sich zusammen. Wenn man sie dabei sich selbst überlässt,
entwickeln sie erstaunliche Wege, miteinander klarzukommen. Hier in
der Kindergemeinschaft entsteht schließlich die soziale Welt der nächsten Generation. Erwachsene können zwar Werte und Haltungen vermitteln und Vorbilder geben. Aber sie sind immer überlegen und können kindliche Partner nicht ersetzen.

Kinder brauchen Kinder. Nur in der Diskussion einander Gleich-
gestellter lässt sich die Erfahrung machen, was ein Beweis, ein Kompromiss und ein Beschluss mit tragfähiger Begründung ist. Gerade die
kleinen Sticheleien und das Quatschmachen locken Fähigkeiten hervor. Im Spiel an der Grenze zwischen Unfug und Spaß versuchen Kinder mit viel Ausdauer, die anderen vom harmlosen Charakter ihres
Verhaltens zu überzeugen und fürs Mitmachen zu gewinnen. Sie entwickeln erstaunliche Fähigkeiten, das Spiel zustande zu bringen und
vorm Umkippen in nicht akzeptable Verhaltensweisen zu schützen. Sie
zeigen Einfühlungsvermögen, sie rechtfertigen, erklären, beteuern ihre
guten Absichten. Wenn man berücksichtigt, wie wenige Gelegenheiten
die veränderte Kinderwelt bietet, eigenverantwortlich unter Kindern
Regelungen und Beschlüsse herbeizuführen, sind Elternhaus und Schule doppelt herausgefordert, der Pflege freundschaftlicher Beziehungen
unter Kindern mehr Raum zu geben.

Das Aushandeln von Standards sozialen Verhaltens ist ein wichtiger
Kontinent in der Kinderwelt, der durch Umweltveränderungen stark bedroht ist. Es liegt auch an den beengten Lebenswelten unserer Städte, dass
so viele Kinder den uralten Fundus an Regeln nicht mehr kennen, mit
denen man Konflikte entschärfen kann. Kinderspiele sind Hilfsmittel,
um die sozialen Fähigkeiten zur Entfaltung zu bringen. Abzählreime führen aus Entscheidungsschwierigkeiten heraus, wenn die sachliche Begründung oder der handgreifliche Interessenskonflikt die Kontrahenten
überfordert. Stolperreime, der Ehrenkodex, Geschicklichkeitsspiele und
Hohnrituale sind ureigene Formen von Kindern, mit denen sie die Regeln des Zusammenlebens mit den anderen Kindern einüben. Nehmen
wir den Kindern die Straße, dann entschwindet dieser Kontinent.

Geschwisterstreit und wozu er gut ist

Wer sie hat, beginnt mit dem Einüben bei den eigenen Geschwistern. Luis und Thilo zerren beide an einem Spielzeugauto. Beide schreien, und Thilo weint schon. „Das ist gemeeein" und „Mammaah! Er hat mich gehauen!"

Wenn sich Geschwister in der Wolle haben, meinen die Eltern schnell, eingreifen zu müssen. Denn nichts nervt sie mehr als die ewigen Streitereien der Geschwister. Für alle unangenehmen Verhaltensweisen, zu denen die Kinder fähig sind, für Trotz und hartnäckige Lügen, angesichts von Zerstörungswut und Aufsässigkeit kratzen Eltern noch mühsam ihren letzten Rest von Verständnis zusammen. Aber wenn ihre Kinder ständig mit den albernsten Anschuldigungen aufeinander losgehen, ist der Geduldsfaden schnell gerissen. Die Kinder erwarten, dass der herbeigerufene Papa oder die Mama in die Rolle des Schiedsrichters schlüpfen. „Ich will schlafen. Aber Max redet dauernd", jammert seine kleine Schwester Elsa. „Papa, du musst ihm sagen, dass er ruhig sein soll. Und aus dem oberen Bett tönt es erbost: „Sie hat angefangen, ich habe schon fast geschlafen, und sie hat Kackfurz gesagt, und dann hat sie angefangen zu singen."

Kluge Eltern hüten sich, Partei zu ergreifen. Das macht alles nur noch schlimmer, weil so ein starkes Motiv für den lautstarken Streit entsteht: So können Kinder sich die Aufmerksamkeit der Eltern sichern. Das schaffen sie eigentlich immer. Ein Schrei, und schon kommt Mama angerannt und faucht einen, meistens den größeren und stärkeren, an: „Was hast du wieder gemacht?" Leider ist die Gefahr, den Falschen zusammenzustauchen, sehr groß. Man könnte es am boshaften Glitzern in den Augen des angeblichen Opfers erkennen, wenn man sich schnell genug in seine Richtung umdrehen würde.

Wenn der Streit aufflackert, ist man schließlich nicht dabei, und hinterher können die Kinder viel erzählen – was sie hemmungslos tun, nur um des Vergnügens willen, ihren Widersacher anzuschwärzen und ordentlich ausgeschimpft zu sehen. Außerdem lässt es die zurechtgewiesene Partei umgehend auf Rache und Vergeltung sinnen, und dann läuten die Kampfhähne und -hennen schon ein paar Minuten später die nächste Runde ein.

Wenn die Eltern feststellen wollen, wer Recht hat und wer nicht, wer angefangen hat, wer schuld ist, eignen sie sich Probleme an, die nicht die ihren sind. Sie übernehmen die Verantwortung und entscheiden, wie die Lösung aussehen soll. Der Schiedsspruch der Eltern verhindert aber, dass die Kinder sich selbst anstrengen, um eine Einigung zu erreichen. Besser man gibt zu verstehen, dass man sich einfach nicht angesprochen fühlt, wenn das Gezeter losgeht. Für ein lahm dahingesagtes: „Schade, dass ihr euch wehgetan habt", oder „Tut mir leid, dass ihr schon wieder Streit habt" lohnt es sich nicht, petzen zu gehen. Das zeigt den streitenden Geschwistern genauso wie beifälliges Kopfnicken zu beiden Seiten: Annahme verweigert, zurück zum Absender.

Wenn aber eine Lautstärke erreicht ist, die das Trommelfell vibrieren lässt und die Kinder sich mit Kraftausdrücken überhäufen, wüste Anschuldigungen hin und hergehen oder sogar Blut fließt, sind die Eltern notgedrungen auf den Plan gerufen. Denn jetzt muss Ruhe und Besonnenheit in die Auseinandersetzung gebracht werden. Beruhigen Sie die Hitzköpfe, erwähnen Sie beiläufig, Sie wüssten schon, wer der Schuldige sei, und lassen Sie es dabei bewenden. „So lange ihr euch streitet, kann keiner mit dem Auto spielen. Wollen wir mal zusammen überlegen, wie es weitergeht?" wäre ein Angebot.

Geschwister haben sich zum Streiten gern. Schwierigkeiten mit den Eltern sind dazu nicht so gut geeignet, denn Eltern sitzen doch immer am längeren Hebel. Auseinandersetzungen mit Freunden sind noch problematischer: Der Gegner kann sich aus der Affäre ziehen, indem er einfach weggeht und nicht mehr zum Spielen kommt. Geschwister haben es besser: Wenn das durchdringende Wutgeheul verstummt ist, kommen die guten Seiten des Geschwisterstreits zum Vorschein. Jeder hat annähernd gleich viel in die Waagschale zu werfen: Beide haben den gleichen Status, sie sind annähernd gleich stark und wortgewandt.

Im Bruderzwist und Schwesterstreit kann keiner sich so einfach aus dem Staub machen. Ein Bruder oder eine Schwester wird weder allzu schnell klein beigeben noch die totale Niederlage des anderen anstreben. Es muss zu einer Versöhnung kommen, weil sonst keiner in Frieden weiterleben kann. Geschwisterstreit ist schon allein deshalb eine gute Vorbereitung auf die ruppige Welt der Gleichaltrigengruppe. Geschwister können wie Sparringpartner im Boxring sein. Das natürlich auch und vor allem dann, wenn sie Halbgeschwister oder Stiefgeschwister in Patchwork-Familien sind. Als Geschwister lernen die Kinder täglich was fürs Leben.

Geschwister haben ein Gefühl für Gleichheit

„Wenn man den beiden zusieht, könnte man meinen, die hassen sich aus tiefstem Herzen", meint die Mutter von Oliver und Leon traurig. Der Eindruck trügt kaum – manchmal hassen sich Geschwister wirklich. Normalerweise allerdings hassen sie sich nur mal eben für Momente oder einen Nachmittag lang. Geschwister können sich, genau wie Ehepaare, fürchterlich auf die Nerven gehen, wenn sie zu eng aufeinanderhocken. Unter schlechten Bedingungen, wie etwa sehr beengten Wohnverhältnissen oder besonders ungeschicktem Verhalten der Eltern, kann die Rivalität unter Geschwistern zu loderndem Hass werden und bedrückende Formen annehmen. Materielle Gunstbeweise müssen Eltern sehr fair verteilen. Bei Abschiedsküssen und Schmusestündchen einen mehr als den anderen zu bedenken, ist genauso verpönt.

Aber die Gleichbehandlung ist kompliziert. Denn jedes Kind ist nun einmal – welch ein Glück! – anders und will auf seine Weise gefordert und gefördert werden. Zwei Kinder, die altersmäßig nahe beieinander liegen, können beide ins Kino, ins Theater und auf den Flohmarkt mitgenommen werden, aber sie werden das jeweils anders erleben. Schwierig wird es auch, wenn die Geburtstagsparty des einen Kindes nach Ansicht des anderen viel schöner als die eigene war, obwohl Vater und Mutter alles genau gleich gemacht haben.

Eltern müssen sich zwar nicht dazu hergeben, das Stückchen Schokolade für jedes Kind mit der Briefwaage abzuwiegen. Aber schon der Versuch, Gleichwertigkeit zu schaffen, hilft oft, ein waches Auge auf jedes Kind und seine Wünsche zu haben. Sind mehrere Kinder in der Familie, muss es das Ziel der Eltern sein, die Rivalität unter den Geschwistern abzuschwächen, indem jedem eine Nische angeboten wird, wo man sich ohne die Konkurrenz des Geschwisters entfalten kann. Und auch eine feste wöchentliche Verabredung mit jedem Kind alleine nimmt erheblichen Dampf aus dem Kessel. Zu wissen, dass man Mama oder Papa am Samstagnachmittag von zwei bis vier für sich alleine hat, verschafft einem kleinen Neidhammel so viel Luft, dass er dem anderen Neidhammel vielleicht auch mal etwas gönnt.

Brüder und Schwestern konkurrieren um die Aufmerksamkeit und Liebe ihrer Eltern, sie haben ein ausgeprägtes Gefühl für Gleichheit. Ihre Fehden werden alle im Namen der Gerechtigkeit geführt; der Schrei „das ist aber ungerecht" läutet noch immer die nächste Balgerei ein. Wenn Geschwister wie Hund und Katz zueinander sind, haben auch die Eltern Fehler gemacht.

Die klare Linie in puncto Eigentum ist wichtig. Jedes Kind hat ein Recht auf die Dinge, die nur ihm alleine gehören, da darf man keinen Übergriff dulden. Kann ein Kind sich darauf verlassen, dass seine Sphäre respektiert wird, geht es auch kaum an die Kiste der Geschwister ran. Manche Spiele oder die Malutensilien gehören allen Geschwistern zusammen, der Zeichenblock allerdings war mal ein Geschenk von Tante Karin für Marie ganz allein, oder war das für Philipp? Wenn man den Hickhack um ungeklärte Eigentumsverhältnisse nicht mehr erträgt, kann man versuchen, den Parteien etwas gelangweilt klarzumachen, dass keiner diesen Gegenstand benutzen kann, solange darum gestritten wird und dass es besser ist, sich auf einen Kompromiss zu einigen. Gibt ein Kind immer nach und lässt dem anderen den Vortritt, hat es Lob verdient: In einem Gespräch unter vier Augen kann man ihm sagen, wie stolz man auf dieses faire Verhalten ist.

Es gibt Tage, an denen kein Gezeter aus dem Kinderzimmer dringt, keine Verfolgungsjagd durch die Wohnung tobt und nur das Klacken der Legosteine das Geplapper der spielenden Kinder begleitet. Bevor diese Idylle vom nächsten Zank gesprengt wird – und das wird sie mit Sicherheit – kann man doch mal überlegen, wie lange Zeiten die Kinder jeden Tag freundlich, partnerschaftlich und sogar rücksichtsvoll miteinander umgehen. Verglichen mit den Momenten von Ärger, Unfrieden und entnervenden Streitereien machen die friedvoll miteinander verbrachten Stunden den größeren Teil aus. Bei keinem Freundes- oder Liebespaar käme man so leichtfertig auf die Idee, ihre Beziehung als feindselig zu bezeichnen, wenn lange Zeiten der Harmonie und Liebe von einem Streit unterbrochen werden. Es ist häufig unsere eigene Unfähigkeit, mit Konflikten und Aggressionen angemessen umzugehen, die uns so überempfindlich auf ganz natürliche Streitereien unter Geschwistern reagieren lässt.

Die lieben Freunde: Anderer Leute Kinder

Große Familien mit vielen Kindern mögen sich selbst genug sein, es gibt sie aber immer seltener. Vielfältige Freundschaften müssen her, um das Bedürfnis von Kindern, mit anderen Kindern zusammenzusein, zu stillen. Die Kinder anderer Leute sind heute wichtiger denn je für die eigenen Kinder. Viele Eltern legen sich schwer ins Zeug, um auf dem Spielplatz Kontakte anzubahnen, im Kindergarten Freundschaften zu stiften und – wo immer es sich ergibt – Spielnachmittage zu arrangieren. Sie wissen: Mehr als Geld und einen tollen Job und viel mehr als gutes Aussehen oder hohe Intelligenz braucht man im ganzen Leben echte zuverlässige Freunde. Wer sonst lässt einen schon auf seinem Sofa übernachten, verleiht Geld, ohne zu fragen wofür und wie lange, bei wem kann man sein Herz ausschütten? Nur Freunde tun das füreinander.

Was Freunde sind, das lernen Kinder zuerst von ihren Eltern. Freuen sie sich über Ihre Freunde, dann erlebt Ihr Kind unmittelbar, dass Freundschaften wertvoll sind. Erzählen Sie Ihrem Kind, wenn Sie etwas für Ihre Freunde tun. Rollen Sie nicht mit den Augen, wenn schon wieder das Telefon klingelt und sie fürchten, dass es wieder Dieter ist, der sie in ein langes Gespräch über seine nächsten Karriereschritte und den Klatsch im Büro verwickelt. Auch wenn Sie hektisch Fratzen schneiden und „Ich bin nicht da" gestikulieren, sobald Ihre Freundin Sie am Telefon zu sprechen wünscht, wird Ihr kleiner Junge oder Ihr kleines Mädchen daraus die richtigen Schlüsse ziehen. Und vielleicht sogar vorschlagen: „Sag doch einfach, dass du jetzt gerade keine Lust zum Telefonieren hast, weil du mir noch die Geschichte zu Ende vorlesen musst."

Öffnen Sie Ihre Tür: Sie können Ihre Kinder ermuntern, auf andere Kinder zuzugehen und sich freuen, wenn Ihre Kinder Besuch haben. Sie werden ihnen aber die Sympathie für andere ausreden, wenn Sie den Umgang mit bestimmten Kindern verbieten oder klammheimlich die Bereitschaft Ihrer Kinder zu sozialen Kontakten untergraben, indem Sie durch Ihr Verhalten zu verstehen geben, dass die Anderen immer ein störendes Ärgernis sind.

Wenn die Eltern selbst gesellig sind und gerne Gäste haben, werden auch die Kinder leicht auf die Idee kommen, Spielgefährten einzuladen. An kleinen Gesten erkennen Kinder rasch, ob Freundschaft bei ihnen zu Hause etwas gilt: „Ist es nicht gleich immer furchtbar laut, sobald sie zu zweit sind", sagt Franks Mutter völlig gedankenlos zum Vater von Felix, als der seinen Sohn vom gemeinsam verbrachten Nachmittag abholt. Es stimmt ja – aber Franks Mutter behält das doch wohl besser für sich, wenn sie bei ihrem Sohn den Eindruck verhindern will, Besuche seien etwas Unerwünschtes und eigentlich eine Last. Auch dem kleinen Valentin, der scheu und zurückhaltend gegenüber anderen Kindern ist, wird wenig geholfen sein, wenn seine Mutter das noch mit Bemerkungen wie „Ach mein kleiner Schatz, komm lieber mit zu Mami", unterstützt.

Kinderfreundschaften können so unbeständig wie das Aprilwetter sein, aber deswegen sind sie nicht oberflächlich. Gerade Mädchen scheinen nur so zum Spaß die ganze Skala zwischenmenschlicher Beziehungen durchzuprobieren. „Laura ist meine allerbeste Freundin", hieß es noch gestern, und heute ist alles wieder anders: „Ich will Laura niemals wiedersehen. Sie ist so eine blöde Kuh", sagt Marie. Was natürlich nicht heißt, dass Laura nicht übermorgen zu Maries Geburtstagsparty eingeladen ist, denn: „Sie ist schließlich meine Freundin".

Gute Freunde sucht man sich selber aus

Je früher ein Kind das Gefühl hat, sich frei und unbeschwert einen Freund aussuchen zu können, desto besser. Sie halten den kleinen verhätschelten David aus der Schulklasse Ihres Sohnes vielleicht für ungeeignet und sehen es gar nicht gerne, wenn die beiden den ganzen Nachmittag im Kinderzimmer verschwinden und erst der Hunger sie wieder heraus treibt. Wenn die Freundschaft hält, atmen Sie tief durch, und lassen Sie die beiden gewähren.

Bieten Sie Ihrem Kind, so lange es klein ist, eine Auswahl passabler Spielgefährten. Und wenn es seine eigenen Bekanntschaften mit nach Hause bringt, seien Sie freundlich. An diesen Moment werden Sie sich wehmütig erinnern, in ein paar Jahren, wenn Ihre Fragen nach den Freunden Ihres Kindes mit einem beunruhigenden „Das geht dich gar nichts an" abgetan werden.

Besonders ärgerlich für Eltern ist es, wenn das eigene Kind nach einem Besuch bei anderen Leuten verächtlich die selbst genähte Stoffpuppe in die Ecke wirft und aufzählt, wie viele Puppen samt unterschiedlichster Gerätschaften Janine hat. Erklären Sie Ihrem Kind ruhig, warum Sie diese ganzen Dinge nicht gekauft haben, aber reden Sie ihm nicht die Sympathie zu Janine aus. Auch nicht dadurch, dass Sie dieses andere Kind herabsetzen: „Was, diese aufgeputzte kleine Gans findest du nett? Kann die denn überhaupt Fahrrad fahren? Ich wette, die hat Angst, sich schmutzig zu machen?"

Die Zuneigung Ihres Kindes zu einem anderen, das immer verdächtig viel Geld bei sich hat, zuviel fernsieht oder über seine Eltern herzieht, lässt Sie vielleicht stutzig werden. Es ist ärgerlich, wenn Ihr wohlerzogener, lieber kleiner Junge plötzlich mit Ausdrücken auftrumpft, die er bei dem großen Bruder eines neuen Spielkameraden aufgeschnappt hat. Beobachten Sie alle diese Bekanntschaften aus gebührender Entfernung mit wachsamen Augen, halten Sie auch mit Ihrer Meinung nicht hinter dem Berg, aber wenn Sie es Ernst meinen mit der Freiheit Ihres Kindes, Freundschaften zu schließen, schreiten Sie besser nicht ein. Wenn Sie offen mit Ihrem Kind darüber sprechen, werden Sie sicher herausfinden, was es an diesem anderen Kind so schätzt. Und wenn Ihr Gefühl richtig ist, wird der Kontakt auch bald durch einen anderen abgelöst. Wichtig ist die gute Atmosphäre zu Hause, viel Kontakt zum Kind – dann fühlen sich auch andere Kinder angesprochen und kommen gerne vorbei. Da können Sie auch ein wenig nachhelfen, und vielleicht ist dann ja ein weiterer Spielkamerad für Ihr Kind dabei.

Geschwister streiten aus Gewohnheit, Freunde brauchen einen guten Grund – das macht sie füreinander so wertvoll. Der Beitrag, den die Erfahrung von Freundschaften aller Art für die gesunde Entwicklung von Kindern leistet, ist sehr groß. Freunde sind nicht nur vergnügt zusammen und unterstützen sich gegenseitig. Richtige Freunde konkurrieren auch mal miteinander und streiten sich intensiv.

Kinder lernen von Kindern

Ein paar Jungen um die zehn Jahre spielen Fußball auf dem Hof: kein Spielfeld, keine Auslinien, nur eine Jacke und ein Schulranzen vor der Mauer. Und es gibt schon gar keinen Schiedsrichter in schwarzen Hosen, der im Zweifel entscheidet, wer Recht hat, man traf sich halt in der Nachbarschaft. Ein Schuss aufs Tor, der Torwart streckt sich, der Ball kracht an die Hauswand und prallt aufs Pflaster zurück. „Tor!", brüllen der Torschütze und seine Mannschaft. Sie werfen die Arme hoch. „Latte!", brüllen die anderen umgehend zurück. Da ist aber keine Latte, genauso wenig ein Tor. Sie wollten sagen, dass der Ball zu hochgeflogen kam und deshalb das Tor nicht zählt.

Schon geht der Streit los. Nach den üblichen Beleidigungen, Rempeleien und Knüffen finden beide Parteien einen Kompromiss. Das Tor zählt, dafür bekommt die jetzt ins Hintertreffen geratene Mannschaft nachträglich einen Elfmeter zugesprochen, für ein Foul „von vorhin". Das Spiel scheint gerettet. Doch schon flackert der nächste Streit auf, darüber, „wo Elfmeter ist". Kaum hat man sich auf einen Punkt geeinigt, von dem aus geschossen werden darf, schreit der Kleinste: „Mit TeWe!!" Man streitet also darüber, ob der Torwart ausgewechselt werden darf. So geht das weiter, bis das Spiel endgültig platzt, weil zwei Kicker sich ständig übervorteilt fühlen. Sie nehmen die beiden anderen aus ihrer Mannschaft mit und steigen aus.

Ein missglücktes Spiel? Keineswegs. Denn es ging um viel mehr als nur darum, den Ball zu treten. Wenn Kinder mit Kindern spielen, handeln sie aus, „wie es sein soll". Sie sind Partner, die versuchen, sich wechselseitig zu übervorteilen und die sich dabei gleichzeitig Grenzen setzen, denn schließlich braucht der eine den anderen zum Mitspielen. Streiten, Spielen und Aushandeln sind innig gemischt. So entwickeln sie ganz allmählich immer wieder zu erstreitende Vorstellungen vom fairen Spiel, die man im Zusammenleben gut gebrauchen kann.

Kinder, die miteinander spielen, lernen zuzuhören, wenn andere ihre Meinung vortragen, Gegenvorschläge zu machen und ringen sich Zugeständnisse ab, damit das Spiel in Gang bleibt. Will einer in der Gruppe immer der Bestimmer sein, werden die anderen das nicht unwidersprochen hinnehmen. Argwöhnisch achten die Kinder auf Gleichheit. Niemand darf sich mit seinen besonderen Anlagen, Ideen und Möglichkeiten über die anderen erheben. Angeber riskieren, ausgeschlossen zu werden. Der Gleichheitsgrundsatz verlangt strikt, dass einer nichts in Anspruch nehmen darf, was er nicht selbst beitragen kann: Wer das spendierte Eis nicht alsbald mit etwas Gleichwertigem zurückzahlt, riskiert ebenfalls den Ausschluss. Von der Fähigkeit, Konflikte auszutragen, leben ihre Freundschaften. Ein empörtes „Das gildet aber nicht", läutet immer wieder eine neue Verhandlungsrunde ein.

Sie wollen ja Zusammensein, Spiele erfinden, ihren Bewegungsdrang samt Bodycheck in vergnügliche Bahnen lenken. Kissenschlachten, Raufereien und den Platz zum Toben brauchen Kinder genauso wie lautstarke Debatten über Tore, die gelten und Vorteile, die sich andere verschaffen. Nichts gegen den Judoclub am Dienstagnachmittag, das regelmäßige Eishockeytraining oder Voltigieren und den Ballettkurs. Das alles sind Veranstaltungen, bei denen Kinder Geschicklichkeit lernen, von Erwachsenen moderierte Spielregeln einüben und einen körperlichen Ausgleich für das stundenlange Stillsitzen in der Schule finden. Aber das schier endlose Palaver darum, wer angefangen hat, wie fest man hauen darf, wie viel man abgeben muss, das Aushandeln verschiedener Konflikte – das ist die eigentliche Aufgabe, an der die Kinder in diesem Alter wachsen. Die lässt sich nur da lösen, wo die Erwachsenen weit weg sind.

Wie sich die Vorstellungen von Freundschaften verändern

Orte, an denen Kinder unter sich sein, eigene Spielregeln einführen und ausprobieren können, sind allerdings rar geworden. Der käfigartig umzäunte Bolzplatz eignet sich nicht allzu gut zum Straßenfußball. Das Schwimmbad gleicht nicht den Flüssen und Seen, in denen man wild baden kann. Die Hinterhöfe zum Spielen gibt es selten, viele sind mit Garagen zugebaut. Auf dem Bürgersteig ist kein Raum zum Spielen, dafür aber viel Platz für parkende Autos. Angesichts dieser Lebensverhältnisse fehlen die Spielräume für unbeaufsichtigte, selbständig gestaltete Spiele.

Kinder halten sich heute den größten Teil des Tages in geschlossenen Räumen auf. Da müssen sich Eltern schon etwas einfallen lassen, um zum Beispiel in einer verkehrsreichen Großstadt, wo jedem Kind statistisch zwei bis drei Autos gegenüberstehen, ihren Kindern angemessene und spontane Spielmöglichkeiten mit ihresgleichen zu eröffnen. Notfalls muss man sich gegen die Nachbarn durchsetzen und die Garage zur Erwachsenen freien Zone erklären. Oder akzeptieren, dass die Zehnjährigen sich beim Nachbarn, der erst um sechs nach Hause kommt, nachmittags stundenlang zum Computerspiel verabreden. Sie können ja zwischendurch mal rüberschauen, um die Übersicht zu behalten.

Es ist für Eltern ganz hilfreich, Verständnis dafür zu entwickeln, wie sich die Muster von Freundschaften mit dem Alter ihrer Kinder verändern. Bis zum Alter von acht, neun Jahren nennen die Kinder jeden einen Freund oder eine Freundin, mit dem sie in einem regen Austausch stehen, mit dem viel gleichzeitig gemacht wird und eine Art Solidarität herrscht Deswegen meinen die kleineren Kinder auch, sehr viele Freunde zu haben, weil es so leicht ist, Freundschaft zu schließen. Alle sind Freunde, die einem wohl gesonnen sind und einen nicht verletzen. Der Freund aber, der einen spitzen Bleistift nach dem siebenjährigen Robert warf, der war jetzt keiner mehr, die Beziehung wurde sofort abgebrochen. Schließlich sucht man sich die Freunde aus, die einen nicht verletzen wollen und können.

„Wollen wir baden gehen?", fragt der sechsjährige Benny seinen großen Freund, den zwei Jahre älteren Johannes. „Nö, keine Lust", sagt der, darauf Benny „Doch, du hast Lust!" Streit liegt in der Luft, erste Rempeleien werden gegenseitig an den Mann gebracht. Irgendwann hat Johannes dann zu derb hingelangt: Benny weint. „Dafür kannst du mich jetzt ins Wasser werfen", bietet Johannes an. Alle Achtung – mit seinem Vorschlag hat er eine Wiedergutmachung angeboten, die zwischen den beiden die Gleichheit wiederherstellt. Benny akzeptiert.

„Wie du mir, so ich dir", heißt das Verfahren. Es zeigt, wie streng sich Kinder auf den Grundsatz der prinzipiellen Gleichheit berufen. Ist die Gegenseitigkeit gewahrt, kann das Spiel weitergehen. Sich zu zanken bedeutet für die meisten Kinder in diesem Alter, körperlich aneinanderzugeraten. Sich gegenseitig etwas wegzunehmen ist ein klassischer Streitgrund jüngerer Kinder: „Einer will dies haben, und einer will das haben. Der sagt: Nein, das ist meins. Dann kriegst du auch nicht meins. Und dann kloppen wir uns", erklärt die sechsjährige Anja, wie es zum Streit kommt. Man kloppt sich, wenn man Streit hat. Mit Hauen, Beißen, Kratzen oder sich an den Haaren ziehen geraten die Kinder handgreiflich aneinander, folgerichtig ist die Lösung: Auseinandergehen und eine Formel des Vertragens aussprechen.

Sechsjährige können über ihre Motive und ihre Gefühle noch wenig Auskunft geben, geschweige denn die des Anderen in Betracht ziehen. Sie haben meist Rituale und Formeln, „Wollen wir uns wieder vertragen?", oder sie geben sich die Hand – so zeigen sie einander, dass der Zank beigelegt ist. Stimmt der Andere zu, ist der Streit vergessen.

Wenn die Kinder älter werden, wächst auch ihr Repertoire. Bei Neunjährigen wird schon ein neues Streitmuster sichtbar. Nicht das Aneinandergeraten durch unterschiedliche Handlungen ist der Auslöser, sondern der psychologische Sachverhalt, dass der andere mit seinen Verhaltensweisen die Erwartungen des Freundes enttäuscht hat: „Weil sie manchmal nicht zuhört und manchmal ich auch nicht, weil sie manchmal mich einfach stehen lässt und mit einer anderen spielt", zählt Nadja die Gründe auf, warum es manchmal mit ihrer besten Freundin kracht. Die verletzten Gefühle werden wichtiger. Der Gleichheitsgrundsatz ist missachtet, „der will immer allein bestimmen und wechselt sich nicht ab", und die Kinder nehmen enttäuschte Erwartungen als Auslöser wahr: „Der hat angefangen."

Mit elf, zwölf Jahren wird Freundschaft dann eine freiwillige und länger angelegte Beziehung, die weit über den nützlichen Austausch und den Schutz vor Verletzungen hinausgeht. Jetzt stehen mehr und mehr intensive Kontakte im Vordergrund, die Beziehung wird als freiwillige Gemeinsamkeit verstanden. Richtige Freunde, das sind solche, die sich gegenseitig verstehen, Gedanken und Gefühle austauschen, voneinander Verständnis erwarten, die aber auch Kritik aneinander üben. Jetzt werden Freunde zu den wichtigsten Bezugspersonen. Das kann Mütter und Väter schon einmal eifersüchtig werden lassen, wenn Geheimnisse geteilt und persönliche Sorgen beredet werden, die zu Hause überhaupt nicht zur Sprache kommen.

Genau das wollen und brauchen die Kinder an der Schwelle zur Pubertät – den gleichberechtigten Austausch, die symmetrische Reziprozität. Denn mit den Eltern kann die Beziehung nicht gleichberechtigt sein, die sind aus einer anderen Generation und haben ganz andere Lebensumstände. Mit den gleichaltrigen Freunden aber, mit denen kann man intensiv alles erleben und aushandeln, durch dick und dünn gehen. Das treibt die Persönlichkeitsentwicklung mächtig voran. In einer echten Freundschaft gibt es Hochs und Tiefs, man trägt viele Meinungsverschiedenheiten aus, muss mit gegenseitigen Verletzungen leben, lässt den Anderen auch schon einmal hängen, plaudert Geheimnisse aus, kann sich aber wieder zusammenraufen und fühlt sich eng miteinander verbunden.

Die Eltern bleiben Bezugspersonen

Bis zum Alter von elf, zwölf Jahren tritt der Gleichheitsgrundsatz als Basis von Freundschaft immer mehr zurück und die Gefühle von Gemeinsamkeit rücken in den Vordergrund. Das beginnt schon mit neun und zehn Jahren, weil man sich bereits ein wenig in den Anderen hineinfühlen kann. Man gibt ihm das Federmäppchen zurück und entschuldigt sich: „Ich wollte Dir kein Nasenbluten machen. Lass uns wieder Freunde sein". Man setzt sich häufiger sprachlich auseinander, untersucht etwas genauer, wer eigentlich Recht hatte und wie man zu einer Beilegung eines Konfliktes kommen kann. Aber erst mit elf, zwölf Jahren können Kinder selbst reflektiert denken und entwickeln die Fähigkeit, sich in die Gefühle und Gedanken eines anderen hineinzuversetzen. Deswegen steht jetzt die Wechselseitigkeit im Vordergrund, man tauscht sich über alles aus, sucht die gegenseitige Nähe, gibt sich emotionale Unterstützung, öffnet sich dem Anderen gegenüber. Nach der Pubertät wird hieraus dann in vielen Fällen eine richtig enge, feste und intime Beziehung, bei der persönliche Probleme mit Vertrauen und Zuverlässigkeit angesprochen werden können.

Jungen und Mädchen gehen hier unterschiedliche Wege. Bei den Mädchen lassen sich die engen und intensiven Kontakte schon von zehn, elf Jahren an beobachten. Sie glucken oft zusammen und tauschen sich über alles Mögliche aus. Bei ihnen entstehen auch schon exklusive Freundschaften, frühe Frauen-Freundschaften, bei denen es darum geht, die weibliche Identität zu erspüren und sich gegenseitig zu versichern. Die Offenheit der Mädchen, sich einander Schwächen und Blößen anzuzeigen, scheint sehr groß zu sein.

Die Jungs sind hier viel zurückhaltender. Auch sie fangen nach dem zehnten Lebensjahr an, sich mit einem besten Freund zusammen zu tun, doch das ist meist nach außen gerichtet. Man macht etwas gemeinsam, geht zusammen zum Sport oder zur LAN-Computer-Nacht. Aber von Offenheit oder Austausch über Schwächen ist wenig zu sehen. Man hält sich vor einander bedeckt, jeder will erst einmal richtig Mann werden, bevor er sich ganz auf eine intensive Freundschaft einlässt.

Eltern haben es in dieser Phase der Freundschaftsentwicklung ihrer Kinder schwer. Sie spüren, wie ihr geliebtes Kind sich immer mehr abwendet. Die Ablösung setzt in ersten Schritten ein. Tipps und Ratschläge werden schon mal verächtlich zur Seite gewischt und aggressiv kommentiert. Viele Auffassungen und Einschätzungen der Eltern sind eben von gestern. Die Freunde wissen es besser.

Eltern müssen jetzt Freud und Leid mit ihren jugendlich werdenden Kindern teilen. Das Selbstbewusstsein wächst, wenn die elfjährige Tochter schon eine richtige feste Freundin hat, auf die sie sich gut verlassen kann. Aber das Selbstwertgefühl ist im Keller, wenn diese Freundin, ausgerechnet diese, mit dem neuen Schuljahr mit ihrer Familie in eine andere Stadt zieht, und die Tochter plötzlich isoliert in der Schulklasse dasteht. Sie kann nun plötzlich schikaniert und gemobbt werden, das Opfer von hinterlistiger Nachrede und der Verbreitung von üblen Gerüchten sein. Sie kann in Beziehungsstress geraten und in einer schlechten Clique landen. Die Eltern müssen zusehen, dass sie wichtige Ansprechpartner bleiben. Bei emotionalen Problemen, bei Enttäuschung und Ärger mit den Beziehungen sind sie weiterhin als Berater und Unterstützer gefragt. Sie müssen im Bedarfsfall für ihre Tochter immer ansprechbar sein.

Das ist sehr viel verlangt von Müttern und Vätern. Da haben sie zehn Jahre lang eine intensive Beziehung zu ihrem Kind aufgebaut, sich die größte Mühe mit der Erziehung gegeben – und nun wendet sich die Tochter oder der Sohn auf einmal ab. Von heute auf morgen haben Mutter und Vater Konkurrenz – der beste Freund oder die beste Freundin, die Clique oder die Gruppe, sie ziehen immer mehr Aufmerksamkeit auf sich. Eltern sein, in der Phase der Ablösung der Kinder, das ist eine heikle Gratwanderung.

Doch die Erfahrung zeigt: Gerade dann, wenn die Beziehung in den ersten zehn Jahren gut war, wenn die Eltern mit dem Alter und der Entwicklung ihrer Kinder mitgewachsen sind, nicht geklammert und gefesselt haben, dann sind sie auch richtig auf diese Ablösephase eingerichtet, die jetzt vor der Tür steht.

Kinder brauchen Kinder, die jugendlich gewordenen Kinder noch mehr als die kleinen. Sie brauchen aber auch weiter ihre Eltern, allerdings in einer veränderten Rolle. Die Kinder sind dabei, flügge zu werden. Die Eltern brauchen nicht mehr von frühmorgens bis spätabends das Nest zu richten. Besser sollten sie dafür sorgen, dass ihre Kinder richtig fliegen lernen und auch wieder sicher landen. Die Eltern werden dafür belohnt, denn die Kinder bringen von ihren Ausflügen viele Botschaften und Erfahrungen mit, die man auch als Mutter und als Vater bestens verwerten kann. Wenn Mutter und Vater es richtig gemacht haben, dann können Sie jetzt von ihren Kindern profitieren, nachdem diese jahrelang den Vorteil einer guten Erziehung genossen haben.

7. Kapitel

Die Freizeit gestalten

Die Zeit an den Nachmittagen, den oft mitten in der Woche liegenden Feiertagen, den Wochenenden und den Ferien, wenn Kindergarten und Schule geschlossen haben – sie will gut verbracht sein. Weil wir in Deutschland nur wenige Nachmittagsangebote in Kindertagesstätten und Schulen haben, verbringt der allergrößte Teil der Kinder die Nachmittage in der Familie, die Feiertage, die Wochenenden und Ferien sowieso. Die Gestaltung der Freizeit gehört mit zu den Erziehungsaufgaben von Müttern und Vätern.

Die Freizeit gehört zur Erziehung. Wenn Eltern nicht aufpassen, dann werden Fernsehen, Computer, Handy und Kaufhäuser zu heimlichen Miterziehern, die oft unheimliche Wirkungen haben können. Kinder werden in einer Zeit groß, in der es eine ausgebuffte Freizeitindustrie gibt, die mit raffinierten Werbestrategien schon die Kleinsten in ihre Fänge bekommen möchten. Kinder wachsen heute nicht nur mit dem Fernsehen, sondern auch mit den allerneuesten Trends der Computer- und Mobiltelefonbranche auf. Kinder sind neugierig, sie nehmen alle diese Impulse begierig auf. In der Regel sind sie bei der Handhabung elektronischer Geräte ihren Eltern sehr schnell überlegen. Da müssen Eltern schon aufpassen, nicht die Übersicht und vor allem nicht den Einfluss zu verlieren. Zu ihrem Erziehungsprogramm gehört es, ihren Kindern in deren freier Zeit ein reichhaltiges Angebot zu sichern.

Für den Freizeitbereich gilt das magische Dreieck der Erziehung genauso wie für alle anderen Lebensbereiche der Kinder. Auch in der Freizeit brauchen Kinder das gut komponierte Zusammenspiel von Anregung, Anleitung und Anerkennung. Nur dann, wenn beim Fernsehen, Computerspielen, Surfen und Telefonieren, beim Einkaufen und Geldausgeben das Kind genau weiß, was es will – nur dann ist Freizeit eine Gewinn bringende Zeit. Das Kind braucht dafür viele Anregungen, viele Vorbilder von den Eltern, um sich daran zu gewöhnen, nicht von

Medien und Konsumangeboten überrollt zu werden, sondern sie sich zu Nutze zu machen.

Für die Persönlichkeitsentwicklung eines Kindes ist der Gebrauch des Fernsehers und die Nutzung von Computer und Handy ebenso wie das selbstbewusste Einkaufen und Geldausgeben von großer Bedeutung. Hier lernt man, ein freier Mensch zu sein, der Entscheidungen treffen kann. Wenig schadet Kindern mehr als dem Medienzauber und Konsumrausch zu erliegen und sich passiv und ohnmächtig zu unterwerfen.

Deswegen ist es so wichtig, dass die Kinder lernen, ihr eigener aktiver Freizeitmanager zu sein. Dazu müssen sie ihre eigenen Wünsche und Bedürfnisse lesen und verstehen lernen. Eltern können ihnen dabei helfen – und zwar nicht zu sehr durch Worte und gute Ratschläge, sondern vor allem durch ihr eigenes Verhalten, durch ihr Vorbild.

Der Fernseher als elektronischer Babysitter

„Was guckt ihr euch denn da schon wieder für einen Mist an", stürzt der Vater ins Zimmer. Die betont beleidigten Blicke von den drei Kindern, die sich gerade einen exzellent gemachten Dokumentarfilm über Meeressäuger anschauen, lassen ihn einen Moment stutzen. Hat er sich etwa das Geräusch startender Raumschiffe, unterbrochen von gebellten Befehlen, das durchdringende pfffftopp intergalaktischer Waffen dazwischen nur eingebildet? Mit Unschuldsmiene legt der Älteste die Fernbedienung beiseite. „Ist ja auch egal", denkt der Vater, „was sie bis eben noch geguckt haben." Schließlich war er beschäftigt; mit dem anderen Ohr am Telefon, wo er mit einem Kollegen ein schwieriges Problem in der Jahresbilanz erörtern musste, das heute in der Firma entdeckt wurde – und da überhört er die Geräusche kosmischen Kampfgetümmels immer noch lieber als dieses nervige Gequengel direkt an seinem Ohr: „Papa, uns ist langweilig, wir wissen nicht, was wir spielen sollen."

Natürlich ist es verkehrt, Kinder den Tag mit ein paar wild gewordenen Schildkröten oder einem Haufen Weltraummonster beginnen zu lassen, das wissen Eltern. Andererseits: Am Wochenende noch mal fünf Minuten einnicken oder duschen gehen, das Frühstück in Ruhe vorbereiten – wer will müden, abgespannten Eltern diese kleinen Fluchten übelnehmen? Eltern, die den Fernseher als Babysitter nutzen, kann man verstehen. Falsch ist es trotzdem.

Kinder brauchen Zeit, Raum und Gefährten zum Spielen. Sie wollen ihre Kräfte spüren und fühlen, wie sie wachsen. Sie begreifen mit allen Sinnen, lernen mit dem Körper. Nur mit lebendigen Menschen können sie sich entfalten und formen. Da kann das Fernsehen nicht mithalten.

„Sagen Sie das mal meinem Kind", werden Sie jetzt vielleicht denken. Den wütenden Protest oder das schrille Gequengel, das die Eltern sich mit einem strikten Nein zur nachfolgenden Sendung – „nur noch diese eine!" – einhandeln, ist mitunter schwer zu ertragen, aber es ist wichtig, fest zu bleiben: Das Fernsehen beraubt, zusammen mit Zeitmangel und Desinteresse der Eltern, die Kinder ihrer Innenwelt. Kaum ein Kind kann heute noch Mußestunden erleben, in denen es seinen eigenen Gedanken nachhängen kann. Für die Entwicklung seiner Phantasie und Spielfreude sind solche Verdauungszeiten jedoch notwendig, auch wenn es von außen betrachtet so aussieht, als ob das Kind wieder nichts Sinnvolles getan hat.

Ohne müßige Momente im Tagesablauf kann das innere Leben sich nicht entfalten. Die dadurch entstehenden Defizite werden vom Kind als innere Leere und Langeweile empfunden, die durch das Fernsehen vertrieben werden sollen. Noch mehr Stunden vor dem Fernseher drängen die Spielstunden und schöpferischen Fähigkeiten noch mehr zurück. Typisches Zuschauerverhalten lässt Kinder in Passivität verharren, Talente und schöpferische Möglichkeiten bleiben unentdeckt. Ist das die Ruhe wert, die Eltern haben, um eigene oder häusliche Belange zu regeln, wenn die Glotze läuft?

Das Fernsehen lässt die Phantasie verarmen

Im Gegensatz zum Buch, das beim Lesen die eigene Phantasie anregt und im Kopf Bilder entstehen lässt, liefert das Fernsehen nun einmal fertige, bewegte und schnell aufeinanderfolgende Bilder. Die entwickeln eine große suggestive Kraft, die Gedanken und Gefühle mitreißen. Kindern bleibt beim Zusehen nicht die nötige Zeit, eigene Gedanken, Erlebnisse und Gefühle in die Geschichte mit einzubringen, die sich da vor ihren Augen abspielt – das aber ist eine wesentliche Voraussetzung, um Handlungen von Menschen zu verstehen. Wenn Kinder lesen oder wenn man ihnen vorliest, setzt die eigene Phantasie ihnen altersgerechte emotionale Grenzen. Vor dem Fernseher dagegen sind alle Kinder gleich.

Die Gefühlseindrücke, die das Fernsehen vermittelt, fesseln Kinder noch lange, nachdem die Mattscheibe wieder kalt ist. Umstände und Handlungen vergessen Kinder viel schneller als Gefühle, die sie ausgelöst haben – beispielsweise die Angst, die sie während eines Fernsehfilmes empfunden haben. Durch die rasche Abfolge von Bildern, Schnitten, neuen Bildern und das Hintereinanderpacken von mehreren Filmen bleiben Kinder in ihren Gefühlseindrücken leicht gefangen.

Kindern fällt es bis in das Grundschulalter hinein schwer, die verschwimmenden Grenzen der Genres auseinanderzuhalten. Da sind die Nachrichten über den Krieg in einem anderen Land, die in der Tagesschau gesendet werden, genauso schrecklich und drastisch eindrucksvoll wie ein Spielfilm über den Krieg und eine echte Katastrophe, die sich direkt vor ihren Augen abspielt. Kinder setzen sich mit all diesen Botschaften des Fernsehens so auseinander, als handele es sich um die unmittelbare Wirklichkeit.

Es ist deswegen unverantwortlich, Kinder vor dem Fernseher allein zulassen und als Mutter oder Vater kein Gespür dafür zu entwickeln, was die Kinder sehen. Die Eltern müssen auf den Fernsehkonsum ihrer Kinder lenkend Einfluss nehmen und ihnen zeigen, wie man Sendungen auswählt und kritisch anschaut. Sie müssen mit ihnen über das reden und diskutieren, was sie gemeinsam sehen. Für die unter Sechsjährigen ist das ein absolutes Muss, weil Kinder im Vorschulalter noch nicht in der Lage sind, zwischen Phantasie und Realität zu unterscheiden. Sie nehmen nun einmal alles, was sie im Fernsehen zu sehen bekommen, als die bare Wirklichkeit.

Es lohnt sich, über Möglichkeiten nachzudenken, wie man die Vorteile des Fernsehens nutzen kann, ohne die Nachteile in Kauf zu nehmen. Wenig Sinn hat es, das Fernsehen nur als Übel zu betrachten und in Grund und Boden zu verdammen. Erkennen Sie die guten Seiten an, haben Sie schon den ersten Schritt getan, um die schlechten abzulehnen.

Die Vorteile des Fernsehens nutzen

Kinder wollen sich informieren, entspannen, orientieren oder der Wirklichkeit entfliehen – sie nutzen das Fernsehen wie Erwachsene nach eigenen Bedürfnissen und Interessen. Vom Grundschulalter an sind sie dazu auch schon in der Lage. Mit seinen Fernsehwünschen zeigt ein Kind, was es zur Zeit bewegt und womit es sich beschäftigt. Welche Sendungen es bevorzugt, spiegelt seine Interessen, Erfahrungen und Schwierigkeiten wider. Stark sein, Geborgenheit, Geliebt werden, Verlustangst oder Alleinsein sind Themen, die für Kinder wichtig sind.

Ihre Lieblingsfiguren im Fernsehen erlauben eine Auseinandersetzung, die frei von Handlungsdruck ist: Kinder können spielerisch ausprobieren, welche Rolle zu ihnen passt. Medienfiguren wie Pippi Langstrumpf, Heidi, Samson, He-Man oder Benjamin Blümchen bieten sich zur Identifikation an. Sie verkörpern menschliche Eigenschaften, Schwächen und Stärken und stehen sinnbildlich für Wunder, Zauberei und magische Momente. Manche zeigen Angst, Wut und Rache, Eifersucht, Neid oder Zweifel und erlauben so, mit selbst erfahrenen Ängsten und Enttäuschungen umzugehen. Viele bestehen mit List, Geschick und Pfiffigkeit gegen Größere und Stärkere, sie sind am Ende doch die Sieger. Die Helden lassen sich niemals unterkriegen und rächen sich für Zurückweisungen, Ohnmacht und Demütigung – Gefühle, die im Kinderalltag nicht selten sind. Zum Beispiel Pippi Langstrumpf. Bei ihr kommen viele Risikofaktoren zusammen. Sie war hyperaktiv, verweigerte den Schulbesuch, die Mutter war tot, der Vater weit weg in Taka-Tuka-Land. Sicher war sie sehr gestört. Aber sie hat es geschafft, ihr Leben in den Griff zubekommen. Was für ein Vorbild!

Solange Medien nur ein Teil des Erfahrungs- und Erlebnisraumes von Kindern sind, können sie bereichern, anregen und amüsieren. Das Fernsehen ist ein interessantes Angebot für die Freizeitgestaltung, wenn es mit anderen Aktivitäten verbunden wird. Nach dem Ansehen der Sendung Erlebnisse von Pippi nachspielen, noch mal aus dem Roman von Pippi vorlesen, auf der Landkarte nachsehen, wo Pippi wohnt, die Lieder von Pippi nachträllern. Das alles macht Spaß – und es relativiert den Einfluss des Fernsehens. Das Fernsehen verliert seinen Mythos, wird zu einem Freizeitimpuls unter vielen. Ob Medien für Kinder zum Rattenfänger werden und ihnen ernsthaft schaden oder ob sie neben

Spaß und Spannung auch eine Bereicherung des Kinderalltags sein können, hängt vom Zusammenspiel vieler Einzelheiten ab: der Familie, dem Kindergarten, der Schule, dem Wohnumfeld, Kontakten zu anderen Kindern und Erwachsenen, den alternativen Freizeitmöglichkeiten.

Dass ein Film als Zeichentrickfilm in der Programmzeitschrift ausgewiesen ist, macht ihn noch lange nicht „Für Kinder geeignet". Die meisten dieser Trickfilme sind hektisch, auf Action getrimmt und laut. Es gibt genug gute Kindersendungen, sodass man die schlechten getrost verpassen kann. Klassiker Sesamstraße, die Augsburger Puppenkiste, die liebevoll gemachten tschechischen Märchenfilme oder auch ruhige Tierfilme, die nicht von Werbespots unterbrochen werden, Kindernachrichtensendungen wie Logo im Kinderkanal wirken sich durchaus gut auf die Erziehung Ihrer Kinder aus. Gut, wenn man den Videorecorder einsetzt: Eltern können Kinderprogramme aufnehmen, dann ist es leichter, auf bestimmten Zeitabsprachen zu bestehen, zum Beispiel niemals beim Mittag- oder Abendessen fernsehen. Und dann können Sie den Fernseher auch mal als Babysitter einsetzen, wenn Sie in Ruhe die Zeitung lesen wollen – weil sie schließlich wissen, dass die Kinder etwas anschauen, das Sie selbst ausgesucht haben.

Auch unabhängig von den Inhalten der Fernsehprogramme muss man sich klarmachen, dass der tägliche Umgang mit dem Medium das Gefühlsleben und die Entwicklung von Kindern verändert. Wenn unangenehme Gefühle wie Langeweile, Angst oder Einsamkeit sich per Knopfdruck vertreiben und angenehme Empfindungen wie Entspannung oder Fröhlichkeit sich durch denselben Mechanismus herstellen lassen, lernt das Kind, sich dieser Mittel zur Steuerung seiner Gefühle zu bedienen und Stimmungen abzurufen – noch bevor es den Raum seiner eigenen Empfindungen ausgemessen hat. Das darf keine Routine werden! Die Medien geben ihren Nutzern die Macht an die Hand, das eigene Befinden bequem zu manipulieren, sie sind einfach zu handhaben und stets verfügbar. In jedem Fall verfügbarer als die Bezugspersonen.

Der Fernseher als Familienmitglied

„Mach den Kassettenrekorder leiser, Simon! Tobias soll schlafen", sagt Simons Mutter ärgerlich. „Ooch, der hört das doch sowieso nicht", mault der Sechsjährige, der gerade in die Schule gekommen ist, „und den Tierfilm kann ich jetzt auch nicht sehen." Eigentlich hätte der Fernsehmonteur schon heute Nachmittag kommen wollen, jetzt hat er angekündigt, gleich vorbeizuschauen, um den Fernseher zu reparieren. „Vielleicht findet der Mann schnell heraus, was kaputt ist", sagt die Mutter. „Außerdem kannst du doch auch mal etwas anderes machen als immer nur fernzusehen. Geh doch mal zum Spielplatz!" Simon verlässt missmutig die Küche und motzt vor sich hin. „Auf den Spielplatz? Ist ja öde. Da gibt es nur 'ne Schaukel und die paar Klettergerüste. Das ist doch was für Babys. Und wenn man mal ein bisschen lauter ist, schimpfen die Nachbarn. Nicht mal Ballspielen kann man da." „Ja, ich weiß", gibt seine Mutter zu.

„Unsere Wohnung ist ja ganz schön", denkt sie sich, „aber für die Kinder gibt es kaum etwas, wo sie spielen können. Und wenn man mal ins Schwimmbad gehen will oder in den Zoo, ist das gleich ein Riesenaufwand. Mit dem Kleinen bin ich sowieso noch mehr angebunden. Und wenn ich einen Babysitter für Tobias bezahlen muss, damit ich mal alleine mit Simon was unternehmen kann, sind alles in allem gleich fast 50 Euro weg."

Freitagnachmittag ohne Tierfilm? Das geht nicht. Als der Monteur endlich kommt, dauert es nur zehn Minuten, und der Schaden ist behoben. Simons Mutter hat nichts dagegen, dass er sich jetzt den Tierfilm anschaut. „Irgendwas muss der Junge ja den Nachmittag über machen!", denkt sie sich. Wenn sie selbst nachmittags Zeit hat, setzt sie sich auch gerne mal vor den Fernseher. Nach dem Tierfilm beginnt ein Zeichentrickfilm. „Ach bitte, Mama, kann ich den noch sehen?" Simon muss nicht lange betteln. Zeichentrickfilme sind ja etwas für Kinder, denkt sich seine Mutter.

So ein Nachmittag ist schnell vergangen. Nach dem Abendessen versammelt sich die Familie wieder vor dem Fernseher. Der dreijährige Tobias schläft, die Küche ist aufgeräumt, Papa hat noch Eis mitgebracht, als er von der Arbeit kam. Simon ist gerne abends mit den Eltern im Wohnzimmer. Da gibt es etwas Schönes zu knabbern, außerdem fühlt er sich schon ziemlich groß, wenn er mit den Eltern fernsehen darf. Zufrieden kriecht er auf Mamas Schoß, die auch gleich das Strickzeug weglegt. Gemütlich hingekuschelt blinzelt Simon in den Fernseher. Heute Abend darf er lange aufbleiben.

Das Fernsehen spielt in Simons Familie eine große Rolle. Seine Mutter sieht gerne fern, vor allem am frühen Abend kommt die ganze Familie vor dem Fernseher zusammen. Die Kinder genießen die Nähe zu den Eltern, die Mutter erholt sich von einem langen Tag mit den Kindern zu Hause, der Vater entspannt sich vom Arbeitstag im Büro. Simons Mutter sähe es zwar lieber, wenn ihr Sohn nicht so häufig vor dem Fernseher säße, doch eigentlich kann sie gut verstehen, dass ihr Kind, genau wie sie selbst, das Fernsehen gern zur Ablenkung und Entspannung nutzt.

Simons Familie hält sich vorwiegend in den eigenen vier Wänden auf. Sie haben nicht viele Kontakte zu Nachbarn oder Bekannten. Die wenigen Freunde sieht man außerhalb von Geburtstagen selten. Mit zwei kleinen Kindern ist man nun mal vorwiegend auf das eigene Zuhause angewiesen, finden die Eltern und fragen sich nur insgeheim manchmal, wann sie selbst eigentlich zum letzten Mal im Kino waren.

Verborgene Wünsche hinter dem Flimmern

Bei dieser Familie ist der Fernseher zum Mitglied geworden. Er ist eng mit der gesamten Gruppendynamik und dem Gefühlshaushalt von Vater, Mutter und Kindern verbunden. Fällt er aus, dann ist das ein schmerzlicher Verlust, alles kommt durcheinander. Haben Mutter und Vater von Simon sich das wirklich gut überlegt? Der Fernseher läuft praktisch den ganzen Tag, nur bei den Hausaufgaben wird der Ton leiser gestellt. Gespräche finden nur zum Nötigsten statt, basteln und malen und handwerken, lesen und nachdenken und dösen – alles das kommt viel zu kurz. Die Eltern bieten ihren beiden Kindern zwar ein behagliches Heim, aber eine völlig passive Freizeitbeschäftigung. Das ist nicht die Mischung aus Anregung, Anleitung und Anerkennung, die Kinder im Alter von drei und sechs Jahren brauchen. Kein Wunder, wenn Simon schon erste Zeichen eines kräftigen Körperbaus zeigt und von den Klassenkameraden schon mal liebevoll mit „na, Dicker" begrüßt wird. Woran will die Mutter merken, wenn Simon wirklich mal ein Problem hat? Der Fernseher als Familienmitglied lenkt von vielen Problemen ab. „Solche kleinen Probleme werden einfach weggekuschelt", denkt sich die Mutter.

Wenn Kinder ständig fernsehen wollen, haben sie ihre Gründe. Eltern sollten schon herausfinden, wieso Kinder darauf bestehen, sich etwas anzuschauen, was sie für himmelschreienden Blödsinn halten, warum ein kleiner Kerl so verrückt auf amerikanische Superhelden in blau-roten Turnhosen ist oder ein kleines Mädchen keinen Tag lang auf „Marienhof" verzichten mag. Größere Mädchen verfolgen zusammen mit ihren Müttern die Episoden des Mutter-Tochter-Gespanns „Gilmore Girls", Mütter und Söhne hingegen ziehen die Action-Serie „24" vor. Wie Kinder (und ihre Eltern auch) Medien benutzen, ist auch ein Zeichen für dahinterliegende Prozesse, die Erwachsene, die den Kindern nahe stehen, entschlüsseln können. Ein Kind, das immerzu vor der Flimmerkiste hängt, sendet selbst eine Botschaft: „Beschäftige dich mit mir".

Kinder, die viel fernsehen, gewinnen leicht den Eindruck, dass alles Interessante auf dem Bildschirm passiert und der eigene Tagesablauf daneben öde erscheint. Fernsehen hat eine faszinierende Ausstrahlung: Es hat die Macht, das, was man selbst erlebt, langweilig und fad erscheinen zu lassen. Das trägt kaum dazu bei, Kinder für den Umgang mit der Wirklichkeit zu motivieren und fit zu machen. Die Trampolinnummer vom Clown aus dem Flohzirkus nebenan reißt den nicht mehr vom Hocker, der aus Fernsehshows gewohnt ist, dass Artisten mit atemberaubenden Kunststücken Kopf und Kragen riskieren. Aber was Clown Petrello macht, kann man selbst mal probieren – was für ein tolles Gefühl, wenn man selbst Radschlagen kann. Da können Sie Ihrem Kind auf die Sprünge helfen!

Vorbild für den Umgang mit dem Bildschirm sind die Eltern. Vielsehende Eltern haben meist auch vielsehende Kinder. Zwar plagt die meisten Eltern das schlechte Gewissen, wenn sie über den Fernsehkonsum ihrer Kinder nachdenken, doch Taten folgen selten. Der Grund dafür liegt auf der Hand: Die Erwachsenen müssten ihr Verhalten auch ändern und ihre lieb gewordenen Gewohnheiten aufgeben. Wer macht die Glotze schon nach den Nachrichten aus? Nur der Kinder wegen wollen sich jedoch die wenigsten Vielseher beschränken.

Medien sind weder gut noch böse, aber sie sind nicht das Leben. Sie besetzen nur dessen Stelle, wenn „das Leben" nicht stattfindet. Mit dem Fernsehen ist es wie mit Fast-Food: BigMac, Hamburger und Pommes machen Appetit und sättigen, aber ernähren nicht gut. Aber wer sich ausschließlich von Fast Food ernährt, wird seine Gewohnheiten auch nicht ändern, wenn Sie ihm einen langen Vortrag über gesunde Ernährung halten – vielleicht aber, wenn Sie ihn zum gemeinsamen Kochen einladen?

Kindererziehung ist ohne Fernseher für die Eltern zweifellos anstrengender als mit, weil man sich mehr um die Kinder kümmern muss. Ein Fernseher muss tatsächlich wie ein zusätzliches Mitglied der Familie behandelt werden – aber ein Mitglied, das einen fordert und beansprucht. Sonst überfährt es einen und beansprucht ein Mitspracherecht bei Freizeitunternehmungen und Abendessenszeiten, das Eltern weder Großeltern noch Freunden oder anderen Außenstehenden einräumen würden.

Regeln für das Fernsehen

Fernsehen gibt in vielen Familien ein beliebtes Erziehungsmittel ab, das gern zur Disziplinierung eingesetzt wird. Fernsehverbot steht obenan, wenn es darum geht, die Kinder zum Gehorsam zu bewegen. Fernsehen ist aber weder eine Belohnung noch eine Strafe noch ein Babysitter. Fernsehverbote helfen in der Regel wenig, sie führen meist zu einem Machtkampf zwischen Eltern und Kindern, fördern kindlichen Widerstand, oder sie gucken heimlich, sobald sie bei Freunden oder den Großeltern die Gelegenheit dazu haben.

Regeln müssen her, um mit der allgegenwärtigen Bilderflut umgehen zu lernen. Klare Regeln schaffen Sicherheit, starre Regelmäßigkeit engt ein: Wenn jeden Sonntagmittag Mauszeit ist, werden Marie und Julius schon bald auch ihr schönstes Spiel automatisch unterbrechen, um die Sendung mit der Maus sehen zu können. Wenn Sie besondere Filme mit dem Videogerät aufzeichnen, können Sie sich von den Sendezeiten freimachen und Ihr eigenes Programm gestalten.

Vielleicht sind diese Regeln ganz nützlich:
* Das Fernsehen soll sich nach dem Alltag des Kindes richten und nicht umgekehrt.

- Seien Sie wählerisch: Es gibt auch gute Tierfilme, Zeichentrickserien und Geschichten im Programm. Sie sind meist nicht so hektisch.
- Ein Film reicht – und dann wird ausgeschaltet. Zappen, Programmsurfen und Durchschalten verboten. Behandeln Sie das Fernsehen doch wie einen Bootsausflug oder eine schön gerichtete Mahlzeit, mit einem Anfang und einem Ende, als etwas, mit dem man bewusst umgeht, anstatt es sich gedankenlos reinzuziehen.
- Kleine Kinder im Vorschulalter gehören nicht alleine vor den Fernseher. Mit den Kindern im Grundschulalter können Sie feste Zeiten für das Fernsehen vereinbaren oder die tägliche Minutenzahl festlegen.
- Reden Sie mit Ihren Kindern über das Gesehene. Je öfter man mit seinen Kindern gemeinsam fernsieht und über die Filme auf dem Bildschirm nachgedacht und gesprochen hat, desto besser werden sie glaubwürdige Handlungen von unechten unterscheiden können.
- Statt Fernsehfiguren beim Abenteuer erleben zuzugucken, laden Sie noch ein anderes Kind ein. Wenn sie dann vielleicht über Langeweile klagen und nach dem rettenden Knopfdruck verlangen, bleiben Sie fest: Sie werden sich wundern, auf was für Spielideen die kleine Gesellschaft kommt.
- Halten Sie Ihre Fernsehkritik frei von persönlichen Bewertungen: Mit der Bemerkung „Was guckst du denn da für einen Mist" fühlen sich Fernsehzuschauer jeden Alters abgewertet und angegriffen. Besser: „Ich finde Superman nicht so gut. Der ist mir viel zu angeberisch."
- Lassen Sie sich das Gesehene nacherzählen. Das ist eine gute Übung, Wesentliches von Unwesentlichem unterscheiden zu lernen, gefühlsmäßiger von wohlbegründeter Abneigung zu unterscheiden. Inhaltswiedergabe veranlasst zum Nachdenken, schafft Distanz zum Gesehenen, hilft der Kritikfähigkeit auf die Sprünge und legt das Fundament für die Fernsehmündigkeit.
- Kombinieren Sie das Fernsehen mit anderen Medien. Eine gute Fernsehsendung regt zum Lesen geradezu an. Deswegen kann man danach den Kleinen etwas vorlesen, die Grundschulkinder könnten schon bald selbst zum Buch greifen. Auch das Radio, ein Bildband oder natürlich der Computer können geschickt kombiniert werden. Auch das trägt dazu bei, das Fernsehen zu entzaubern und zu einem Freizeitanbieter unter vielen anderen zu machen.

Machen Fernsehen und Computerspiele aggressiv?

Zu viel Fernsehen macht passiv – aber macht es auch aggressiv, wie viele Eltern fürchten und öfter in den Nachrichten zu lesen ist? Die engen Zusammenhänge zwischen Gewalttaten von Jugendlichen und dem Konsum von Gewaltvideos machen stutzig. Amokläufer an Schulen in den USA, aber auch bei uns in Deutschland haben sich alle auf ihre Tat mit Gewaltdarstellungen in Fernsehen und Videos vorbereitet. Wissenschaftliche Studien zeigen aber: Die Gewaltdarstellungen in den Medien, die brutalen und Menschen verachtenden Handlungen, die Videospiele mit der Möglichkeit, andere Menschen abzuknallen und zu vernichten – sie werden von Jugendlichen ausgewählt, die selbst viel Aggression und Gewalt in ihrer Lebensgeschichte erfahren haben. Sie neigen zur übertriebenen Aggression, haben eine unausgereifte Persönlichkeit und bedienen sich der Gewalt in den Medien zum Aufschaukeln ihrer Gefühle und als Modell für das eigene Handeln.

Es gibt sie also, die Kinder und Jugendlichen, die auf Gewalt und Brutalität in den Medien geradezu fliegen, die rücksichtslose Handlungsabläufe genießen und in sich aufsaugen, um sie anschließend in ihrem tatsächlichen Leben auszuleben. Für diese Kinder ist die Gewaltdarstellung im Fernsehen, an der Spielkonsole und am Computer Gift für die weitere Entwicklung.

Eltern müssen hier aufpassen. Für die Kinder im Vorschulalter und im Grundschulalter können die scheinbar so harmlosen Zeichentrickfilme der Einstieg in einen Gewaltkonsum sein. Wenn eine Action-Szene die andere jagt, bleibt keine Zeit zum Nachdenken. Kater Tom bricht von Keulen getroffen zusammen, wird vom herabfallenden Bügeleisen gefaltet, von einem herumgeschleuderten Gitter perforiert und rennt im nächsten Moment putzmunter hinter Jerry her, verschluckt einen Besenstiel, wickelt sich dreimal um einen Baum herum und schlürft alsdann unversehrt und guter Dinge ein Schälchen Milch. Wer sagt denn, dass Kinnhaken weh tun, Fausthiebe sogar töten können? Im richtigen Leben gibt es Täter, Opfer, Leiden – Gewalt hat hier Folgen. Ganz anders auf dem Bildschirm, wo schon die nächste wilde Jagd vorüberflimmert. Beobachten Sie Ihr Kind, wie es auf diesen Film reagiert. Kinder, die solche Inhalte genießen und nicht genug davon bekommen können, die sind möglicherweise Gewalt gefährdet.

Bei der Mehrzahl der Kinder lösen Gewalt und Brutalität in den Medien Unruhe und Irritation aus, einige finden sie auch mal ganz attraktiv, aber zu einem Dauermuster wird es nicht, nur solche Filme und Spiele anzuschauen. Für Mütter und Väter ist es wichtig, ein sensibles Auge auf die eigenen Kinder zu werfen, ob sie zu den empfindlichen Nutzern gehören. Wenn ja, dann sollte man sich gute Strategien überlegen, das Kind abzulenken, seine Aggressionen in andere Bahnen zu lenken. Viel Bewegung und viele Aktivitäten, körperliche Herausforderung und Balgereien, spannende Urlaubsreisen und Erlebnisse gehören dazu. Ist ein Kind grundsätzlich gesund und hat nur die eine Schwäche für aggressive Darstellungen, neigt auch schon selbst einmal zu Aggressivität, dann ist es meist damit getan.

Für Kinder, die gegenüber Gewaltdarstellungen empfänglich sind, gilt noch mehr als für alle anderen: Fernsehen, Video und Computer dürfen nicht zu einer Ersatzwelt werden, in der das Kind mit Haut und Haaren versinkt. Dann verselbständigen sich die medialen Effekte, das Kind kann nicht mehr zwischen der fiktiven Medienwelt und der realen Welt unterscheiden. Die Amokläufer in den Schulen waren solche Jugendlichen, die den Bezug zu ihrer wirklichen Wirklichkeit verloren hatten.

Was das Internet den Kindern bieten kann

Das Medium Fernsehen hat eine starke Konkurrenz bekommen. Spätestens im Grundschulalter, mit großer Wucht dann aber vor allem bei den Kindern über zehn Jahren werden Radio und MP3-Player, aber immer mehr das Internet zu attraktiven Beschäftigungen. Das Internet ist auf dem Wege, ein richtiger Mediencontainer zu werden, der Huckepack alle anderen elektronischen Medien und auch gleich noch Radio, Bücher, Zeitschriften und Zeitungen, Festnetz- und Mobiltelefon aufnimmt. Kinder sind bei dieser Entwicklung vorne dran, sie bekommen aus ihrem Freundeskreis immer die neuesten Entwicklungen mit.

Viele Eltern sind auch beruflich auf das Internet angewiesen und können mitreden. Schwierig wird es für die, die selbst keine Erfahrung haben. Da hilft nur, sich von den eigenen Kindern in die Welt des World Wide Web hineinziehen und in der Nutzung unterweisen zu lassen. Es bricht keiner Mutter und auch keinem Vater ein Zacken aus der Krone, wenn der achtjährige Sohn und die zehnjährige Tochter bei der Auswahl des geeigneten Notebooks federführend mitreden und dann anschließend nach der behänden Installation der Software den staunenden Eltern die Nutzung erklären. Sind die Eltern einmal eingeweiht, können sie sich über die Chancen, Gefahren und Risiken des Internets selbst ein Bild machen.

So ganz unterscheidet sich die Nutzung des Internets von der des Fernsehens nicht. Eltern können deswegen einige Parallelen ziehen: Feste Zeiten und bei den kleineren Kindern Minutenkontingente vereinbaren, damit der Computer zu einem Medium und zu einem Freizeitangebot unter vielen wird. Kinder im Vorschulalter niemals allein vor den Computer setzen, sondern immer dabei sein. Auch bei Kindern im Grundschulalter engen Kontakt halten und ein Auge darauf haben, was die Kinder anschauen. Sprechen Sie über das, was gesehen, gemacht und getan wurde. Eltern müssen Bescheid wissen, was ihre Kinder da im World Wide Web treiben, mit wem sie kommunizieren und chatten, welche Seiten sie aufrufen und was sie da aufnehmen.

Das Internet ist eine phantastische Verbindung zu allen Informationen und Schätzen dieser Welt, zu sämtlichen Unterhaltungs- und Zerstreuungsprogrammen zumal. Kinder, die sich dieses Medium souverän zunutze machen, haben viele Vorteile. Die meisten Eltern in Deutschland scheinen das so einzuschätzen, denn inzwischen gibt es kaum noch Haushalte ohne Internetzugang.

Aber das Internet ist ein noch neues Medium, und noch mehr als beim Fernsehen kann ein junger Nutzer dabei in unangenehmes Fahrwasser geraten. Kinder können über das Aufrufen von Websites oder das Chatten an dubiose und auch gefährliche Menschen geraten, Programminhalte können politisch verwerflich sein, brutale Gewaltdarstellungen, sexuell äußerst freizügige Filme und Pornografie enthalten. Statt gleich zur Kontrolle überzugehen, sollten Eltern mit ihren Kindern darüber sprechen, wenn diese offensichtlich auf solche Seiten gegangen sind. Das beste Gegengift ist die Vertrauensbasis, auf der Regeln für die Nutzung vereinbart werden. Ebenso wie die Zeiten können auch die Inhalte festgelegt werden, die das Kind sich erschließen darf. Nur wenn das nicht klappt, müssen Eltern über Sicherheitseinstellungen und Filter nachdenken und sich dazu von Fachleuten beraten lassen.

Das Internet gehört heute zum Alltag der Kinder ebenso wie dem der Eltern dazu. Alle müssen aufpassen, dass es nicht zu einem weiteren virtuellen Familienmitglied wird. Es bleibt ein technisches Instrument mit phantastischen Möglichkeiten, aber auch allen daraus erwachsenden Gefährdungen. Eltern dürfen Kinder nicht in die virtuelle Welt des Internet abtauchen lassen. Hier gilt das Gleiche wie beim Fernsehen: Distanz und Kritikfähigkeit wecken, um das Internet zu einem Freizeitmedium unter anderen werden zu lassen.

Das Familienleben mit dem Handy

Fast alle Eltern haben eines, bei den Jugendlichen über zwölf Jahren ist es zum absoluten Muss und zum Statussymbol geworden, auch bei den meisten Kindern gehört es heute zur Standardausstattung. Die meisten Familien können sich ein Leben ohne Handy gar nicht mehr vorstellen. Jede kleine Vereinbarung, alle Einzelheiten werden auf diesem praktischen Kanal kommuniziert. Je ausgereifter die Geräte werden, desto schneller schließt sich die Kluft zum Computer. Mancher Zwölfjähriger läuft heute mit einem Handy herum, das vor zehn Jahren ein Hochleistungscomputer gewesen wäre.

Ab wann Eltern für ihre Kinder ein Handy kaufen sollen, darüber lässt sich streiten. Die meisten Grundschüler haben jedenfalls eins, die meisten Eltern finden das ungeheuer nützlich. Viele wählen zum Einstieg ein Kinderhandy, das nur festgelegte Nummern zulässt und nur für die Kommunikation mit Familienmitgliedern geeignet ist. Das kann man machen – aber die Gefahr ist doch sehr groß, dass auf diesem Wege eine lückenlose Verhaltenskontrolle des Kindes eingeleitet wird. Schöner ist es für das Kind, ein richtiges Handy zu haben, und für die Nutzung mit den Eltern feste und verbindliche Regeln zu vereinbaren. Die müssen sich auf die Art der Nutzung und auf die Kosten beziehen. Bei der Finanzierung sollten Kinder beteiligt werden, indem sie von ihrem Taschengeld Anteile zurücklegen und ansparen. So lässt sich beim Kauf des Handys und bei der Bezahlung der laufenden Kosten gleich mit den Kindern auch über kluges Wirtschaften und Haushaltführen verhandeln.

Tarifverhandlungen über das Taschengeld

Zur Freizeit gehört der Umgang mit Geld. Eltern können ihren Kindern früh zeigen, wie sie es selbst machen, wie sie die Haushaltskasse für den täglichen und wöchentlichen Einkauf der Lebensmittel, für Anschaffungen, für größere Investitionen wie Möbel und das Auto bewirtschaften. Je früher Kinder auch einmal selbst einkaufen und die Kosten vorher berechnen und nachher überprüfen lernen, desto schneller werden sie in diesem Bereich souverän und mündig.

Das Taschengeld ist dabei hilfreich. Kinder erhalten aus der Haushaltskasse der Eltern einen festen Betrag, erst wöchentlich, dann monatlich, den sie durch großzügige Zuwendungen von Großeltern und Verwandten zu Weihnachten und bei Geburtstagen aufstocken können. Bei den meisten Kindern kommt heute Einiges an Geldbeträgen zusammen, sodass schon ein Grundschulkind über ein stattliches eigenes Budget verfügen kann.

Wie viel Taschengeld für ein Kind jeweils angemessen ist, das erfahren die Eltern am besten durch Gespräche mit anderen Eltern und durch den Rahmen, den das Familienbudget hergibt.

Wofür das Taschengeld ausgegeben wird, ist Verhandlungssache. Taschengeld ist Privatsache, damit kann das Kind machen was es will. Aber: Wenn die Eltern für alles Notwendige sorgen, kann das Kind sein Taschengeld für alles Überflüssige ausgeben. Besser wäre doch, eine Prise Notwendigkeit da unterzubringen. Hefte und Stifte für die Schule etwa aus dem Taschengeld bestreiten zu müssen, kann wertvolle Überlegungen einleiten, ob die Anschaffung eines Lutschers notwendig oder nur wünschenswert ist. Geld kann man nur einmal ausgeben, und Kinder sollen ja lernen, selbständig zu wirtschaften und die Geldausgaben in eine Beziehung zu den eigenen Bedürfnissen zu setzen. Die kleinen Wünsche nach einer Süßigkeit kommen sofort, für die größeren Bedürfnisse aber soll das Geld auch noch reichen. Deswegen können mit den Kindern Pläne vereinbart werden, wie es zum Beispiel bei der Beschaffung eines Handys mit der Eigenbeteiligung des Taschengeldes aussehen soll und wie hoch der Beitrag ist, den die Familien-Haushaltskasse beisteuert.

Auch die Eltern müssen sich beim Taschengeld an feste Regeln halten. Das Taschengeld muss pünktlich und zuverlässig ausgezahlt werden, die Tarifverhandlungen über die Höhe müssen die Eltern wohl spätestens jedes Jahr einmal über sich ergehen lassen und mit Würde abschließen. Glücklicherweise sind Schulkinder noch nicht gewerkschaftlich organisiert...

Das Taschengeld zur Strafe entziehen – ein schwieriges Thema. Hat aber eine Regelverletzung direkt etwas mit Geld zu tun, wenn das Kind sich verschuldet hat, kann das der richtige Weg sein. Dann muss sowieso ein neuer Geldplan gemacht werden. Soll das Kind aber wirtschaften lernen und auch die Möglichkeit erhalten, Geld für größere Anschaffungen anzusparen, dann muss das Taschengeld aus den erzieherischen Sanktionen möglichst herausgenommen werden.

Räume für die Freizeit schaffen

Wenn nicht alles täuscht, dann verbringen Kinder heute sehr viel mehr freie Zeit in den eigenen vier Wänden als vor zwanzig Jahren. Deswegen sind Eltern auch so sehr gefragt, eine anregende und vielgestaltige Form für die freien Zeiten zu finden.

Zu den Aufgaben der Eltern gehört es auch, ihr Kind bei der Gestaltung der freien Zeit außerhalb der häuslichen vier Wände anzuleiten – leichter gesagt als getan. Denn in vielen Wohngegenden können die unter zehnjährigen Kinder nicht mal eben schnell zum Spielen nach draußen laufen, schon weil viele Treppen oder der Aufzug sie abschrecken. Nur wenige können in einem eigenen oder wenigsten in Nachbars Garten spielen – sie sind auf Spielplätze angewiesen, die zwischen den Häusern liegen und oft nur lieblos mit den ewig gleichen Klettergerüsten, Schaukel und einem Sandkasten ausgerüstet sind. Ballspielen, Fahrradfahren, Verstecken und Herumtoben ist fast überall unmöglich oder sowieso verboten. Weil Eltern sich so viele Sorgen machen, ihren Kindern könnte auf der Straße etwas passieren, spielen ja der Fernseher und Computer als heimliche Familienmitglieder auch oft eine so große Rolle.

Doch es reicht ja nicht, ihnen vom Leben da draußen nur zu erzählen und sie in Sicherheit zu wähnen, so lange sie vor dem Bildschirm kleben. Erkunden Sie als Eltern das Umfeld Ihrer Wohnung nach tauglichen Freizeit-Beschäftigungen! Vielleicht lassen sich ja doch noch einige Bereiche zum Fahrradfahren, Basketballspielen und Skateboard fahren ausmachen – und wenn es nur der Fußballkäfig in der Seitenstrasse ist. Immer noch besser als gar nicht vor die Tür gekommen. Oder man beschließt als Familie, zusammen Erkundungstouren durch die Umgebung zu machen und neugierig zu gucken, was es alles so in der Nachbarschaft gibt. Und sobald die Möglichkeit dazu besteht, sollten die Eltern die Kinder nur noch an die lange Leine nehmen. Dann können sie auf dem Spielplatz oder wo auch immer ihre eigenen Interessen und Verhaltensmuster einbringen, mit anderen Kindern spielen und – von erwachsenen Argusaugen unbehelligt – ihre eigenen Kontakte zu anderen Kindern einfädeln.

Wer zu viel in den eigenen vier Wänden hockt, der bewegt sich auch einfach zu wenig. Bewegungsmangel ist heute eines der größten Gesundheitsprobleme der Kinder und ihrer Eltern. Mutter und Vater sollten deswegen alles an Phantasie aufbringen, um im wahrsten Sinnes des Wortes Bewegung und körperliche Betätigung in den Alltag einzubringen. Wenn es also irgend geht, dann sollte der Weg zum Kindergarten oder zur Schule zu Fuß zurückgelegt werden. Wenn das Auto oder ein öffentliches Verkehrsmittel dazu benutzt werden müssen, dann geht man eben den Rest zu Fuß. „Wozu hat der liebe Gott uns gesunde Beine geschenkt?", fragen Sie tapfer und rechnen Ihren Kindern vor, was man für das Busgeld an Eiskugeln erstehen kann und schon schlagen Sie zwei Fliegen mit einer Klappe: Jedes Geldausgeben bedeutet eine Entscheidung für eines und eine gegen vieles andere. Und wir tun uns etwas gutes, wenn wir uns bewegen. Der liebe Gott (oder die Evolution) hat uns nämlich so gemacht, dass wir jeden Tag vierzig Kilometer zu Fuß laufen können.

Viele Kinder sind heute in einer ernsten Weise übergewichtig. Da spielt der Mangel an Bewegung kräftig mit hinein. Ein zweiter wichtiger Punkt ist die falsche Ernährung mit zu vielen Kalorien und Fetten, die durch das riesige Ausmaß an Konserven und Tiefkühlkost und Fast Food zustande kommen. Mit den Kindern zusammen überlegen, wie man Bewegung und Ernährung im Familienalltag verändern kann und dabei Kalorien verbrennt und Kosten spart, ist ein gutes Thema fürs gemeinsame Abendessen. Sie werden sich wundern, auf welche Ideen Kinder kommen, wenn Sie verkünden, dass Sie überlegen, das Auto abzuschaffen, weil es zu teuer ist und außerdem die Umwelt verpestet! Oder wie man Strom einsparen könnte – aus den gleichen Gründen.

Aktive Freizeit durch gemeinsame Aktivitäten

Kinder brauchen die geschickte Kombination aus Herzenswärme, Freiräumen mit klaren Regeln und Anerkennung auch in der Freizeit. Sie wollen von ihren Eltern abschauen, wie man das Leben meistert. Von wem denn sonst? Kinder brauchen Erwachsene, die etwas mit ihnen zusammen unternehmen. Jungen brauchen Väter, die sie bei Fehlschlägen auch mal in den Arm nehmen und zum nächsten Anlauf ermuntern. Töchter brauchen Mütter, die ihnen Selbständigkeit zutrauen, Erzieherinnen und Lehrerinnen, die zu ihrem Wort stehen und Nachbarn, die ihnen Einhalt gebieten, wenn sie sich an einem kleineren und schwächeren Kind vergreifen. An einem zuverlässigen Gegenüber kann ein Kind seine Fähigkeiten erproben und seine Grenzen erkennen: Halt finden.

Kinder suchen nach klaren festen Leitfiguren – nach lebendigen Menschen, an denen sie sich orientieren und reiben, an denen sie sich messen können. Besonders Jungen brauchen ihre Väter, mit denen sie sich auseinandersetzen können, die ihnen ernsthaft Rede und Antwort stehen. Sind die Väter nicht greifbar, weil sie zuviel arbeiten oder sich aus dem Familienleben längst verabschiedet haben, können andere männliche Wesen bei ihren Söhnen leicht landen: Überlebensgroße Medienhelden wie Batman, Spiderman und He-Man faszinieren, wenn echte Persönlichkeiten mit Ecken und Kanten im realen Leben der Kinder immer weniger vorkommen.

Wer sich geliebt, geborgen und angenommen fühlt, entwickelt Selbstbewusstsein und das Gefühl, etwas wert zu sein – einfach nur, weil er oder sie auf der Welt ist. Das Gefühl, dass die Welt ein bisschen reicher geworden ist mit dem Moment, als man geboren ist: Hier entspringt die Zuversicht, auch schwierige Aufgaben, die jetzt noch misslingen, mit einer neuen Anstrengung meistern zu können. „Warum bist du nie da?", hat Robin seinen Vater gefragt. „Zuviel zu tun", sagt der nur knapp, „kann man nichts machen." Wirklich nicht? Könnten Robin und sein Vater nicht einen Weg finden, ab und zu mal ganz füreinander da zu sein und etwas gemeinsam zu unternehmen? Es muss ja noch nicht einmal der großartige Tag im Freizeitpark sein. Ein kleiner Ausflug mit dem Fahrrad, eine abendliche Fußballrunde, eine Bootsfahrt, ein gemeinsamer Besuch in der Bibliothek ...

Wie wäre es mit der Zusammenarbeit beim Reifenflicken, wenn das Fahrrad einen Platten hat? Warum nicht zusammen zur Tankstelle fahren. Während Mama tankt, putzt Johannes die Scheiben, dann überprüfen beide zusammen den Luftdruck in den Reifen. Sobald man begonnen hat, darüber nachzudenken, gibt es unendlich viele Möglichkeiten, mit Kindern etwas zusammen zu machen und ihnen die Wertschätzung für die kleinen Dinge des Alltags und ihren Beitrag zum Gelingen nahezubringen – einfach Gelegenheiten zu finden, zusammen mit Kindern Spaß zu haben und trotzdem erledigen zu können, was getan werden muss. Das macht stark.

8. Kapitel

Was Eltern für die Schule tun können

Der Schulranzen ist gepackt, das Pausenbrot und die Saftflasche sind verstaut. Jacke anziehen, Küsschen an der Haustür und tschüss! Halt – da hinten liegt ja noch der Turnbeutel. Sie rennen hinterher und drücken dem Kind den Beutel in die Hand, noch ein aufmunterndes Lächeln und das Kind zockelt los.

Wenn wir als Erwachsene an die Schule denken, haben wir meistens das Lesen, Schreiben, Rechnen lernen oder Basteln im Kopf. Für Kinder sieht das oft ganz anders aus. Da brennt Miriam darauf, ihrer Freundin Lena von dem neuen Goldhamster zu erzählen und muss unter dem scharfen Blick des Lehrers verstummen. Peter hat richtig Schiss vor der Pause, weil Ralf aus der 4a immer an der Ecke lauert, um ihn anzurempeln. Zu spät zu kommen ist das Schlimmste für Zeki – nicht nur weil ihre Lehrerin ärgerlich sein könnte, sondern weil sie immer Angst in der leeren Eingangshalle hat. Lars schämt sich fürchterlich, mitten in der Stunde aufzustehen und aufs Klo zu gehen. Einmal hat er zu lange herumgedruckst und dann ist das Malheur passiert. Alle haben es gesehen.

Schule heißt für Kinder nicht nur ABC, Einmaleins und gebastelte Drachen, die stolz vorgezeigt werden. Schule heißt noch viel mehr als das: Zusammen mit vielen anderen Jungen und Mädchen muss das Kind zurechtkommen, einen Platz im sozialen Gefüge finden. Erfolge und Versagen spielen sich jetzt vor den Augen der anderen ab. Mit Anerkennung und Ablehnung richtig umgehen zu können, das ist die eigentliche Herausforderung für die Kinder auf dieser Etappe des langen Weges ins Erwachsenenleben.

Die Zeit zwischen sechs und zehn Jahren ist für das Sozialverhalten des Kindes entscheidend. In diesen Jahren erkennt jedes Kind, dass es für sich selber verantwortlich ist. Und dabei doch nur ein Junge, ein Mädchen unter vielen, vielen anderen ist, die unterschiedliche und auch widersprüchliche Vorstellungen und Absichten haben. Kinder brauchen viel Mut und Ermutigung, um sich darauf einlassen zu können, mit anderen Menschen in der Schule gemeinsam eine befriedigende Lebenswirklichkeit zu schaffen. Es gibt alle möglichen Probleme rund um die Schule – ein anderes Kind, das immer wieder schikaniert, das Problem, Freunde zu finden, weil es nur Cliquen gibt, Ungerechtigkeiten oder Missverständnisse mit dem Lehrer. Eltern können ihr Kind nicht dabei begleiten – höchstens bis zur Klassentür. Seinen Weg muss es jetzt mehr und mehr alleine gehen. Es ist in der Leistungsgesellschaft angekommen. Und die Eltern? Lange war die Schule aus, jetzt fängt sie wieder an. Es ist ja nur eine andere Tür, durch die wir ins Schulgebäude zurückkehren. Anders als früher und doch verstörend gleich. Nicht mehr nur auf eigene Rechnung sind wir frech oder schwatzhaft oder faul, sondern jetzt haftet das eigene Kind gleich mit dafür, wie wir uns betragen. Weil es nur Schüler und Lehrer in der Schule gibt, verwandeln wir uns in Schüler – und schreiben Protokoll, bearbeiten Materiallisten, erfüllen Kuchenanforderungsschreiben und befüllen den Ranzen mit der Markenware, die die Lehrerin wünscht. Sie denkt an alles, was uns im Traum nicht einfallen würde: „Bitte beschriften Sie alle Gegenstände im Federmäppchen, auch die Kappen der Filzstifte!"

Heiße Kartoffeln machen die Runde

Viele Eltern sind bloß unzufrieden mit der Schule ihrer Kinder, sie schimpfen, lamentieren, suchen einen Schuldigen – und finden die Lehrer. Dabei gibt es auch auf ihrer Seite gleichgültige Mütter und Väter, die ihre Kinder vor dem Fernseher und dem Computer sich selbst überlassen, und Kinder, die sich nicht konzentrieren können und immer seltener und weniger bereit und fähig sind, auch nur die aller einfachsten Regeln des Zusammenlebens einzuhalten. Wie soll man denn da einen vernünftigen Unterricht machen, fragen die Lehrer in routinierter Verzweiflung und beschreiben ihre minderjährige Klientel als bunt gemischten Haufen aus Hyperaktiven, Fehlernährten, Verhaltensgestörten, Hochbegabten und Wohlstandsverwahrlosten, Frühgeförderten, Dyskalkulikern und Legasthenikern, die noch dazu in Sprachen aus aller Herren Länder schnattern und des Deutschen kaum mächtig sind.

Ist es nicht allzu verständlich, dass Lehrer entweder hilflos mit den Armen rudern, genervt die Augen verdrehen oder wütend die Erziehungsunfähigkeit der Eltern anprangern, wenn man ihnen einmal mehr nahe legt, dass die Schule ihren klassischen Bildungsauftrag heutzutage eben mit einem breiten erzieherischen Rahmenprogramm ergänzen muss, damit allerlei Bildungssaat überhaupt noch aufgeht, Blüten treibt und irgendwann auch Früchte trägt? Damit der Umbau „Belehrungsanstalt zu einer PISA-tauglichen Lernwerkstatt" (Peter Struck) gelingt, sind zweifellos größere Anstrengungen nötig – von Eltern und Lehrern. Bei der Frage, wie die Runderneuerung der Schule vonstatten gehen soll, wird noch immer mit dem breitem Pinsel gemalt. Der erlaubt keine Nuancen, entwirft aber in grellen Farben gleich ein ganzes Rudel von Sündenböcken. Etliche Prachtexemplare sind darunter: Eltern sowieso, Lehrer auch, Politiker, der Kapitalismus im Allgemeinen und die Fernsehmafia im Besonderen sind eigentlich immer schuld. Es stehen, je nach eigenem Standort, politischer Präferenz und Befindlichkeit, jedenfalls immer mehrere zur Auswahl: Eltern erziehen (wenn überhaupt) ihre Kinder zu rücksichtslosen Karrieristen oder anspruchsvollen Leistungsempfängern, Lehrer sind ihren ungezogenen Schülern nicht mehr gewachsen, die Wirtschaft richtet sie ab zu minderjährigen Markenfetischisten. Und der ausufernde Fernsehkonsum, das virtuelle Geballer, der mediale Overkill schlechthin gibt der angeborenen Lernlust, dem guten Benehmen und dem Leistungswillen sowieso den Rest.

Soll deshalb die Schule besser die Finger von der Erziehung lassen und sich aufs Kerngeschäft beschränken – Vokabeln, Formeln und Geschichtszahlen einpauken und mittels Zensuren die Spreu vom Weizen trennen? Ohnehin reagieren Eltern patzig auf Kritik an ihrem Verhalten und wollen sich nicht dreinreden lassen, vor allem nicht in ihren Erziehungsstil und schon gar nicht von den Lehrern. Das Terrain zwischen Eltern und Lehrern scheint schwierig – überall sind Tretminen versteckt, lauern Hinterhalte und tun sich plötzlich Abgründe auf. Eine Dunstwolke aus verqueren Erwartungen, verhohlenen Ansprüchen und wabernden Missverständnissen hängt über dem umkämpften Gelände. Wer macht was? Wer ist für was zuständig? Und wer trägt wofür die Verantwortung?

Es gibt viel zu tun, fangt ihr schon mal an!

Im kleinen Grenzverkehr zwischen Schule und Elternhaus herrscht ein meist unerfreulicher Schlagabtausch, der nach dem gleichen Prinzip funktioniert wie das Hin und Her zwischen Geschwistern, die man auffordert, den Abendbrottisch zu decken. „Immer ich!" heißt die Parole und „Soll der doch erstmal!" – der anklagend erhobene Zeigefinger zielt automatisch auf den anderen. Jeder weist daraufhin, was er schon alles getan habe, und erfindet Argumente, warum doch deshalb jetzt der andere dran sei. Selbstredend kommt nicht ein einziger Teller auf den Tisch, während der Disput an Lautstärke, aber nicht an Lösungspotential gewinnt. Natürlich geht freiwillig keiner mit gutem Beispiel voran und überlegt erst einmal, was er selbst tun kann – ganz ähnlich, wie wenn es zwischen Eltern und Lehrern um die Zuständigkeit für Erziehung geht. Es gibt erhebliche Unstimmigkeiten zwischen den Akteuren der Erziehung, die von wenig mehr als großer Verunsicherung künden: Wer ist eigentlich für Erziehung und Bildung verantwortlich? Kann es sein, dass der Schule aufgehalst wird, was in die Familie gehört? Klar, Eltern legen den Grundstein. Idealerweise lehren sie ihre Kinder Respekt vor anderen, Rücksichtsnahme und Gemeinschaftssinn, schicken sie nach sechs Jahren halbwegs gut erzogen in die Schule, wo die Lehrer auf festem Fundament die Mauern weiter hochziehen, aus denen ein stabiles Haus entsteht, das den Stürmen des Lebens trotzen kann. Klar, es ist das Elternhaus, das anfangs den größten Einfluss auf die schulische Leistungsfähigkeit eines Kindes hat. Klar, die Lehrer können mehr oder weniger geschickt auf die Persönlichkeit und die Lernstile eines Kindes eingehen, die Schule selbst kann eine gute oder eine schlechte Atmosphäre ausstrahlen. Aber sie muss am Ende immer noch mehr können als nur auf das zu reagieren, was das Elternhaus aus einem Kind gemacht hat und noch macht. Deswegen liegt bei den Müttern und bei den Vätern ein Schlüssel dafür, ob ihr Kind in der Schule zurecht kommt und wie gut seine Leistungen sind. Zwei Drittel der Leistungsfähigkeit werden vom Elternhaus bestimmt, nur ein Drittel von der Schule, sagt die Wissenschaft. Und die Lebenserfahrung ergänzt: Manchmal ist es aber auch umgekehrt.

Woran liegt das? Ein Kind kommt ungefähr mit den Einstellungen, Erwartungen und Verhaltensweisen in die Schule, die es sechs Jahre lang in der Familie geübt hat. War das Kind in einer Kinderkrippe und in einer Kindertagesstätte, so haben auch die natürlich ihre Spuren hinterlassen. Mit sechs Jahren ist man schon eine kleine Persönlichkeit und hat gelernt, sich in einer Gruppe von Gleichaltrigen zu bewegen oder auch nicht.

In der Schule kommt es nun darauf an, ob das Kind sich auf die neuen Bedingungen umstellen kann. Ist es feste Regeln und Vereinbarungen gewohnt, fällt ihm das leicht. Hat es einen regelmäßigen Tagesrhythmus in der Familie erlebt, dann wird die sture Zeiteinteilung in der Schule kaum Probleme machen. Hat es schon viel mit anderen Kindern zu tun gehabt, dann schreckt auch die große Klassengemeinschaft nicht, in der das Kind sich jetzt plötzlich wiederfindet. In allen diesen Punkten ist die Handschrift des Elternhauses erkennbar.

Die Rolle der Eltern erweitert sich, wenn das Kind in die Schule kommt. Sie treten als sozialer Berater auf, wenn es Probleme gibt:. „Du bist mit dem Platz in der letzten Reihe nicht zufrieden? Morgen oder übermorgen sprichst Du Deine Klassenlehrerin ganz freundlich in der großen Pause an!" „Du wirst nach der dritten Stunde immer so müde? Probier doch morgen einmal, ob es hilft, wenn Du dann den mitgenommenen Apfel isst!"

Die Eltern waren sechs Jahre lang der soziale Trainer ihrer Kinder, nun müssen sie es auch während der Schulzeit bleiben. Beim Eintritt in die Schule sind sie besonders gefragt, denn die Anpassungsleistung, die ein Kind jetzt vollbringen muss, hat es in sich. Ungeduldiges Gemeckere und Geschimpfe bringt gar nichts, sondern nur einfühlsames Unterstützen, Tipps geben – genau das, was die Trainerin im Sportverein auch macht.

Was aber, wenn das nicht passiert? Darf man Eltern dazu zwingen, ihre Kinder gut zu erziehen? All die kühnen Bögen der Bildung, die hohen Flure des Fleißes, der Beharrlichkeit und des gewissenhaften Arbeitens, die steilen Treppen des Leistungswillens und des Ehrgeizes, die Balkone des Wissens und verspielten Giebel der noch unentdeckten Talente, die später die Einzigartigkeit des Gebäudes ausmachen, geraten ohne feste Basis ins Wanken. Darum muss die Schule ergänzend vermitteln; ohne Pünktlichkeit, Disziplin, Gesprächskultur und Rücksicht ist doch auch kein Arbeiten in der Schule möglich. Da müssen auch Lehrer mit gutem Beispiel vorangehen und den Kindern eine Haltung des gegenseitigen Respekts vermitteln. Das gelingt leichter, wenn Kinder aus ihren Familien das schon mitbringen, aber es ist erst recht nötig vorzuleben, wenn Kinder die Erfahrung bisher nicht machen konnten, dass ein zugewandter, respektvoller Erwachsener an ihrer Entwicklung interessiert ist und ihnen hilft, ihre Möglichkeiten zu entfalten.

Eltern und Lehrer verstehen sich auf der Baustelle Erziehung höchstens ausnahmsweise als aufeinander angewiesene Gewerke. Sie begreifen oft nicht, dass sie gemeinsam für ihre Kinder und Schüler haften und besser beraten wären, wenn sie kooperierten. Dabei ziehen sie doch eigentlich an einem Strang – wenn auch leider viel zu oft an zwei verschiedenen Enden. Passen auch Eltern und Lehrer einfach nicht zusammen?

Schulaufgaben für Lehrer...

Doch ob die Lehrer sich dafür qualifiziert und verantwortlich fühlen oder nicht: Die Kinder verbringen so viele Stunden des Tages in der Schule, dass sich die Schule um ihre Erziehungsaufgabe gar nicht drücken kann. Alles, was dort geschieht oder nicht geschieht, alles, was ein Lehrer tut oder eben unterlässt, erzieht mit. Erziehung ist nicht Säen, Gießen und Jäten in einem ordentlichen Garten mit eingefassten Beeten, wo in der einen Parzelle Kartoffeln wachsen, in der anderen Wissen und Bildung. So beschreibt der Pädagoge Hartmut von Hentig das Bild. Die Zeit zwischen acht und vierzehn Uhr ist ein ganzes Biotop, da wächst alles durcheinander: das Bildungsgemüse, die Erziehungskräuter und die Blumen des Wissens – und das bleibt die ganze Schulzeit hindurch so.

Ihr einstiges Drohpotential hat die Schule längst verloren. Gut so! Der Lehrer als Hilfspolizist und die Schule als verlängerter Arm des Obrigkeitsstaates haben abgewirtschaftet, und an aufmuckenden, selbstbewussten und auch widerborstigen Schülern herrscht wahrhaftig kein Mangel. Heute antworten Kinder einem Hausmeister, der sie ermahnt, das Kaugummipapier in den Abfalleimer zu werfen, dass ihre Eltern ihnen gesagt hätten, sie bräuchten sich so eine Zumutung nicht gefallen zu lassen. Hin und wieder hört man von sich prügelnden Grundschülern, die, gut gebrieft von ihren Mittelschichtseltern, die Lehrerin anschreien, die gerade die beiden Kampfhähne trennen will: „Du darfst mich nicht anfassen!"

Heute haben Lehrer vor allem achtzugeben, dass sich nicht der Lauteste, Rücksichtsloseste und Unverschämteste auf Kosten aller anderen in der Klasse durchsetzt. Oft fehlt ihnen dazu außer der professionellen Entschlossenheit auch noch die notwendige Rückendeckung der Eltern: Manche sehen es nämlich gar nicht so ungern, wenn ihr Kind ein wenig rücksichtslos ist, wobei sie dieses Benehmen dann eher Durchsetzungsfähigkeit nennen. Soziales Verhalten scheint vorerst nicht angesagt – in den Pausen genauso wenig wie in der Zeit dazwischen. Sich in einen anderen Menschen hineinzuversetzen, Rücksicht zu nehmen, Gegenseitigkeit und Gemeinschaft zu pflegen und zusammenzuarbeiten ist alles andere als selbstverständlich. In der Regel geht es darum, sich selbst aggressiv durchzusetzen. Wirkt anerzogene Höflichkeit da nicht gar wie ein Klotz am Bein des freundlichen Kindes, das sich im Konkurrenzkampf mit Altersgenossen bewähren muss, die von solchen Beschränkungen unbelastet um sich schlagen?

…und Hausaufgaben für Eltern

Die grassierende Kumpelhaftigkeit von Eltern, die ihren Kindern zu Hause erklären, dass ein Tadel überhaupt nix bedeute und man, na warte, dem blöden Typen von einem Lehrer ganz gehörig an den Karren fahren werde, gleich morgen, jawoll, ist allerdings auch nicht hilfreich. Die gründliche Demontage der Lehrer-Autorität durch die Protagonisten und Epigonen der Studentenbewegung hat neben der erwünschten auch unerwünschte Nebenwirkungen gehabt, die sich heute als vulgarisierte Restbestände der 68er-Libertinage mit der ganz normalen Bequemlichkeit mischen. Eltern drohen zu Hause nicht mehr mit dem strengen Lehrer und respektieren ihn auch selbst nicht mehr als fachliche oder pädagogische Autorität. Wir versagen Lehrern die Autonomie, aus deren Anerkennung Respekt überhaupt erst hervorgeht. Erst wenn wir davon ausgehen, dass jemand weiß, was er tut, auch wenn wir es nicht verstehen, gewähren wir einem anderen Menschen Autonomie. Und umgekehrt: Auch Eltern oder Schülern muss diese Unabhängigkeit zugestanden sein, denn sie wissen Dinge über das Kinderhaben oder das Lernen, von denen ein (kinderloser) Lehrer oft gar keine Ahnung hat.

Moderne Eltern stehen im Allgemeinen gnadenlos auf der Seite ihrer Kinder, und das ist für sich genommen ja auch nichts Schlechtes. Dem Kind den Rücken zu stärken, wenn es einen Lehrer erwischt hat, mit dem es nicht klarkommt, der es beleidigt, ungerecht behandelt, entmutigt oder demütigt – das ist sinnvoll und berechtigt. Aber den Lehrer nicht als vertrauenswürdigen, gut ausgebildeten anderen Erwachsenen zu sehen, sondern mit den Augen des Kindes zu betrachten, auch mit den Augen des Kindes, das man selbst einmal war – das kann nicht angehen. Leider fehlt dieser professionelle Verhaltensstandard, wie man mit Kindern umgeht und wie nicht, in vielen Schulen. Das scheint noch stets in der reflexartig geäußerten Befürchtung auf, das eigene Kind müsste Nachteile erleiden, wenn man als Mutter oder Vater gegenüber dem Lehrer den Mund aufmacht. Und deshalb braucht man immer so eine gehörige Portion Glück, um an einen guten Lehrer zu geraten. Doch Eltern, die nicht aufpassen, und Eltern, die es nicht besser wissen und den schmalen Grat zwischen starkem und erdrückendem Einfluss nicht sehen wollen, mutieren schnell zu den besten Freunden ihrer Kinder, anstatt die Verantwortung für sie zu übernehmen.

Im Falle einer Trennung raten Experten dringend und mit den besten Gründen dazu, dem Kind auf jeden Fall Loyalitätskonflikte zu ersparen, indem man die Zähne zusammenbeißt und nicht über den Erziehungspartner herzieht. Die Parallele zwischen getrennt lebenden Müttern und Vätern auf der einen, Eltern und Lehrern auf der anderen Seite sei erlaubt: Ist es wirklich klug, im Beisein der Kinder über die Lehrer zu schimpfen oder spontan empört auf jede Äußerung des Kindes zu reagieren? Ist es wirklich sinnvoll, wenn Lehrer über das Aussehen und die Familie von Schülern lästern – vor der ganzen Klasse?

Wie soll ein Kind einen Erwachsenen respektieren und achten, der bei ihm zu Hause einen derart schlechten Ruf genießt? Wie soll ein Kind von einem Erwachsenen lernen können, der im Zweifel seine Macht und Überlegenheit ausspielt und ein Kind dem Gespött der Klasse preisgibt?

Auch viele Lehrer erziehen höchstens halbherzig. Beim kleinsten Widerstand berufen sie sich auf ihre weltfremde Erwartung an die Eltern, diese mögen ihren Kindern die Voraussetzungen für eine sinnvolle Teilnahme am Unterricht schaffen, und ziehen sich beleidigt auf die Aufgabe zurück, die gestern vielleicht noch ihre war: die Vermittlung von Wissen. Selbst wenn das möglich wäre: Eltern können den Lehrern ihren Teil der Erziehungsaufgabe nicht abnehmen. Doch es genügt auch nicht, die Schulen allein in die Pflicht zu nehmen. Dass die Eltern gefordert sind, ist keine Frage. Und wer sein moralisches Stützkorsett zu Hause erworben hat, der hält auch den Gruppendruck in Sachen Handy, Klauen, Kiffen und Kloppen besser aus. Was aber ist mit den anderen?

Der kleinste gemeinsame Nenner muss noch gefunden werden

In der Familie wird erzogen, in der Schule wird auf dieser Erziehung aufgebaut, indem Wissen, Kenntnis und Fertigkeiten vermittelt und auch die Persönlichkeiten gebildet werden. Eltern haben die Verantwortung für ihre Kinder und dafür, sie fit für die Welt und das Leben zu machen. Aber wenn sie selber schlechte Vorbilder sind? Dann sind alle gefragt: Eltern sowieso, die Lehrer und die ganze Gesellschaft müssen begreifen, dass Zügellosigkeit und Beliebigkeit nicht länger hinzunehmen sind, weil sie sich zerstörerisch auf das Miteinander in allen Lebensbereichen auswirken und den Leistungswillen empfindlich dämpfen – nicht nur in den Schulstunden am Vormittag, sondern lange über den letzten Gongschlag hinaus. Die Kenntnis gewisser Umgangsregeln und der achtsame Umgang mit Lernenden müssen nicht nur öffentlich eingefordert, sondern auch erkennbar vorgelebt werden – nicht nur, aber am besten zuerst in der Familie. Und dabei brauchen Eltern Unterstützung.

Manche Erziehungswissenschaftler haben die angestammte Vorwurfshaltung gegenüber der Elternschaft längst aufgegeben und setzen, wie der Hamburger Pädagoge Peter Struck, nun auf Hilfe statt Strafe: „Wir brauchen Lehrer, die in der Lage sind, mit einer auf Eltern zugehenden Pädagogik, Müttern und Väter über Hausbesuche, Elternstammtische oder Elternabende bei der Erziehung zu helfen", schreibt er in der Süddeutschen Zeitung vom 12. September 2003.

Was Eltern tun können

Beim Eintritt in die Schule zeigt sich wie in einem Brennglas, wie gut die Kombination aus Anregung, Anleitung und Anerkennung in der Familie war und ist. Hat das magische Dreieck der Erziehung funktioniert und haben die Eltern geschickt mit den drei Bällen Freiräume, klare Regeln und Herzenswärme jongliert, haben sie ihr Kind damit stark gemacht, dann ist es auch leistungsfähig – selbst in dem eigenartig durchstrukturierten Gebilde der Schule.

Für die schulische Leistungsfähigkeit des Kindes, so zeigen die wissenschaftlichen Studien, ist nicht entscheidend, ob man im Elternhaus schon das ABC und die Grundrechenarten einstudiert und erste Schreibübungen gemacht hat. Das kann sogar zu viel des Guten sein, weil das Kind sich arrogant den anderen überlegen fühlt. Viel wichtiger ist: Hat das Kind in seinen zurückliegenden sechs Lebensjahren ein anregendes Familienklima genossen, mit stimulierenden Herausforderungen, mit dieser gesunden Mischung aus Fördern und Fordern, die das Geheimnis einer guten Erziehung ist? Dabei kommt der gesamten Tagesgestaltung in der Familie eine riesige Bedeutung zu. Je anregender und erlebnisreicher, je abwechslungsvoller und lebendiger der Alltag und die Freizeitgestaltung in der Familie, desto besser schneidet das Kind in den Unterrichtsfächern der Schule ab.

Das klingt vielleicht überraschend, aber es ist ganz plausibel. Denn die Schule bietet dem Kind einen Erlebnis- und Erfahrungsraum, der eigenen Spielregeln folgt. Ist das Kind schon aus der Familie gewohnt, sich in neues Terrain hineinzubewegen, fremde Welten zu erkunden und zu ertasten, wie es dort aussieht und welche Kräfte dort am Werke sind, dann kann es auf diese Weise auch die Schule für sich erschließen. Gewiss – hier und da müssen Kompromisse gemacht werden, man muss auch mal zurückstecken können, aber das hat man ja im Freizeitleben mit der Familie schon gelernt. Da mussten auch Rücksichten auf die kleinen Geschwister oder auf die Launen von Mutter und Vater genommen werden. Ganz so groß ist der Unterschied zwischen der Familie und der Schule dann am Ende doch nicht.

Sich für die Inhalte des Unterrichts interessieren

Was können die Eltern noch tun, um ihr Kind bei der Reise in die Leistungsgesellschaft zu unterstützen? Am wirkungsvollsten ist es wohl, sich einfach dafür zu interessieren, was die Kinder in der Schule erleben und was sie inhaltlich lernen. Das vergessen viele Eltern, weil sie nur auf das Ergebnis schielen. „Na, wie gut hast du beim Test abgeschnitten? Na ja, nächstes Mal klappt das bestimmt besser!" ist zwar als Ermunterung ganz gut, aber bleibt völlig vage. Worum ging es denn bei dem Test, was steckte denn da an sachlichen Themen drin, welche Nuss sollte geknackt werden? Damit musste sich das Kind auseinandersetzen, und wenn Mutter und Vater sich darauf einlassen, dann signalisieren sie ihrem Kind, dass es etwas Nützliches und Wertvolles macht. Das kann die beste Lernmotivation überhaupt sein.

Wenn es irgend geht, sollten sich die Eltern Zeit nehmen, Interesse und Verständnis zeigen und sich von dem Kind genau erklären lassen, worum es eigentlich in dem Test ging. Stand im Matheunterricht die Rechnung des Inhaltes eines Gefäßes an, dann kann die Mutter zuhause mit dem Kind die Rechnung noch einmal durchgehen. Anschließend werden Gläser und Töpfe aus dem Regal genommen und nach ihrem Fassungsvermögen abgeschätzt. Die Mutter erzählt, wie wichtig es ist, die richtigen Mengen einzuschätzen, um zu kochen und zu backen. So kann sich das manchmal schrecklich abstrakte Schulwissen mit dem Alltagwissen verbinden. So wird plötzlich der Test zu einem spannenden Thema, über das man auch am Abendbrottisch noch einmal reden kann.

Sich für die Inhalte des Unterrichts interessieren – dazu gehört auch eine Anteilnahme daran, wie das eigene Kind die Lehrkraft wahrnimmt. Die Mathelehrerin hat nämlich nach Auffassung ihres Kindes die Aufgabe mit dem Fassungsvermögen eines Gefäßes sehr umständlich erklärt. Jetzt hilft es, wenn die Mutter die Vermittlerin spielt. „Also das finde ich auch, das könnte man sicher einfacher machen. Aber ich glaube, die Lehrerin wollte Euch dabei gleich eine mathematische Formel erklären".

Wenn Eltern für Kinder die Dolmetscher spielen, dann können sie die Motivation ihres Kindes damit viel mehr stärken, als wenn sie nur pauschal auf die Sturheit und den Perfektionismus der Mathelehrerin schimpfen. Das Kind muss am nächsten Morgen wieder in den Unterricht dieser Mathelehrerin. Und darauf sollten Sie es als Mutter oder als Vater richtig einstimmen.

Mechanischen Leistungsdruck vermeiden

„Die Parallelklasse ist schon auf Seite 43 der Lesefibel und die Klasse meiner Sarah erst auf Seite 29. Ob die Kinder bei dieser Lehrerin wohl genug lernen?" Schielen Sie nicht auf die Noten, sondern sehen Sie, wie Ihr Kind sich anstrengt und Fortschritte macht. Zeugnisse sind nicht das Maß aller Dinge. Auch bei weniger guten Leistungen muss das Kind sicher spüren, dass es geliebt wird. Vergleichen Sie nicht die Lesekünste Ihres Kindes mit dem, was andere schon können, sondern mit dem, was Ihr Kind vor einem halben Jahr noch nicht konnte. „Sarah, ich staune wirklich, was du schon alles kannst! Guck mal hier, Deine ersten Buchstaben sind noch ganz krakelig gewesen. Und jetzt kannst du sogar Schreibschrift und Druckschrift. Du hast dich wirklich toll angestrengt." – Was Kinder in der Schule brauchen, ist vor allem ein gesundes Selbstvertrauen. Das darf man ihnen nicht nehmen.

Das ist heute leichter gesagt als getan. Eltern beobachten die wirtschaftliche Entwicklung. Sie wollen für ihr eigenes Kind sicherstellen, dass es später im Wettbewerb mithalten kann. Die Schule ist in einer Leistungsgesellschaft diejenige Institution, die Eintrittskarten für die spätere Berufstätigkeit vergibt oder versagt. Da kann einen als Mutter und Vater schon das Gefühl beschleichen, mit dem Eintritt in die Grundschule beginne die Berufslaufbahn des eigenen Kindes. Und lässt man diesem Gefühl freien Lauf, dann schaut man auf sein Kind mit anderen Augen. Hat es die Chance, die richtigen Abschlusszeugnisse zu erwerben, die man heute braucht, um weiterzukommen? Ist das eigene Kind von späterer Arbeitslosigkeit bedroht und damit der mühsam erarbeitete Status der eigenen Familie gefährdet?

Hieraus kann sich ein unbewusster, dadurch aber außerordentlich unangenehmer und mechanischer Leistungsdruck auf das eigene Kind entwickeln. Klar – die Persönlichkeitsentwicklung des Kindes soll zwar im Hinblick auf Selbständigkeit und freie Entfaltung gefördert werden, aber der Dreh- und Angelpunkt ist doch nun einmal die Leistungsfähigkeit. Sie alleine entscheidet über den guten Schulabschluss, und der ist heute so zentral wichtig geworden, vor allem in Zeiten von angespannter Arbeitslage. Nur ein hochwertiger Schulabschluss ist heute die Eintrittskarte in einen anspruchsvollen Beruf.

Eltern fühlen sich manchmal zwangsläufig gedrängt, mit offenem oder mit unterschwelligem Druck auf gute Schulerfolge des eigenen Kindes zu drängen und alle anderen Erziehungsziele hintanzustellen. Einen Gefallen tut man seinem Kind und sich selbst damit nicht. Die Leistungsfähigkeit des Kindes wird hierdurch auch nicht gefördert. Es besteht sogar die Gefahr, dass das Kind blockiert, weil es die unterschwelligen Pressionen genau spürt. Eltern sollten sich also genau überlegen, wie sie mit diesem heute wohl unvermeidbaren Gefühl umgehen. Schön, wenn sie mehr Gelassenheit und Zurückhaltung wagen.

Die Stärken und Schwächen realistisch einschätzen

Häufig verlagern Eltern in ihre Kinder Vorstellungen und Lebensplanungen, die im vermeintlich wohlverstandenen Interesse der Kinder doch nur ihre eigenen Vorstellungen und Bedürfnisse als Erwachsene sind. Eltern wollen für ihre Kinder das Beste – und merken oft nicht, dass sie gerade deshalb an den wirklichen Wünschen und Bedürfnissen des Kindes vorbeigehen. Die Kinder wiederum fühlen sich durch die Ansprüche der Eltern genötigt, in der Schule eine glatte und erfolgreiche Laufbahn zu absolvieren. Unversehens geraten sie unter Hochdruck.

Wenn man die Eltern von Schulkindern fragt, dann wünschen sich fast 60 Prozent, ihr Kind solle das Abitur oder doch wenigstens das Fachabitur schaffen. Das ist richtig gedacht, weil dieser Abschluss in der Tat heute die Voraussetzung für jede Art von Studium und jede Art von Berufstätigkeit ist, also eindeutig die meisten Optionen für spätere Ausbildungs- und Berufslaufbahnen eröffnet. Tatsächlich schaffen es in Deutschland maximal 40 Prozent der Angehörigen eines Jahrgangs, einen Hochschul- oder Fachhochschulabschluss zu erreichen, viele erst im zweiten und dritten Bildungsweg.

Die 20 Prozent der Kinder, die auf diese Weise die Leistungserwartungen und Statuswünsche ihrer Eltern enttäuschen, müssen sich in irgendeiner Weise als Versager fühlen. Die Kinder selbst haben ja die Abschlusswünsche ihrer Eltern übernommen, sie haben die Maßstäbe von Vater und Mutter verinnerlicht. Sie wissen ganz genau, welche Anforderungen heute im Berufsbereich gehandelt werden. Aber sie haben es eben nicht geschafft, sie haben die Leistungslatte im Karrierehochsprung gerissen, technisch gesehen sind sie Versager. In manchen Elternhäusern trägt das zu einer Verstimmung und Belastung der Beziehungen auf Ewigkeit bei.

Die Kinder spüren schon im Grundschulalter und erst recht beim Übergang auf die weiterführenden Schulen, dass ihre Eltern sehr hoch hinaus wollen. Die Spannung zwischen den Erwartungen und Wünschen der Eltern und dem, was ein Kind tatsächlich erreichen kann, baut sich schon während der Grundschulzeit auf. In manchen Elternhäusern wird daraus ein Dauerthema, das gesamte Familienklima wird dadurch verdorben. Lenken Eltern hier nicht ein, nehmen sie nicht eine ehrliche und faire Korrektur ihrer Erwartungen vor, dann geben sie ihren Kindern schon früh das Gefühl, auf einer Versagerstrecke zu sein. Das kann zu einer sich selbst erfüllenden Prophezeiung werden: Die Eltern machen jetzt nämlich genau das Gegenteil dessen, was eigentlich die Leistungsfähigkeit ihres Kindes steigern würde. Sie glauben nicht mehr an ihr Kind, sondern sie haben es bereits aufgegeben. Das erstickt auch den letzten Motivationsschub bei den jetzt ohnehin schon verunsicherten Sprösslingen.

Klüger handeln Eltern, die der Realität ins Auge sehen. Ihr Kind leistet nun einmal das, was es mit seinen vorhandenen Begabungen und Kräften schafft. Da sollte man lieber schauen, welche Fähigkeiten und besonderen Fertigkeiten da sind und genau die fördern und unterstützen, statt immer nur auf die Zeugnisnoten zu starren. Wenn die Anerkennung und die Liebe zu einem Kind durch seine gute oder schlechte Schulleistung definiert werden, dann ist das kein echtes Mutter- und Vatergefühl. Dann haben sich Eltern zu Funktionären der Leistungsgesellschaft degradieren lassen. Stimulieren und anregen können sie ihr Kind auch weiterhin, aber nur im Einklang mit dem, was das Kind auch tatsächlich will und kann. Wenn Eltern das gelingt, dann wird sich das Familienklima auch wieder bessern.

Mit Leistungsschwierigkeiten umgehen

Leistungsschwierigkeiten und drohendes Versagen, den Klassenabschluss oder später den Schulabschluss, die gewünschte Übergangsempfehlung und die ersehnte Schulform zu erreichen – das alles stellt eine dauerhafte psychische und körperliche Belastung für Schulkinder dar. Kein Junge und kein Mädchen bleibt unberührt davon, den Anforderungen des Leistungsbetriebes Schule nicht gerecht zu werden. Es entsteht zwangsläufig ein Defizit von Anerkennung und Beachtung, das keiner lange aushält.

Hier liegen die Ursachen für solche Übersprunghandlungen wie Klassenclownerien, Unterrichtsstörungen und Aggressionen gegen Mitschüler. Dadurch nämlich verschafft sich der Schüler Ben in der dritten Klasse endlich einmal wieder Aufmerksamkeit. Durch seine Noten ist das nicht möglich, er steht überall sehr schlecht, und seine Eltern sind mit seiner Bilanz alles andere als zufrieden, denn sein Übergang ins Gymnasium steht auf wackeligen Füssen. Seitdem er angefangen hat, ständig im Unterricht herumzukaspern und den großen Macker in der Pause zu spielen, richten sich alle Blicke auf ihn. Die Lehrerin muss ihn ständig ermahnen – eine zwar fragwürdige aber immerhin doch spürbare Form der Zuwendung. Die Mitschüler nehmen ihn nicht ernst – zwar finden sie sein Verhalten unangenehm, aber irgendwie müssen sie sich mit ihm auseinandersetzen.

Aggressionen sind eine Reaktion auf anhaltende Leistungsschwierigkeiten in der Schule, psychosomatische Störungen wie Kopfschmerzen und Bauchschmerzen, Schlaflosigkeit und Nervosität bis hin zu depressiven Verstimmungen sind eine andere. Mädchen reagieren auf die Erschütterung ihres Selbstvertrauens nicht so häufig wie die Jungs mit Protestverhalten nach außen, sondern richten die Enttäuschung und den Druck gegen ihre eigene Psyche und ihren Körper. Auch die dritte Variante, die Kinder in eine soziale und psychische Schieflage bringen kann, ist zu beobachten: Anhaltende Leistungsschwierigkeiten in der Schule hängen mit einem frühen Griff zu Medikamenten zusammen. Selbst der Konsum von legalen und illegalen Drogen setzt früher ein, was etwa schon in der Grundschule bei Neun- und Zehnjährigen durch den sehr frühen Griff zur Zigarette beobachtet werden kann.

Leistungsschwierigkeiten drücken auf das Selbstwertgefühl und das hält kein Schüler und keine Schülerin lange aus. Aggressionen, psychosomatische Störungen und Depressionen, Medikamenten- und Drogenkonsum sind Signale dafür. Was können Eltern jetzt tun? Sie müssen möglichst schnell auf die Symptome reagieren, damit die sich nicht verfestigen. Wenn bei Ben das ganze Schuljahr verstreicht, bevor die Mutter zusammen mit der Klassenlehrerin ein Krisengespräch führt, hat Ben sich in der Rolle des Klassenclowns schon fest eingerichtet. Besser wäre, schon ganz früh zusammenzukommen und vielleicht vorsichtshalber psychologischen Rat einzuholen. Vielleicht hat Ben ein anderes Problem als nur schlechte Noten? Richtige Hilfe tut Not: Eine Stabilisierung seiner schulischen Leistungen und damit eine Verbesserung seiner Chance, in der Schule Anerkennung und Aufmerksamkeit auf dem geraden und nicht auf dem krummen Wege zu erlangen. Förderstunde in der Schule, genau abgestimmtes Programm bei der Betreuung der Hausaufgaben oder doch gleich systematische Nachhilfe? Diese Fragen sollten Mutter und Vater von Ben mit der Klassenlehrerin sorgfältig beraten.

Viele Eltern entscheiden sich in solchen Situationen für die Nachhilfe. In Deutschland gibt es inzwischen richtige Nachhilfeschulen, die praktisch in jedem Ort eine Filiale haben. Man muss also nicht mehr Lehrer suchen, die für teures Bargeld heimlich am Nachmittag Zusatzunterricht geben, sondern kann sich an richtige Dienstleister wenden. Die Ergebnisse sind nicht schlecht. Die meisten Nachhilfeschulen beherrschen heute ihr Metier, teilen die Kinder in kleine Gruppen auf, machen eine genaue Ausgangsanalyse des Lernstandes und päppeln die Kinder langsam wieder hoch. Eine Aufgabe, die eigentlich die Schule erledigen sollte – aber die traditionelle deutsche Halbtagsschule ist hier überfordert.

Eltern sollten den Lehren vom Nachhilfeunterricht ihres Kindes unbedingt berichten, damit Abstimmungen vorgenommen werden können und keine Heimlichtuerei entsteht. Dann ist gegen ein gezieltes achtwöchiges Aufbauprogramm an zwei Nachmittagen in der Woche nichts einzuwenden. Allerdings kostet das Ganze auch richtig Geld. Entscheidend ist, ob es dem Kind bekommt, sich seine Leistungen stabilisieren, das Wohlbefinden steigt, die Klassenkaspereien aufhören und das Familienklima wieder stimmt.

Elternarbeit und Elternmitarbeit

Auch an den Schulen hat sich herumgesprochen: Ohne Abstimmung mit den Eltern und ohne Rücksichtnahme auf deren Erziehungs- und Lebensstil ist eine Förderung der Kinder nicht möglich. In immer mehr Kollegien wird deswegen Elternarbeit groß geschrieben. Darunter verstehen die Lehrkräfte ihre Bemühungen, auf Eltern zuzugehen, sie für die schulischen Aktivitäten zu gewinnen, sie in die Gestaltung des Schullebens mit einzubeziehen und auch ihre Unterstützung für die Weiterentwicklung der Schule zu gewinnen. Schritt um Schritt werden Schulen selbständiger. Sie sind schon oft ein kleiner pädagogischer Dienstleistungsbetrieb, der sein eigenes Budget hat, seine Lehrkräfte selbst aussuchen kann und sich ein pädagogisches Programm gibt, das für die Elternschaft attraktiv ist. Denn eine Schule kann künftig nur überleben, wenn sie Kundschaft hat, und das sind die Schülerinnen und Schüler. Ob die aber gewonnen werden können, das hängt von den Eltern ab. In dem Maße, wie Schulen selbständiger werden, müssen sie deswegen von sich aus auch immer stärker auf die Eltern zugehen.

Mit den zwei traditionellen Elternabenden pro Schuljahr und der einen hochnotpeinlichen Elternsprechstunde vor den Zeugnissen ist es nicht getan. In diesen steifen Formen kommt kein richtiger Dialog zwischen Elternhaus und Schule zustande. Immer mehr Schulen gehen dazu über, Eltern an der Schulgemeinde zu beteiligen, sie in den Schulverein zu locken und sie damit für die Belange der gesamten Schule zu interessieren. Viele Schulen laden Eltern auch zum Besuch von Unterrichtsstunden ein oder geben ihnen Möglichkeiten, sich an Gruppenarbeit und Projekten zu beteiligen. Viele Mütter und Väter machen das gerne, denn sie können hier ihre beruflichen Kompetenzen so einbringen, dass nicht nur ihr eigenes Kind, sondern alle etwas davon haben. So ganz nebenbei bauen sich durch diesen regelmäßigen Kontakt auch die Spannungen und Ängste zwischen Lehrern und Eltern ab.

So können die Eltern etwas für die Schule tun – aber die Schule kann auch den Müttern und Vätern etwas bieten. Gute Erfahrungen wurden damit gemacht, ein oder zwei Lehrkräfte als Berater zu schulen. So haben Eltern eine Anlaufstation, wenn es zuhause einmal knistert und Probleme beim Umgang mit dem Kind entstehen. Eine Beratungslehrerin kann gefragt werden, wie sie das einschätzt und ob sie einen Tipp hat. Auf diesem Wege kann Kontakt zu einer Schulpsychologin oder auch die Adresse einer guten Nachhilfeschule ausgetauscht werden.

Noch einen Schritt weiter gehen Schulen, die regelrechtes Erziehungstraining für Eltern anbieten. In Deutschland gibt es inzwischen viele ausgereifte Programme dafür, die von verschiedenen Vereinen und Organisationen angeboten werden. Warum sollen die nicht auch Kurse an den Schulen abhalten – da, wo die Eltern sowieso schon sind? Und warum soll eine Schule dabei nicht vermitteln und begleiten? Es gibt bereits Schulen, die den Besuch eines solchen Elterntrainings zur Voraussetzung machen, um das Kind aufzunehmen. Das kann sinnvoll sein, denn das Kind pendelt ja täglich zwischen den beiden Erziehungswelten Familie und Schule hin und her. Was liegt da näher, als wenigstens einige praktische Erziehungsstile und Grundsätze miteinander abzustimmen.

Als Eltern Interesse an der Schule zeigen

Kennen Sie eigentlich die Schule, den Ort, wo Ihr Kind so viel seiner Zeit verbringt und noch auf Jahre hinaus verbringen wird? Hängen Kinderzeichnungen an den Wänden, gekritzelte Versuche genauso wie Glanzstücke, gibt es Fotos vom letzten Schulfest oder mal eine wunderliche kleine Tonfigur? Gucken Sie mal, was am Schwarzen Brett so hängt – gibt es Einladungen zu Arbeitsgemeinschaften am Nachmittag, suchen Fußballmannschaften Verstärkung, bietet jemand neugeborene Hamster zum Kauf an? Oder hängt nur ein offizieller, ordentlich getippter Ferienplan dort?

Ob die Schule ein lebendiger Ort ist, an dem man den größten Teil des Tages gern verbringt, entscheidet sich an vielen Kleinigkeiten. Wichtig ist, dass sich die Kinder hier wiederfinden, dass sie Spuren hinterlassen können unter diesem Dach, wo sie so viel erfahren und lernen werden. Kinder, die sich an ihrer Schule wohlfühlen, haben mehr Freude am Lernen. Wo Kinder ihre Schule mitgestalten können und sich verantwortlich fühlen dürfen, sind Ausschreitungen und Zerstörungswut selten. Auch der Schulfrust hat weniger Chancen, sich bei Kindern und Lehrern einzunisten.

Vielleicht können Sie Ihr Kind mal in seiner Klasse besuchen. Schauen

Sie sich mal um: Möchten Sie hier den halben Tag verbringen? Kennen Sie die anderen Kinder? Wissen Sie, wer neben Ihrem Kind sitzt und mit wem es in der Pause spielt? Im besten Fall bietet die Schule den Raum für ein lebendiges Miteinander, das die für die Persönlichkeit Stil bildenden Kräfte fördert und pflegt, die gegeneinander gerichteten Impulse jedoch abschwächt und in verträgliche Bahnen lenkt. Dafür kann jeder etwas tun. Warum bestehen wir eigentlich nicht energischer darauf, dass Schulen auf die eine oder andere Art Orte sein müssen, an denen sich jeder sicher fühlen und gut entwickeln kann?

Wenn beim nächsten Elternabend wieder nur der Unterricht Thema ist, fragen Sie ruhig auch nach dem Klima in der Klasse und danach, wie die Kinder miteinander umgehen. Tragen die Kinder mit ihren Ideen zur Gestaltung des Unterrichts bei? In welchen Bereichen können sie Verantwortung übernehmen? Gelegenheiten gibt es genug: Patenschaften von älteren Klassen für Erstklässler sind eine gute Möglichkeit für die Großen, ihre fürsorglichen Seiten zu entwickeln. Milchdienst, begrünte Schulhöfe oder die Pflege der schuleigenen Kaninchenställe und Bienenstöcke – es gibt vieles, womit auch weniger gute Schüler zeigen können, was sie drauf haben.

Die Schulen brauchen die Eltern

Wenn Lehrer das Interesse der Eltern spüren, wird sie das anspornen, sich etwas einfallen zu lassen. Bieten Sie Ihre Mithilfe an! Längst ausgelesene Kinderbücher, die zu Hause nur rumliegen, könnten im Klassenraum die Leseecke bereichern oder den Grundstock für eine Schulbibliothek abgeben. Das kleine Regal in Ihrem Flur steht schon lange im Weg. Wäre das nicht ideal für die Spielecke im Klassenzimmer? Auch Klassenfeste und Schulfeiern gehen alle an. Vielleicht sind Sie die Einzige mit praktischen Erfahrungen an der Schokokusswurfmaschine oder kennen Spiele, die sonst niemand mehr kennt?

Bleiben Sie in Kontakt mit dem Lehrer oder der Lehrerin Ihres Kindes. Lehrer wissen häufig nicht, wo die Aggressionen der Kinder herkommen. Ob aus Elternhaus oder Umfeld – die Lehrer haben nur so viel Einblick in die Verhältnisse, wie ihnen die Familien gestatten. Ein Gespräch kann beiden Seiten Aha-Effekte verschaffen. Schon weil man sich aus den Erzählungen der Kinder oft keinen Reim machen kann, reden Lehrer und Eltern besser miteinander. „Frau Sommer guckt sich jeden Tag einen aus. Den quält sie dann", empört sich ein Siebenjähriger bei seiner mitfühlenden Mutter, „sie verlangt, dass er die Tafel abwischt!"

Mitteilungshefte haben sich bewährt, damit der Informationsfluss zwischen Lehrern und Eltern nicht versiegt: „Florian kommt jeden Morgen zu spät – was ist los?" Florians Mutter ruft die Lehrerin an und erfährt, dass ihr Sprössling jeden Morgen eine andere Geschichte auftischt, warum er gerade heute wieder nicht pünktlich ist: Er müsse noch vor Tagesanbruch aufstehen und mit dem Hund spazieren gehen, ein andermal sagt er, er müsse Geld verdienen und Zeitungen austragen. Als Florians Mutter und seine Lehrerin der Sache nachgehen, finden sie heraus, dass Florian sich mit Mark angefreundet hat und beide zusammen auf dem Schulweg jeden Morgen versuchen, die zwei Kaugummiautomaten an der Ecke zu knacken.

Vom Geld hängt es oft ab, welche Möglichkeiten die Schule anbieten kann. Ohne Geld gibt es keine Schaukel für den Pausenhof, kein Tischfußballspiel für den Flur und kein begrüntes Flachdach, auf dem die Biologieklasse die heimischen Gräser zum Blühen bringen könnte. Wenn der Flohmarkt mit abgelegten Kindersachen, die Spielzeugbörse oder der Kuchenverkauf auf dem Schulfest nicht genug abwerfen, um wichtige Anschaffungen zu machen, hilft ein Förderverein aus der Klemme, den die Eltern gründen. Jeder zahlt wie er kann in den großen Elterntopf, darüber hinaus kann man bei Betrieben und Geschäften in der Nachbarschaft mal um eine Spende nachfragen oder bei der örtlichen Sparkasse anklopfen. Gute Schulen kommen heute ohne die geschickte Unterstützung von Eltern nicht mehr aus.

Tipps für kooperationsbereite Eltern

Wo Lehrer untereinander und mit den Eltern zusammenarbeiten, fühlen sich auch die Schüler wohl. Ein gutes Schulklima ermöglicht wichtige Erfahrungen. Die Angst zu versagen und sich nach einem Scheitern wieder aufzuraffen, das sind wichtige Erfahrungen, die helfen, in der Welt zu bestehen. Kinder können sie in der Schule sammeln – einem Ort, an dem sie den Ernstfall erleben können, ohne ihm zu erliegen.

Wo Lehrer, Eltern und Schüler auf derselben Seite stehen, wird Schule zum Lebensort, der mehr als nur Fertigkeiten vermittelt: ein zweites Standbein fürs Leben. Hier sind einige Tipps, wie Eltern das machen können:

- Halten Sie den Kontakt zur Lehrerin und zum Lehrer Ihres Kindes. Schaffen Sie sich ein Mitteilungsheft an, gehen Sie zum Elternabend.
- Besuchen Sie Ihr Kind mal im Unterricht. Sie werden staunen, wie das Ihre Einstellung zu Ihrem Kind verbessert. Sie können alles viel besser verstehen.
- Knausern Sie nicht mit Ihren Talenten. Bieten Sie doch eine Arbeitsgruppe am Nachmittag an: Von der türkischen Küche über Fußballspielen zum Sockenstricken jeder kann etwas, was andere gerne lernen würden.
- Gibt es an der Schule Ihres Kindes eine Schülerzeitung? Nein? Dann gründen Sie eine. Gibt es einen Kurs für 10-Finger-Tastatur-Schreiben und Computernutzung? Nein? Dann bieten sie einen an.
- Unterstützen Sie die Gestaltung des Klassenraumes: Ob Sie nun Bravo-Poster oder Kunstdrucke zur Verfügung stellen möchten, Tierbilder, einen Teppich oder das Bücherregal – fragen Sie, was fehlt und was gefällt.
- Gehen Sie mit auf Klassenreise, begleiten Sie die Klasse bei Ausflügen. Lehrern ist die Unterstützung oft hoch willkommen.
- Haben Sie Erfahrungen mit Nachhilfeinstituten? Dann regen Sie einen Austausch darüber bei der nächsten Schulkonferenz an.
- Kennen Sie einen Eltern-Trainingskurs oder sind Sie in einem sogar aktiv dabei? Dann vermitteln Sie dieses Angebot doch auch beim nächsten Elternabend. Auch über Erziehungsberatungsstellen sollten Sie da sprechen.
- Wie kann man Geld für die Schule auftreiben? Förderverein gründen, Flohmarkt organisieren, Ausstellung von Kinderzeichnungen in der örtlichen Sparkassenfiliale anregen, für Seifenkistenrennen Sponsoren aus umliegenden Geschäften gewinnen.
- Können Sie Bruchrechnung? Kennen Sie die Kommaregeln? Verstehen Sie Englisch? Gute Erfahrungen machen Eltern, die Hausaufgaben-Patenschaften für einen Klassenkameraden mit übernehmen, wenn sie schon mit ihrem eigenen Kind immer üben müssen. Zu zweit lernt es sich besser. Oft stellen sich mitreißende Effekte ein.

- Sprechen Sie mit den Lehrern Ihres Kindes, tauschen Sie Ihre Meinungen mit denen anderer Eltern aus: Elternabende, Elternstammtische, Tage der offenen Tür in der Schule, Lehrersprechstunden sind gute Gelegenheiten, ins Gespräch zu kommen.
- Wie sieht der Schulhof aus? Spielgeräte, Schulgarten, Wandgemälde und vieles mehr hätten hier vielleicht noch Platz. Projekte zur Gestaltung des Schulgeländes erweitern die Chancen der Eltern, das Schulleben mitzugestalten.

9. Kapitel
Überlastete Eltern – wo finden sie Hilfe?

Tief schneiden die Riemen der Einkaufstasche in Ihre Schultern. Auf dem linken Arm hockt das jüngste Kind, am anderen hängt der siebenjährige Sohn. Irgendwo dazwischen baumelt das Windelpaket. Oben angekommen, fingern Sie den Wohnungsschlüssel hastig hervor, drinnen klingelt das Telefon.

Ihr Großer schlenzt ins Kinderzimmer, Hundedreck unter den Schuhen. Die Kleine weint, weil sie in ihrem dicken Anorak schwitzt und auf gar keinen Fall von Mamas Arm runter will. Sie heben das Telefon ab. Die Kinderarztpraxis ist dran. Sie verstehen kaum, was die Sprechstundenhilfe von Ihnen will, weil die Kleine jetzt ohrenbetäubend brüllt. Ach so, der Krankenschein für das vorvorletzte Quartal soll doch jetzt endlich abgegeben werden. Mist, das hatten Sie ganz vergessen. Der Große weigert sich, die Schuhe auszuziehen und die Bröckchen wegzuwischen, die inzwischen überall herumliegen.

Schon kurz vor sieben Uhr. Noch kein Brot in Haus. Bloß nicht noch mal raus in den Regen mit den beiden. Egal, dann gibt es heute Abend Milchreis. Und während Sie in der Küche nach einem Aufnehmer suchen, ertönt Geschrei im Kinderzimmer: Die kleine Schwester hat das Piratenschiff aus Legosteinen, an der ihr großer Bruder seit Tagen gebaut hat, mit ein paar gezielten Tritten zerstört. Voller Wut hat er sich auf sie gestürzt und zugeschlagen. In dem Geschrei, das nun losbricht, kann man sein eigenes Wort nicht mehr verstehen. Später abends, wenn die Kinder schlafen, sinken Sie dann selbst aufs Sofa und sind zu müde, um noch die Zeitung zu lesen oder nicken während der Tagesschau schon vor der Wettervorhersage ein. Sie sind total k.o. und haben trotzdem das Gefühl, weit unter dem eigenen Optimum geblieben zu sein.

Das Erziehen von Kindern ist schwieriger geworden

Mütter und Väter mit diesen Erfahrungen sind heute keine Seltenheit. Eltern, die sich unsicher und überfordert fühlen, sind keine Ausnahme mehr. Etwa ein Drittel der Eltern hat das Gefühl, beim Umgang mit dem Kind allein gelassen zu werden. Dieses Gefühl entsteht schnell, wenn finanzielle Schwierigkeiten auftauchen, weil die Mieten schon wieder gestiegen sind oder der Vater seinen Arbeitsplatz verloren hat, weil Schicksalsschläge wie Unfälle und Krankheit dazwischenkommen.

Viele Eltern können sich in einer solchen Situation nicht mehr aus eigener Kraft helfen und brauchen fachlichen Rat und tatkräftige Unterstützung. Zum Glück können oft die Großeltern einspringen und auch finanziell helfen, manchmal auch die Geschwister und andere Verwandte – aber die Regel ist das heute nicht. Die Verwandtschaft wohnt weit verstreut und ist dünn besetzt, die Nachbarschaft ist ziemlich anonym geworden, jeder kümmert sich nur um sich. Um so schwerer ist die Aufgabe von Vätern und Müttern, die weitgehend auf sich selbst gestellt sind, ihren Kindern den inneren Halt und das Selbstbewusstsein zu geben, das sie für ihre weitere Entwicklung brauchen. Wenn Eltern selbst nicht stark sind, dann schaffen sie es auch nicht, ihre Kinder stark zu machen für das Leben. Das Erziehen von Kindern ist schwieriger geworden.

Nicht nur das eine Drittel der Eltern, die sich stark gestresst und überfordert fühlen, kann Beratung und Unterstützung gebrauchen. Die Unsicherheit im Umgang mit den Kindern ist heute bei fast allen Müttern und Vätern groß. Das liegt an der Offenheit unserer Gesellschaft, an ihren demokratischen Strukturen, dem hohen Ausmaß von persönlichen Entfaltungsmöglichkeiten, dem großen Anspruch an Unabhängigkeit und Individualität – alles sehr positive Errungenschaften, die die meisten Menschen heute nicht missen möchten. Die Kehrseite dieser Entwicklung ist aber, dass jedes einzelne Gesellschaftsmitglied seine Position tagtäglich selbst neu bestimmen, jeder seine eigene Wertorientierung vornehmen und seinen inneren Kompass justieren muss. Das gilt auch für Mütter und Väter, die entsprechend mit der Ausrichtung ihres eigenen Lebens und der Definition ihrer eigenen Persönlichkeit stark beschäftigt sind. Zusätzlich sollen sie auch noch die Rolle von Erziehungsverantwortlichen spielen und ihren Kindern die richtige Mischung aus Anregung, Anleitung und Anerkennung vermitteln. Das verlangt ein hohes Ausmaß von persönlicher Selbststeuerungsfähigkeit, die erst einmal erworben werden will.

Erziehungskompetenz setzt Selbstkompetenz voraus

Feste Richtlinien für die Erziehung der Kinder gibt es heute nicht mehr. Jeder Vater und jede Mutter hat damit einen gewissen Spielraum, den eigenen Umgang mit den Kindern zu gestalten. Viele Eltern genießen diesen Spielraum, noch mehr aber finden ihn anstrengend und sind durch die vielen Optionen, die verschiedenen Anregungen und Tipps aus ihrem Umfeld eher verunsichert. Das lässt sich an der hohen Nachfrage bei professionellen Erziehungs- und Familienberatungsstellen ebenso ablesen wie an der steigenden Auflage von Erziehungsratgebern und den wachsenden Einschaltquoten für Ratgebersendungen im Fernsehen.

Wer heute sein Kind kompetent erziehen, zu einem selbständigen, verantwortungsbereiten und leistungsfähigen Menschen machen möchte, der braucht Selbstkompetenz. Dazu gehören Ich-Stärke und Lernfähigkeit, Selbständigkeit und Fähigkeit zur Selbstkritik ebenso wie ein gesundes Selbstbewusstsein und eine große Offenheit für neue Entwicklungen. Im Idealfall muss zu dieser Selbstkompetenz auch noch die Partnerkompetenz hinzukommen, die Fähigkeit also, über einen längeren Zeitraum mit einem anderen Menschen gleichberechtigt zusammenzuleben, eine enge Liebesbeziehung und Lebensgemeinschaft einzugehen. Gelingt den Eltern das und fühlen sie sich sowohl in ihrer eigenen Haut als auch in ihrer Partnerbeziehung wohl, dann sind sie gut gerüstet für die Erziehung eines Kindes. Dann können sie auf ihre Weise mit den drei Bällen Herzenswärme, Freiräume und klare Regeln jonglieren und die richtige Mischung aus Lieben, Ermutigen und Loslassen in die Beziehung zu ihren Kindern bringen.

Zum Glück gibt es heute viele Möglichkeiten, sich hierbei unterstützen zu lassen. Allen Eltern kann empfohlen werden, wenigstens einmal an einem Elternkurs teilzunehmen. Dort kann man unter fachkundiger Anleitung etwas zur Verbesserung seiner Selbstkompetenz tun, Nützliches über Entwicklungsprozesse und die Persönlichkeitsdynamik von Kindern erfahren und in konsequent aufeinander aufgebauten Übungsgruppen lernen, mit kritischen Erziehungssituationen umzugehen. Die Kurse kosten Geld, aber dieses ist sehr gut angelegt. Die meisten Eltern kommen ermutigt und entspannt aus den in der Regel acht oder zehn Elternabenden heraus und fühlen sich anschließend im Erziehungsalltag viel sicherer als zuvor.

Wie können Eltern ihre Kompetenz stärken?

Es gibt mehrere gute Kursprogramme, unter denen Eltern auswählen können. Der Kinderschutzbund hat das Programm „Starke Eltern – starke Kinder", das auf einen gewaltfreien, demokratischen und konsequenten Erziehungsstil ausgerichtet ist und die Rechte der Kinder achtet. Das STEP-Elterntraining ist ähnlich angelegt und übt darin, Respekt, Liebe und Einfühlungsvermögen mit klaren Botschaften und festen Regeln zu verbinden. Aus Australien kommt das Programm TripleP, ein Elterntraining, das auf klare Regeln und deren konsequente Einhaltung setzt, notfalls mit Auszeiten und strengen Sanktionen. Eines der ältesten Programme ist das Gordon-Familientraining, das aus den USA kommt und einen kooperativen Erziehungsstil betont. Auch das Programm „Freiheit in Grenzen" ist sehr zu empfehlen. Es vermittelt Eltern Hilfe bei der Auseinandersetzung mit ganz typischen Erziehungsproblemen, die in Videosequenzen vorgespielt und dann bearbeitet werden.

Solche Kurse haben den großen Vorteil, das man dort mit anderen Eltern zusammentrifft und eine Anleitung durch erfahrene Trainerinnen und Trainer erfährt. Elternratgeber (gedruckt oder elektronisch) können diese Einübungsleistung und diese Sicherheit meist nicht vermitteln. Sie sprechen eher Mütter und Väter an, die ein Grundwissen vertiefen wollen.

Nicht alle Eltern können sich und wollen sich einen Elternkurs leisten. Für sie ist es dann aber sehr wichtig, wenigstens bei kritischen Erziehungssituationen genau zu wissen, an wen sie sich wenden können. Glücklicherweise gibt es inzwischen die Online-Beratung der Bundeskonferenz für Erziehungsberatung – einem eingetragenen Verein, dem praktisch alle fachlichen Beratungsstellen in Deutschland angehören.

Eltern können dort von erfahrenen Erziehungsberaterinnen und -beratern innerhalb von wenigen Tagen eine persönliche Antwort erhalten und zwar kostenlos. Auch die großen Wohlfahrtsverbände haben Beratungsstellen, die inzwischen alle über das Internet angesprochen werden können.

Gut aufbereitete Elternbriefe, die für jedes Alter des Kindes die richtigen Hinweise und gute Basisinformation vermitteln, werden vom Arbeitskreis Neue Erziehung in Berlin erstellt. Das Staatsinstitut für Frühpädagogik in München gibt seit vielen Jahren ein Familienhandbuch heraus, das über das Internet kostenlos ausgewählt werden kann. Dort finden sich ausführlichere Informationen zu allen Themen, die mit der Kindererziehung und dem Familienleben drum herum zu tun haben.

Schließlich gibt es auch eine ganze Reihe von Online-Portalen zu Problemen, die sich auf die Partnerbeziehung der Eltern und ihrer Abstimmungen in Erziehungsfragen konzentrieren.

In vielen Städten und Gemeinden entstehen in den letzten Jahren Beratungsstellen direkt an den Kindergärten und Grundschulen. Diese Entwicklung kommt Eltern entgegen, denn damit finden sie schnell und ohne großen Aufwand Information und Hilfe da, wo sie sich ohnehin fast täglich aufhalten. Der Schulterschluss zwischen Eltern ist wohl am Ende immer noch die beste Therapie gegen Unsicherheit. Denn die Probleme, die man selbst hat, haben meist auch sehr viele andere Eltern. Was liegt da näher, als sich auszutauschen?

Wer kann helfen?

Wenn Sie Rat von Experten oder das Gespräch mit Eltern suchen, die ähnliche Probleme haben, so steht Ihnen ein großes Angebot an Beratungsstellen zu Verfügung. Im Telefonbuch findet man sie unter den Stichworten *Suchtberatung, Drogenberatung, Psychosoziale Beratung, Jugendberatung.* Bundesweit ist die Telefonnummer **Nummer gegen Kummer** geschaltet: 0800-1110550, für Eltern kostenlos. Die Stadtverwaltungen, insbesondere das Jugendamt und das Gesundheitsamt, beraten Sie oder geben Ihnen die Adressen von Fachleuten, die in Ihrem speziellen Fall helfen können. Viele Tageszeitungen und Stadtmagazine veröffentlichen entsprechende Adressen und Telefonnummern unter der Rubrik „soziale Dienste". Auch **Haus- und Kinderärzte** sowie **Krankenkassen** verfügen über entsprechende Informationen. Die **Telefonseelsorge der Kirchen** kann mit Namen und Anschriften von Experten weiterhelfen.

Zum Schluss noch eine kleine Liste von Beratungsstellen:

bei Erziehungsschwierigkeiten und -fragen!

Bundeskonferenz für Erziehungsberatung e.V.,
Amalienstr. 6, 90763 Fürth,
Tel. 0911/977140
www.bke-elternberatung.de

Pro Familia e.V.,
Landesgeschäftsstelle
Palmengartenstraße 14, 60325 Frankfurt/Main,
Tel. 069/639002

Arbeitsgemeinschaft für Erziehungshilfe e.V.,
Ghandistr. 5a, 30559 Hannover,
Tel. 0511/511212

Bundeselternrat,
Schillerplatz 3-5, 55116 Mainz,
Tel. 06131/163330

Arbeiterwohlfahrt Bundesverband e.V. (AWO)
www.awo.de

Bundesarbeitsgemeinschaft Familienbildung und Beratung
www.familienbildung.de

Deutsches Kinderhilfswerk e.V.
www.dkhw.de

Elternbriefe
www.ane.de

Familienhandbuch des Staatsinstituts für Frühpädagogik
www.familienhandbuch.de

Online-Portale

www.eltern.de
www.elternlink.de
www.elterntelefon.de
www.familie.de
www.muetterzentren-bv.de
www.schulpsychologie.de
www.starke-eltern.de

Elternkurse, Eltern- und Erziehungstrainings

www.fftw.de
www.elterntraining.ch
www. Freiheit-in-grenzen.de

FuN – Familie und Nachbarschaft
E-Mail: info@akku-online.de

Gordon Training
www.gordontraining.org

Kess-erziehen
www.kess-erziehen.de

STEP Elterntraining
www.instep-online.de

TripleP: Positives Elternprogramm
www.triplep.de
www.triplep.ch

bei besonderen Familienlagen

Verband alleinerziehender Mütter und Väter
Bundesverband
Von-Groote-Platz 20, 53173 Bonn,
Tel., 0228/352995

Stief- und Patchworkfamilien
www.stieffamilien:de

Väter nach der Scheidung
www.vafk.de
www.vev.ch

Verwitwete Mütter und Väter
www.verwitwet.de

Babysitter-Börse
www.babysitter.de

Beruf und Familie
www.beruf-und-familie.de
www.familienplattform.ch
www.mittelstand-und-familie.de

bei Gewalt in der Familie

Deutscher Kinderschuzbund Bundesverband e.V.
www.kinderschutzbund.de

Deutsches Kinderhilfswerk
www.dkhw.de

Nürnberger Bündnis für Familie
www.bff-nbg.de

bei Fragen zu Sucht- und Drogengefahr

Deutsche Hauptstelle gegen die Suchtgefahren,
Westring 2, 59065 Hamm,
Tel. 02381/90150

Bundesverband der Elternkreise drogengefährdeter
und drogenabhängiger Jugendlicher,
Gudrun Oelke, Köthener Str. 38, 10963 Berlin

Telefon-Notruf für Suchtgefährdete
München 089/282822
Düsseldorf 0211/325555
Köln 0221/315555
Essen 0201/403840

wenn Kinder und Jugendliche in Not sind

Nummer gegen Kummer
0800-1110330

Kinder- und Jugendnotdienst,
Feuerbergstr. 43, 22337 Hamburg,
Tel. 040/6320020

Suizidprävention Michael-Franke-Stiftung,
Beratung für junge Menschen, die nicht mehr weiter wissen,
Quantiusstr. 8, 53113 Bonn,
Tel. 0228/696939

Bundesarbeitsgemeinschaft der Kinderschutzzentren,
Spichernstr. 55, 50672 Köln,
Tel. 0221/529301

bei Gesundheits- und Ernährungsfragen

Informationstelefon der Bundeszentrale für gesundheitliche Aufklärung,
Ostmerheimerstr. 220, 51109 Köln,
Tel. 0221/892031

bei kindlichen Entwicklungsproblemen

Aufmerksamkeitsstörung/Hyperaktivität
www.bv-ah.de

Behinderung
www.bagh.de
www.bar-frankfurt.de
www.muetter:besondere-kinder.de

Essstörungen
www.anad-pathways.de
www.ess-stoerungen.net

Familienstress
www:elterntraining.ch

Fernsehen und Kinder
www.flimmo.ch
www.flimmo.tv

Medien
www.jff.de/zappen-klicken-surfen

Mobbing gegen Kinder
www.aktion-humane-schule.de
www.mobbinginfo.com
www.kidsmobbing.de
www.schueler-mobbing.de

Kinderkrankheiten
www.kinderaerzteimnetz.de

Lernbehinderungen und -schwierigkeiten
www.lernen-foerdern.de
www.lernfoerderung.de

Lese-Rechtschreibschwäche und Rechenschwäche
www.legasthenie.de

Nachhilfe für den schulischen Unterricht
www.bildungsserver.de
www.nachhilfenet.de
www.nachhilfe-pilot.de

Problemkinder
www.bke-elternberatung.de

Sprachstörungen bei Kindern
www.sprachheilberater.de
www.dgs.-ev.de

Literatur

In der folgenden Liste werden alle diejenigen Publikationen aufgeführt, die bei der Abfassung des Textes herangezogen und berücksichtigt wurden.

Bergmann, W., Die Kunst der Elternliebe. Weinheim: Beltz 2005

Bergmann, W., Gute Autorität. Grundsätze einer zeitgemäßen Erziehung. Weinheim: Beltz 2006

Bertram, H., Rösler, W. & Ehlert, N., Nachhaltige Familienpolitik. Berlin: Bundesministerium für Familie 2005

Dreikurs, R. Grey, L., Kinder lernen aus den Folgen. Freiburg: Herder 1991

Fend, H., Entwicklungspsychologie des Jugendalters. Opladen: Leske & Budrich 2000

Fthenakis, W. E. & Textor, M. R. (Hg.), Knaurs Handbuch Familie. Alles, was Eltern wissen müssen. München: Knaur 2004

Fuhrer, U., Lehrbuch Erziehungspsychologie. Bern: Huber 2005

Fuhrer, U., Erziehungskompetenz. Was Eltern und Familien stark macht. Bern: Huber 2007

Gaschke, S., Unsere Patchwork-Familie. Mit gemeinsamen Übungen fürs neue Familienglück. Stuttgart: Dornier 2005

Gordon, T., Familienkonferenz. Die Lösung von Konflikten zwischen Eltern und Kindern. München: Beck 1989

Hurrelmann, K, Lebensphase Jugend. Weinheim: Juventa 2007

Hurrelmann, K. & Bründel, H., Einführung in die Kindheitsforschung. Weinheim: Beltz 2003

Hurrelmann, K. & Bründel, H., Gewalt an Schulen. Weinheim: Beltz 2007

Hurrelmann, K. & Unverzagt, G., Wenn es um Drogen geht. Freiburg: Herder 2000

Hurrelmann, K. & Unverzagt, G., Wenn Kinder immer alles haben wollen. Freiburg: Herder 2002

Kasten, H., Geschwister. Vorbilder, Rivalen, Vertraute. München: Reinhardt 2000

Perrez, M., Minsel, B. & Wimmer, H., Was Eltern wissen sollten. Eine psychologische Schule für Eltern und Erzieher. Salzburg: Müller 1992

Schneewind, K. H. & Ruppert, S., Familien gestern und heute. Ein Generationenvergleich. München: Quintessenz 1995

Shell Deutschland, 15. Shell Jugendstudie. Frankfurt: Fischer 2006

Steinberg, L., Die zehn Gebote der Erziehung. Düsseldorf: Walper 2005

Tschöpe-Scheffler, S., Elternkurse auf dem Prüfstand. Wie Erziehung wieder Freude macht. Opladen: Leske & Budrich 2003

Unverzagt, G., Patchwork. Familienform mit Zukunft, Deutscher Taschenbuch Verlag 2002

Unverzagt, G., Elterntausch – Kinder wechseln ihre Eltern, Scherz Verlag 2003

Unverzagt, G., Benehmen macht Schule. Gute Gründe für gute Manieren, Deutscher Taschenbuch Verlag 2005

World Vision Deutschland, Kinder 2007. Frankfurt: Fischer 2007